普通高等教育“十四五”公共基础课系列教材

公共关系概论

主　编　王　力　余苏珍
副主编　孙敦振　王思民　王军永　李坦英
参　编　万　雯　刘　巧　刘路华　吴爱萍
张嘉颖　周　娟　郑江山　鲍梦婕
谭　浩　谭萍芬

内容简介

公共关系学是以公共关系的客观现象和活动规律为研究对象，研究社会组织和社会公众之间传播与沟通的行为、规律、方法的一门学科。随着我国进入社会主义新时代，中国式现代化进程加速，无论是政府、企业还是其他的社会团体，都迫切地需要运用公共关系的理论和方法应对愈发复杂的现代治理环境。本教材贯彻"立德树人"之根本任务，按照项目化设计理念，将公共关系的基础知识、历史发展、构成要素、工作程序、专题活动、形象策划、危机管理、礼仪等内容通过任务式教学活动呈现给学生，并辅之以课程思政综合案例和项目实践训练，帮助学生实现德业融合、知行合一，既是对学生公共精神、公共意识、公关思维的培养，也是对学生政治认同、家国情怀、文化自信、公民人格的塑造，是一本主旨鲜明、逻辑清晰、设计新颖的课程思政特色教材。

图书在版编目(CIP)数据

公共关系概论 / 王力，余苏珍主编. — 西安 ：西安交通大学出版社，2024.1
ISBN 978-7-5693-3441-8

Ⅰ. ①公… Ⅱ. ①王… ②余… Ⅲ. ①公共关系学 Ⅳ. ①C912.31

中国国家版本馆 CIP 数据核字(2023)第 187553 号

书　　名　公共关系概论
GONGGONG GUANXI GAILUN
主　　编　王　力　余苏珍
责任编辑　史菲菲
责任校对　柳　晨
封面设计　任加盟

出版发行　西安交通大学出版社
（西安市兴庆南路 1 号　邮政编码 710048）
网　　址　http://www.xjtupress.com
电　　话　(029)82668357　82667874(市场营销中心)
(029)82668315(总编办)
传　　真　(029)82668280
印　　刷　西安日报社印务中心

开　　本　787mm×1092mm　1/16　**印张** 14.5　**字数** 318 千字
版次印次　2024 年 1 月第 1 版　2024 年 1 月第 1 次印刷
书　　号　ISBN 978-7-5693-3441-8
定　　价　45.00 元

如发现印装质量问题，请与本社市场营销中心联系。
订购热线：(029)82665248　(029)82667874
投稿热线：(029)82665379
读者信箱：511945393@qq.com

前言

为深入学习贯彻习近平新时代中国特色社会主义思想和党的十九大、二十大精神，进一步把贯彻落实全国、全省高校思想政治工作会议精神引向深入，夯实立德树人之根本任务，江西中医药大学深入开展课程思政教育教学改革，持续推进课程思政示范课程建设。公共关系学于2018年4月获批江西中医药大学“课程思政”示范课程，2019年6月获批江西高校首批“课程思政”示范课程。

本教材对标社会主义新时代人才需求，贯彻落实“以本为本”，围绕公共关系的核心精神与思想，完善教学内容与方法，促进“知识传递”与“价值引导”的有机融合，凝练课程思想精髓，培养学生高阶思维，提高教育教学质量。每一个项目以情感与价值目标、拓展与思考、课程思政综合案例为贯穿，聚焦青年思想之关切，着眼于大学生道德素养的熏陶濡染，正面引导、深入解惑，立足于用公共关系思维思考和解决中国经济社会发展的现实问题，筑牢“坚定的政治认同，强烈的国家意识，高度的文化自信，健全的公民人格”课程育人的四根柱子，增强学生公众意识、形象意识、沟通能力，更好地为社会和公众服务。

本教材共10个项目，32个任务点。项目一是公共关系基础知识，包括概念与内涵、基本原则、基本职能三个任务点，由江西中医药大学王力、南方医科大学万雯编写；项目二是公共关系历史与发展，包括早期“公共关系”的思想与实践、现代公共关系的诞生与发展、现代公共关系产生与发展的历史条件三个任务点，由南昌工学院余苏珍、江西中医药大学张嘉颖编写；项目三是公共关系主体，包括社会组织概述、公共关系组织机构、公共关系从业人员三个任务点，由江西中医药大学王思民编写；项目四是公共关系客体，包括公众的概念与特征、公众分类、公众的心理分析、基本目标公众四个任务点，由江西中医药大学刘路华编写；项目五是公共关系传播，包括公共关系传播的含义与要素、公共关系传播的模式、公共关系传播的类型三个任务点，由江西中医药大学王军永编写；项目六是公共关系工作程序，包括公共关系调查、公共关系策划、公共关系实施、公共关系评估四个任务点，由江西中医药大学李坦英、谭萍芬编写；项目七是公共关系专题活动，包括新闻发布会、庆典活动、会展活动、赞助活动四个任务点，由江西中医药大学吴爱萍、江西省人民医院刘巧编写；项目八是社会组织形象管理，包括塑造组织形象、组织 CIS 战略两个任务点，由中国人民解放军军事科学院军事法制研究院周娟编写；项目九是公共关系危机管理，包括认知公共关系危机、公共关系危机的处理、网络公共关系危机的应对三个任务点，由江西中医药大学孙敦振、谭浩编写；项目十是公共关系礼仪，包括认知公共关系礼仪、公共关系个人礼仪、公共关系工作礼仪三个任务点，由江西中医药大学鲍梦婕、郑江山编写。

本教材的出版，得益于近年来相关部门给予课程团队在教学质量工程项目及教学改革研究与实践中的大力支持，如江西中医药大学“1050 青年人才工程”，江西省“卫生管理学”高水平本科教学团队，“公共关系学”江西高校“课程思政”示范课程、江西省精品在线开放课程、江西省一流本科课程、江西省高校课程育人共享计划，江西省教育科学规划项目“基于‘获得感’的专业课程思政育人机制创新与实践”等。正是这些项目孕育孵化了教材，而本教材亦可看作是这些项目建设的成果之一。

由于编者水平有限，以及公共关系学科的迅速发展，教材中难免有不足之处，敬请广大师生提出宝贵意见，便于今后修改与提高。

编　者

2023 年 7 月

目录

项目一 公共关系基础知识

学习目标

★知识与能力

1. 掌握公共关系的概念、基本原则、基本职能。

2. 理解公共关系的含义，公共关系的基本特征，公共关系与相关活动的联系与区别。

3. 分析公共关系定义的不同流派，以及公共关系的表现形式。

★情感与价值

1. 正确认识公共关系，树立公众意识，健全公民人格。

2. 增强社会责任意识，正确处理企业经济效益与社会效益的关系。

3. 学会在公共关系活动中践行社会主义核心价值观。

案例导入

对公共关系的误解

同学间的玩笑话。小明去上公共关系课，遇见医学专业的同学小华，小明告知自己的去向，小华笑问："你还要学公共关系？你拉关系的能力不是很强吗？"这些话语，表明了包括大学生在内的一般民众对公共关系的误会、曲解。

接待时的尴尬。一次，某高校课题组去山东一家公司调研，公司非常热情，请来公司喝酒高手外号"鲁三斤"作陪，称他为公关高手、喝酒能手。显然，这也是把庸俗关系当作公共关系了。

招聘公关人员。某医药公司发布一则招聘公关人员的广告，更关注外貌、身材、性别、年龄，很少关注个人的素质、能力与水平。可见，公司只是把公共关系简单化了，浮于表面。

任务一　公共关系的概念与内涵

公共关系也称“公众关系”，最初由英文“public relations”翻译而来，简称“公关”（英文缩写为 PR）。公共关系是现代社会的产物，并且随着市场经济、传播技术、信息技术的发展，越来越成为现代社会的一种普遍现象，社会作用越来越显著。那么，什么是公共关系？这是学习和研究公共关系的首要问题，也是众多学者争论的课题。

一、公共关系定义的流派

自从公共关系成为一门学科以来，人们对公共关系的诠释众说纷纭，直至目前，虽无世界公认的说法，但对公共关系的各种定义可分为几个主要流派。

（一）管理职能说

此种观点强调公共关系是一种管理活动，是组织为实现目标而进行的实践活动。国际公共关系协会曾给公共关系做如下定义：“公共关系是一种管理职能，具有持续性和计划性。通过公共关系活动，公立和私人的组织、机构试图赢得同他们有关的个人和群体的理解、同情和支持，借助于舆论的评价，以尽可能地协调他们自己的政策和做法，依靠有计划的、广泛的信息传播，赢得公众的支持，更好地实现他们的共同利益。”卡特利普和森特则认为：“公共关系是一种管理职能，它建立并维持一个组织和决定其成败的各类公众之间的互利互惠关系。”1975年，美国公共关系研究和教育基金会主席雷克斯·哈罗将公共关系的定义概括为“一种特殊的管理职能”。

（二）社会关系说

此种观点从公共关系的社会属性入手，强调公共关系是组织与公众之间的关系，组织要实现这种关系的和谐。英国公共关系学会将公共关系定义为：“公共关系的实施是一种积极的、有计划的以及持久的努力，以建立和维护一个机构与其公众之间的相互了解。”《美国百科全书》描述：“公共关系是关于建立一个组织同其既定公众之间相互了解的活动。”日本公关专家田中宽次郎认为：“公共关系就是良好的公共关系状态，亦即与社会保持良好关系的技术。”

（三）传播沟通说

此种观点更多从公共关系的运作方式去分析，强调公共关系的手段是传播沟通。《韦氏第三版新国际英语词典》将公共关系定义为：“公共关系是通过传播大量具有说服力的材料，促进社会上人与人之间或公司与公司之间亲密友好的关系。”《不列颠百科全书》将公共关系定义为“旨在传递关于个人、公司、政府机构或者其他组织的信息，以改善公众对他们态度的一种政策或活动”。英国学者弗兰克·杰夫金斯和美国学者约翰·马斯顿都持这种观点。

(四)科学艺术说

此种观点强调公共关系是一门学科，表现为一种理论形态，有自己的概念、原理，也有具体的操作技巧与规律。1978 年 8 月，在墨西哥城召开的世界公共关系协会大会上，代表们对公共关系的含义达成了共识："公共关系是一门艺术和社会科学。它分析发展趋势，预测结果，为组织领导者咨询并实行服务，提供计划的行动方案，这种行动方案将服务于该组织和公众的共同利益。"

(五)道德哲学说

此种观点强调公共关系的原则精神，揭示了公共关系的基本职能。全球著名的公共关系公司希尔·诺顿公司认为："公共关系以实事求是、真实和能够令人理解的信息传播来加强交流，使组织融合于所处的环境中，促进了解，建立和保持信心。"

综上所述，"管理职能说"倾向于公共关系目标，"社会关系说"偏重于理论、抽象的社会关系，传播沟通说侧重公共关系手段，"科学艺术说"从学科和规律角度进行描述，"道德哲学说"偏重公共关系原则精神。各种不同的公共关系流派从不同的角度去揭示公共关系的本质属性，没有优劣区分，都有其合理性。在不同的历史时期和不同的领域，人们对公共关系会有不同的理解。

二、公共关系的概念与含义

根据以上各种定义，本书将公共关系定义为：公共关系是指社会组织在运行中自觉地运用各种传播手段，有计划、真实地、持续地开展各种活动，使社会组织与公众相互适应、相互了解、互利互惠，以便塑造组织良好形象的实践活动。

这个定义至少包含以下五层含义：

第一，公共关系是社会组织与公众之间的关系。这种关系是主客体之间的关系，相互影响，相互作用。

第二，公共关系的目的是塑造组织良好形象。组织形象是公共关系理论的核心概念，是贯穿公共关系理论与运作的一条主线。

第三，公共关系的手段是传播，是与公众进行双向的信息交流。主客体之间通过一定的介质进行对话，以获得公众的理解与支持。

第四，公共关系的核心工作是协调关系，平衡利益，使得利益相关者之间相互适应，实现利益的共赢。

第五，公共关系应该成为组织的战略自觉。我国公关学者王乐夫认为"公共关系是一种内求团结、外求发展的经营管理艺术"，而这种艺术建立在组织常态化管理战略的基础之上，有计划、有目标、有原则，且具有可持续性。

三、公共关系的表现形式

公共关系定义所揭示的是公共关系的本质属性，但公共关系本身的表现形式是非常丰富的，通常有下列几种。

（一）公共关系是一种状态

公共关系是一种宏观的社会状态，简言之，任何社会组织或个人都处在一定的公共关系状态之中，不以社会组织或个人的意志为转移。具体来讲，公共关系是一个社会组织与其相关公众的关系状态和舆论状态，体现为社会组织在公众心目中形象的总和。这也就是说公共关系是在特定的社会关系状态和公众舆论状态的基础上展开的。因此，任何组织都必须正视自己与公众的公共关系状态，准确把握状态的变化趋势，通过长期持续有效的公共关系活动，使社会组织获得更好的生存与发展空间。

（二）公共关系是一种实践活动

公共关系的定义告诉我们，一个社会组织为了生存和发展，塑造组织形象，协调关系，平衡利益，总要通过各种实践活动来改善自身的公共关系状态，这也就是我们通常讲的“公共关系实务”，它包括公共关系调查、策划、宣传、形象设计，公众关系处理，公共关系交际，以及各种公共关系专题活动和危机处理，等等。从这个角度来讲，公共关系是社会组织在一系列比较规范和专业化的公共关系活动中与其公众进行沟通交流，以求得互相尊重、理解、支持与合作，树立组织良好的形象为最终目的的一种实践活动。

（三）公共关系是一种观念

公共关系强调公众意识，它是公共关系的主客体对其状态的认识和理解，是对其实践活动的反映与概括。公共关系观念包括组织的形象观念、价值观念、信息观念、传播观念、整体观念、服务观念等。公共关系观念来源于公共关系实践，同时这种观念影响和制约着组织的经营政策和管理行为。良好的公共关系观念不仅能促进公共关系活动有序开展，而且还能渗透到公共关系人员日常行为的各个方面。因此，不论是专业的公共关系人员，还是组织的其他成员都应具备强烈的公共关系观念，用公共关系观念来指导实践是现代组织及其人员的必备素质，只有这样，才能形成比较规范的行为准则，才能构成现代公共关系的理论框架与基础。

（四）公共关系是一种职业

1903 年，艾维·李开办了世界上第一家以收费形式为企业进行公关策划的“宣传事务所”，成为从事公共关系职业的第一人，公共关系职业由此产生。1999 年 5 月，我国劳动和社会保障部等发布的《中华人民共和国职业分类大典》将“公关员”作为一个新职业列入该大典的第三类职业，这标志着国家正式承认“公共关系”这一职业。2000 年 12 月，首次公关员职业资格统一考试在全国范围进行。2022 年中国整个公共关系市场的年营业规模约为 765.3 亿元人民币。随着公共关系实践与公共关系业务的拓展，一大批受过专业训练、具有良好素质的人员成为公共关系事业的主力军，公共关系职业正在得到社会更多的尊重。

(五)公共关系是一门学科

作为新兴的边缘性、交叉性、综合性的应用学科，它主要研究公共关系发展规律、社会组织与公众之间如何进行有效信息传播、科学处理两者之间的关系等。1923年，美国学者伯奈斯在纽约大学开设公共关系课程，由此公共关系作为一门学科正式进入大学。从1992年开始，我国大多数高校的文科专业开设了公共关系课程，在公共管理、工商管理等专业中已经有公共关系方向的硕士生和博士生。公共关系作为一门学科，与社会学、心理学、管理学、传播学、信息学、经济学、广告学、市场营销学有着密切的联系，同时又有自己独特的行为特征和研究领域。

四、公共关系的基本特征

对公共关系的理解有多种流派，说明公共关系本身比较复杂，它是社会关系的一种表现形态，不同于一般的人际关系，并且与营销过程中的广告、宣传等有着本质的区别。公共关系的特征概括起来有六个方面。

(一)以社会公众为工作对象

公共关系特指一定的组织机构和与其相关的社会公众之间的相互关系。公共关系不同于一般的人际关系：人际关系以个人为支点，是人与人之间的线性关系；而公共关系以组织为支点，是组织与公众结成的网络关系。组织必须坚持着眼于自己的公众，才能生存和发展。公共关系活动的策划者和实施者均应始终确认公众是自己的工作对象。

(二)以塑造形象为工作目标

在公众中树立社会组织的良好形象、提高社会组织的美誉度，是公共关系活动的根本目的。塑造良好的组织形象是公共关系的核心问题。组织应通过各种公共关系活动，有效地提高自身的知名度和美誉度。良好的组织形象有利于组织适应环境，建立信誉。

(三)以传播沟通为主要手段

以传播沟通作为工作方法或手段，既是公共关系区别于一般管理职能的重要特征，也是公共关系与单纯的宣传、广告之不同所在。组织应主动对外传播，使公众认识、了解自己；又要积极汲取舆论民意以调整、改善自身。只有这样才能达成有效的双向意见沟通，增进组织与公众之间的理解和合作。

(四)以互惠互利为工作纽带

从根本上说，公共关系的内在驱动力是双方的利益要求。组织与公众的关系是平等的，双方都具有自己的利益要求，只有以利益为纽带，在互利互惠的情况下，这种关系才能保持相对的稳定，也才能呈现出积极的状态。组织的公共关系工作之所以有效、之所以必要，恰恰在于它能够以协调双方的利益关系为基础。

当然，不能将公共关系仅仅视为社会组织与公众之间的利益关系，而没有情感上的交流和道义上的共鸣。恰恰相反，公共关系正是要建立一种情感融洽、富有职业道德的相互了解、相互合作的关系，并由此与公众获取共同利益。可见，公共关系的互惠互利原则是一种双赢甚至多赢的结果。

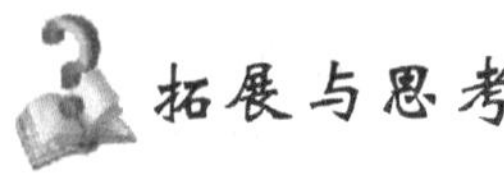

拓展与思考

方舱医院的暖心故事

2020年2月22日，早上6点刚过，武汉市洪山体育馆方舱医院A区，何增旭和她的同事星海庆为患者测体温、量血压、发口罩……尽管厚重的防护服下，她们汗如雨下，但工作还是有条不紊地进行着，每一项、每一步都一丝不苟。当何增旭为一名老年患者测量血压时，患者突然拿出一张便利贴，贴在了她的胸前。她下意识看了一眼，那是一张橘黄色的便利贴，上面写了几行字，因为戴着护目镜，她没有看清便利贴上写着什么，随后又投入紧张的工作。快下班时，她取下便利贴，上面写了这样一段话："辛苦了！也许你从没想过自己伟大，但你已成为我们的英雄。""我的双眼顿时被泪水模糊，手中紧紧握着那张便利贴，所有的辛苦和压力都在一瞬间化为乌有。"何增旭说。

何增旭后来了解到，这位叫李义生的患者63岁，已经住院16天了，当天是他病愈出院的日子，他十分激动。当得知何增旭和同去的西宁市中医院护士星海庆都是"90后"，比他的女儿还小时，老人感动得说不出话来。他给两个人都写了便利贴，并留了联系电话，希望疫情过后能有机会去青海看望这两个"孩子"。"看到这名患者，就愈发想念我的父母。这张暖心的便利贴，让我再次想起临行前父亲的嘱托：你是一名医护人员，不要忘记自己的职责！"何增旭说。

思考：医患关系是否具有公共关系的属性？你对建立和谐的医患关系有何见解？

（五）以诚实守信为工作信条

公共关系塑造组织形象，必须奉行真实的信条，倡导务实的作风。真实的传播、善意的协调、友好的交往，才能在公众心目中产生信任感，才能赢得公众的理解与合作。反之，任何一种虚假的、生硬的，甚至是哗众取宠的活动，都将使组织形象受损，是公共关系工作的大忌。

（六）以注重长远为工作方针

社会组织与公众之间建立起良好的关系，获得美好的声誉，让公众获益，所有这一切都不是靠一朝一夕建立起来的，而是需要长期的不懈努力，并且加以维护、调整、创新和发展。"未雨绸缪，居安思危"，这是公共关系工作的基本方针。组织开展公共关系活动追求的不是短期的经济利益，而是长远的社会效益。

五、公共关系与相关活动的区别与联系

(一)公共关系与人际交往

1. 公共关系与人际交往的联系

(1)人际交往是公共关系活动的基础。人际交往是人与人之间直接或者间接使用媒介进行的联系与相互影响,是人类实践活动的重要组成部分。而具体的公共关系活动实施者是个人,在进行公共关系活动或处理某一具体公共关系事务时,个人所进行的接洽、商谈都是代表组织进行沟通交流,进而促进公共关系目标的实现。这些活动从形式上讲都是以人际交往为基础的。人际交往也为公共关系活动提供必要的信息,从而拓宽公共关系活动的信息渠道。

(2)人际交往是公共关系活动的手段。公共关系活动需要吸收人际交往的技巧,使之与其他技术和手段有机结合起来,充实和丰富公共关系活动,提高公共关系活动效果和效率。由于人际交往针对性强,感情色彩浓,信息丰富,反馈迅速,因而它对增进双方理解、加深友谊、消除误解具有得天独厚的优势。

2. 公共关系与人际交往的区别

(1)主体不同。公共关系的行为主体是组织,人际关系的行为主体是个人。在公共关系活动中,个人也是以组织的身份与公众交往的,是组织的化身与代表。

(2)对象不同。公共关系的对象是与组织相关的所有公众及其舆论,而人际关系则包含许多与组织无关的私人关系;人际交往是公共关系活动的手段之一,但不是全部。

(3)目的不同。人际交往的目的是协调关系,加深了解,增进感情,满足需要;公共关系的目的是塑造组织形象,为组织的生存和发展服务。

(二)公共关系与广告

广告(特指商业广告)是现代企业市场营销活动的一种非派员推销形式。从形式上看,广告与公共关系有类似之处,都是以大众传播为主要的工作手段,向特定的公众传播特定的信息,两者都有传播学渊源,但两者之间又存在诸多不同。

第一,主体范围不同。公共关系主体的范围大,而广告主体的范围小;公共关系的主体可以是任何性质的社会组织,而广告的主体却以营利性组织为主。

第二,两者目的不同。广告的目的是“广而告之”,并以最小花费在最关键时间里推销出更多的产品和劳务;公共关系的目的不是直接宣传产品,而是树立组织形象。通俗地讲,广告是让人买“我”,公共关系是让人爱“我”。

第三,信息传递模式不同。广告是让公众先认识产品,然后再认识企业组织,即公众—产品—组织;公共关系则是让公众先认识组织再认识产品,即公众—组织—产品。

第四,感情色彩不同。广告注重引导人们的购买行为,商业色彩较浓;公共关系则重视与

公众进行情感交流，引发公众好感，商业色彩较少。

第五，传播手段不同。广告传播种类少，公共关系传播种类多。广告的大众传播媒介为广告载体，如报纸、杂志、广播、电视、网络等；公共关系则可以利用人类传播的一切手段如人际传播、大众传播、组织传播等形式。

第六，效果评价不同。广告重具体效果，且效果是直接的、短期的、可测量的；公共关系则重整体、长期效果，其效果难以用硬指标来衡量。

（三）公共关系与宣传

宣传是一种专门为了服务特定议题的讯息表现手法，是社会组织为了取得公众对其实施的政策、行动的理解和支持而采取的一系列活动。公共关系与宣传都含有传播过程，但宣传只是整个公共关系活动的一部分，不能用宣传替代公共关系，两者是有区别的。

第一，形成历史不同。宣传活动是伴随着古代文明社会的产生而出现的一种社会行为，而公共关系则是现代社会的产物。

第二，活动内容不同。宣传活动的绝大部分工作都是围绕“说”字下功夫，注重“说”的形式与效果；公共关系工作不仅要在“说”字上下功夫，更要重视在“做”字上下功夫，“说”是为了“做”得更好。

第三，工作准则不同。宣传活动既可奉行实事求是的准则，也可奉行唯宣传者主观需要为目的准则；公共关系则只能奉行尊重事实、实事求是的准则。

第四，行为特征不同。宣传活动偏重于单方面诱导式的影响、灌输、说服，而公共关系则注重双向的交流与沟通。

（四）公共关系与推销

推销活动是企业经营工作中的重要环节，它协助广告和个人销售活动来完成销售过程。公共关系活动的开展会极大地推进企业的推销工作，而推销活动所取得的经验和方法为公共关系活动开展提供大量信息。推销与公共关系有着密切联系，但绝不能等同，两者还是有明显区别的。

第一，目的不同。推销的目的是使企业获得直接的经济效益；而公共关系则通过间接手段塑造组织形象，既追求组织的经济效益，又追求组织的社会效益。

第二，任务不同。推销只是单纯地推广、销售商品和服务，而公共关系则是协调组织与公众的关系。

第三，应用范围不同。公共关系的应用范围比推销要广泛。公共关系贯穿于企业经营管理工作的整个过程，推销只是企业经营管理的一个环节。公共关系的工作对象具有多样性，利益诉求也各有不同；而推销的工作对象主要是消费者，利益诉求相对单一。

任务二　公共关系的基本原则

由于组织的类型不同，在不同时期、不同发展阶段所面临的具体问题不同，公共关系工作的内容和形式也不可能完全相同。但公共关系是一门学科，任何社会组织在策划和实施公共关系活动时都必须遵循公共关系的基本原则，只有这样才能更好地实现组织目标，塑造良好的组织形象。公共关系的基本原则概括起来有以下六个方面的内容。

一、求真务实原则

求真务实就是从客观事物中找出其固有的而不是臆造的规律性，作为我们行动的向导。组织开展公共关系活动必须建立在组织良好行为和掌握事实的基础之上。公共关系传递信息的首要原则是真实可信，绝对不能有任何虚假，如果公共关系传递的信息的真实性受到怀疑，那么公共关系工作就很难取得预期的效果。公共关系是建立信誉、塑造形象的艺术，但它又不是一种纯粹的艺术或宣传的技术，而是以事实为依据的科学。公共关系不能“制造”、只能“塑造”良好的形象，这种塑造的前提是实事求是。所以说，求真务实是公共关系的基本原则，也是对公共关系人员基本的道德要求，是公共关系的生命线。

二、平等互惠原则

平等互惠原则是指公共关系活动要兼顾组织与公众的双方利益，在平等的基础上使双方互利互惠，不能单纯追求组织单方面的利益。事实上，任何一种良好的社会关系要得到维护和发展，都必须对双方有利。公共关系强调主体和客体的平等权利和义务，尊重双方的共同利益和各自独立的利益，谋求本组织利益与相关公众利益的平衡协调并促成组织运作与环境达成自动平衡。公共关系必须信守组织与自己的公众对象共同发展、平等相处、互利互惠、共存共荣的坚定信念。

平等互惠原则不能片面地理解为简单对等的原则，平等互惠原则的基点就是要把公众利益作为首要因素来考虑，把能否满足公众利益作为衡量公共关系效果的重要尺度。任何组织都要对公众和社会负责。对公众负责，即对由组织行为引起的特殊社会群体负责；对社会负责，就是要为解决人们共同面临的社会问题而分担责任。

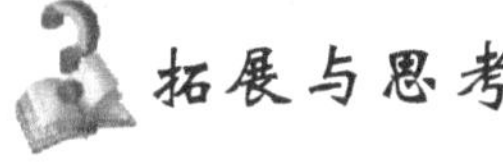

拓展与思考

人生的两个百分点

安踏公司掌门人丁世忠有这样一段话，他说51%与49%是父亲教给自己的“黄金分割”比例。“他很早就告诉我，做每件事情，都要让别人占51%的好处，自己只要留49%就可以。长此以往，可以赢得他人的认同、尊重和信任。”我们姑且称之为丁世忠的两个百分点论。表面上看来，51%与49%的差距只有两个百分点，但关键的时候，这两个百分点却有着天壤之别的结局。这两个百分点像一朵微不足道的浪花，可是日积月累，就汇成了涓涓细流，滋润着岸边的花草；给他人两个百分点的好处，好像是一道减法，减少了自己的所得，但从长远的眼光看，这是一道加法，少了个人所得，但赢得了周围世界的认同、尊重和信任。而他人对我们的认同、尊重和信任无形中给我们增添了人格魅力。减掉两个百分点，但增加了让人生向积极光明的方向不断迈进、攀登的筹码。

思考：51%与49%反映了企业什么样的经营哲学？这两个百分点对你的人生有何启发？

三、双向沟通原则

双向沟通原则是指一个组织在开展公共关系活动时，组织与公众互相传播、接受、反馈双方的信息，从而使组织与公众互相影响、互相启发，最后达到相互理解和相互信任。双向沟通应注意以下几个方面：一是沟通双方应打造符合共同利益的“共识域”，否则，信息反馈无法满足需求；二是沟通双方应互为角色，使沟通成为一种良性循环活动；三是沟通双方应根据反馈来自我调节，不断完善自身形象，适应彼此需求。

但是，双向沟通不仅仅是形式上的“有来有往”，任何沟通的前提是“情感”的相互融通，千万不能把以塑造企业形象、提高企业信誉为内容的企业公共关系工作，变为一种枯燥无味、缺乏人情色彩的单纯的“信息操作”过程。因此，组织在开展公共关系工作时，需要时刻关注不同公众群体的利益诉求，为改善组织的决策和行动提供依据，迅速、有效地把组织各方面的信息传递给相关公众，争取公众的理解和支持，与公众进行信息的双向交流。

四、持续创新原则

对一个组织而言，公共关系活动不是某一项具体的工作任务和工作目标，而是一个长期的、有计划的系统性、战略化工程。成功的组织在开展公共关系活动时，总是着眼于未来，以长远的目光来确定目标，制定战略和政策。每一次具体的公共关系活动都只能看成是通往长远目标的一个阶梯，塑造组织美好形象的过程是周密、全面而又可持续的。

公共关系活动更是一种创造性的活动，公共关系工作中不能教条地去按固定的模式、现成的经验去生搬硬套，而是随着社会的发展、环境的变化、工作的需要去不断地发展和创新，只有这样，公共关系才具有强大的生命力。任何一个社会组织，只有在激烈的市场竞争中及时采集信息，比较分析，博采众长，为我所用，才能在公共关系活动中标新立异、独辟蹊径、开拓创新和出奇制胜。

五、全员“PR”原则

所谓的全员“PR”是指组织的全体人员都参加组织的公共关系活动，组织的每一个成员都是从事公共关系工作的人员。这一原则强调公共关系工作绝不仅仅是公共关系专业人员的专利，任何一个社会组织，上至最高领导，下至普通员工，都应把自己看作是公共关系的工作人员。因此，组织的全体成员都要树立公共关系观念，积极、主动、自觉地参与组织的公共关系活动，并做出贡献。一个组织的形象和声誉并不仅仅属于公共关系部门和公共关系专业人员，也不是仅凭公共关系机构策划几次专题公共关系活动就能够建立的。

坚持全员“PR”原则，就要求从上到下都必须自觉维护组织的形象和声誉。上至组织的最高领导，下至每一个普通员工都是有形无形的公共关系人员。它要求组织的全体成员自觉具有公共关系意识，通过自己的一举一动、一言一行，很自然地进入公共关系角色，大家共同努力，形成合力，共同塑造本组织的良好形象。

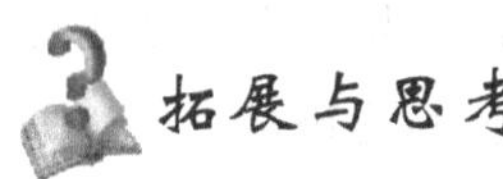

北京长城饭店的两件“小事”

1984 年 6 月正式营业的北京长城饭店是我国第一家五星级中外合资酒店，经营初期，发生了两件“小事”。一件是服务员在打扫客房时，发现客人床头上摊放着一本书，她未挪动书的位置，也未信手将书合上，而是细心地在书摊开处夹进一张小纸条，以起书签作用。事后，客人对服务员细微的服务倍加称赞，并将此事告诉了同来的几十名同事，以及她所认识的所有朋友。另一件是服务员进客房打扫时，发现客人将零钱散乱在床上桌上，她找来保安，一起细心地收拢，放置在一起，并在旁边留下一张纸条，上面写着：先生，您好，您的零钱已收拾在一起，共计××元，请您收好，服务员×××。

思考：组织如何才能形成全员“PR”的环境？企业的公共关系工作应如何体现社会主义核心价值观？

六、整体一致原则

整体一致原则是指社会组织在开展公共关系活动时，要站在“社会”的高度，对由活动可能产生的经济效益和社会效益综合起来统一考虑，使诸方面工作均符合公众的长期利益和根本利益。一个组织所从事的活动，对社会生产的影响是多方面的，对社会的政治、文化、教育、道德和生态等方面也会产生积极或消极的影响。所以企业对生产经营活动要进行全面的权衡，不仅要从企业本身而且要从社会角度来评价其经济效益。假设一个生产企业只顾经济效益，而对废气、废水、废渣的排放不认真处理，以致影响附近居民的生活，甚至影响厂区附近农作物的生长，造成了极大的社会危害，对社会效益和生态效益造成了严重的不良后果，这就违反了公共关系的整体一致原则。

坚持整体一致原则，社会组织必须考虑以下三方面的内容。

第一，社会经济效益。任何一个企业都需要追求利润，讲求经济效益。企业既要讲自身的经济效益，更要讲社会经济效益。为此企业必须做到出色地完成任务，包括既完成企业的生产、经营任务，也为国家提供资金积累和财富创造，完成这两项任务就是为整体效益做贡献。从企业经济效益和社会经济效益的角度来考虑，企业的各种经济活动必须自觉地置于社会利益的管制之下。通常，企业的经济效益与社会经济效益是一致的，但社会经济效益又不是简单地等于各企业的经济效益之和。有利于提高企业经济效益的行为，并不总是能提高整个社会的经济效益。当企业的经济效益与社会经济效益发生矛盾时，应当服从大局，这是社会主义企业讲求经济效益的性质和特点。

第二，社会生态效益。企业的生存与发展和环境有着不可分割的关系，企业的良性运行离不开良好的生态环境。但企业在经营中如果不注意，就可能对生态环境产生不良影响，如有的企业在生产过程中产生强烈噪声影响附近居民生活，有的商业企业为了招揽顾客把音箱放到店门口，每天不停地大声播放音乐或叫卖呼喊，这些都属于环境污染。再如，某些生产企业排放的废气或粉尘使周围居民深受其害的事例更是时有发生，这既污染了环境，也破坏了生态平衡。所以企业在生产经营过程中，既要追求经济效益，又要有尊重自然、爱护自然的绿色价值观念，充分考虑社会生态效益，形成企业深刻的人文情怀。

第三，社会精神文明建设。企业不仅是一个经济实体，而且还是社会成员。它不仅为社会提供物质产品和服务，而且以它的经营理念、产品设计、企业文化、职工形象等对社会精神文明产生促进或者削弱甚至破坏的作用。所以企业的整体效益还要包括促进精神文明建设的内容。具体地说，企业提供什么产品和服务，不仅要看能否给企业带来利润，而且要看是否有利于人民身心健康，是否体现公序良俗，是否有利于构建社会主流文化。

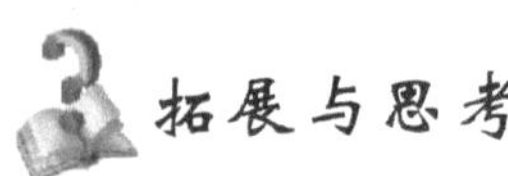

厉行节约，多地倡议“$N-1$ 点餐模式”

2020 年 8 月初，习近平总书记对制止餐饮浪费行为作出重要指示。他指出：“餐饮浪费现象，触目惊心、令人痛心！‘谁知盘中餐，粒粒皆辛苦。’尽管我国粮食生产连年丰收，对粮食安全还是始终要有危机意识，今年全球新冠肺炎疫情所带来的影响更是给我们敲响了警钟。”

2020 年 8 月 11 日，武汉餐饮业协会微信公众号发布倡议书，提倡武汉餐饮企业坚持推行“$N-1$”点餐模式、半份菜小份菜、提供打包盒、公勺公筷、安全就餐、不烹饪长江鱼等六大反对餐饮浪费的“光盘行动”举措。

早在 2013 年，武汉餐饮业协会就在全国餐饮业中率先推出了“光盘行动”三大举措：其一，提倡“$N-1$”点餐模式，10 个人点 9 个菜。其二，推出半份菜和小份菜，满足两三个人就餐需求。其三，提供打包盒，鼓励顾客将剩饭、剩菜打包带走。

这些年，武汉“光盘行动”不断深化，全市餐饮浪费现象大大减少。目前，提供打包盒、推出小碗菜和例份菜、使用公勺公筷已成为武汉餐厅的标配。

思考：你认为武汉餐饮业协会的倡议是否会影响到餐饮企业的经济效益？你作为消费者应该如何积极参与“厉行节约”的社会新风尚？

任务三 公共关系的基本职能

公共关系的职能是指公共关系在组织活动中所承担的主要职责和所发挥的主要功能,这些职责或功能既显示着公共关系对促进社会组织发展的积极、独特的价值和意义,也预示着公共关系的存在和发展具有强大的生命力。塑造组织良好的形象是公共关系活动的目标,因此,围绕这一目标所展开的工作就形成了公共关系的职能范围,其具体体现在以下几个方面。

一、采集信息,监测环境

在信息社会中,信息的种类极其广泛。采集信息、进行调查研究是公共关系工作的必要前提。从公共关系工作的角度来看,在它的职能范围内有三类信息应注意重点关注,这就是产品形象信息、组织形象信息和组织运行状况及发展趋势的情报信息。只有及时、连续搜集、分析、处理各种内外部信息,才能使组织和公众之间更好地沟通、协调,才能充分了解和掌握各方面的情况和变化,为组织的各项决策提供信息支持。

所谓监测环境,是指观察和预测影响组织目标实现的公众情况和各种社会环境的情况,使组织对环境的发展变化保持清醒的认识、敏锐的嗅觉以及灵敏的反应,从而保证科学地进行预测、决策,以实现组织目标。公共关系工作中应该着重从政府决策趋势、国内外社会环境变化趋势、行业和竞争对手的发展态势三大环境入手进行监测。

二、咨询建议,辅助决策

这通常被认为是公共关系最有价值的职能,因此公共关系行业也被称为“咨询业”“智力支持行业”。公共关系的咨询建议就是指组织公共关系人员向决策层和各管理部门提供公共关系方面的意见和建议,使决策更加科学化、系统化,并照顾到社会公众的利益。公共关系的咨询建议与采集信息是密切相连的,获取信息是咨询建议的前提,没有足够的信息,一切咨询和建议只能是空谈。采集的信息只有通过向组织提供咨询和建议,才能充分发挥其功能,实现其价值。

在一个组织内部,公共关系部门时常扮演智囊角色,在组织管理中起着“参谋”的作用。公共关系部门不仅要向组织提出一般的咨询建议,而且要尽可能为领导决策提供专门性建议,直接影响决策过程,这才是公共关系咨询建议的最高形式。

三、传播沟通,塑造形象

公共关系在组织经营中发挥着传播信息的作用,即通过各种传播媒介,将组织的有关信息及时、准确、有效地传播出去,争取公众对组织的理解与支持,进而为组织的发展创造良好的公众舆论环境,树立良好的社会形象。

公共关系的传播沟通职能主要体现在三个方面:一是传播信息,制造舆论。特别是组织创立初期或者新产品上市时,需要组织运用各种传播沟通的手段提高组织或产品的知名度。二是强化舆论，扩大影响。组织应该时刻保持同公众的双向交流，与公众交心，赢得公众的信任和支持。三是塑造形象，引导舆论。通过策划新闻、公共关系广告、专题活动等手段，制造声势，使组织的知名度与美誉度协同发展，为组织创造良好的舆论环境。

四、协调关系，平衡利益

协调关系，就是协调组织和各类公众的关系，以促进和谐、合作与发展。公共关系是一种广结人缘的工作，内求团结，外求发展，形成一种组织与公众友好合作的气氛，创造一个有利于组织生存发展的“人和”环境。协调关系既包括组织内部的协调，如组织内部上下级之间的协调，组织内部同一层次中的各部门、各单位之间的协调，又包括组织对外的协调，如组织与政府、社区、媒体、消费者、竞争者等的协调。

社会组织是一个开放系统。面对各类公众及其不同的利益要求，公共关系要成为处理“关系”的润滑剂，为组织创造一个良好的内外部环境。协调各种关系，就必须本着真诚互惠的原则首先承认这些利益，然后按公共关系双向对称原则来尽量满足这些利益。当各种利益发生矛盾时，应本着公平对等的原则加以协调、平衡。

五、科学预警，处理危机

由于社会组织是在极其复杂的环境中进行运作的，因此，在向既定目标前进的过程中，有时会出现一些意想不到的突发事件或问题，给组织的正常运行造成危机。近年来，突发公共事件越发频繁，这些事件涉及范围广、行业多，影响较大，这让公共关系的危机公关这一重要职能再度受到关注。如何在新媒体时代进行危机公关，并取得良好的传播效果，对公关从业者提出了更高的要求。

组织的危机通常表现为组织遭遇不可抗力的灾难、组织内部的突发事故、组织与组织之间的突发性矛盾、新闻媒体的负面报道等。但无论是哪种危机，组织形象受到严重损害而陷入困境的状况，都会影响组织的形象和声誉，甚至危及组织的生存。公共关系人员必须以高度认真的态度和十分清醒的头脑，把握处理的原则和对策，使损失和危害降到最低。

六、教育引导，优化环境

相对于前面五种直接职能，这一职能是公共关系的间接功能。公共关系引导个人提高素质，对其适应现代社会发展有着积极的作用。公共关系能够促使个人观念更新，比如注重个人形象的观念、平等尊重的观念、沟通合作的观念等。成功的公共关系活动在实现组织公共关系目标的同时，还能促使个人知识的更新。比如公共关系实务知识、相关学科知识等，有助于个人能力的提高。

另外，公共关系活动可以促进社会环境优化。社会环境包括社会互动环境、社会心理环境、社会经济环境和社会政治环境等。社会互动环境的优化主要通过沟通社会信息、协调社会行为和净化社会风气来实现；社会心理环境的优化是用真诚以及广泛的社会交往来帮助人们摆脱负面情绪并且获得一种心理自控能力和心理释放能力来实现的；社会经济环境的优化有助于营利性组织争取最好的经济效益，从而促使整个社会经济繁荣和协调发展；社会政治环境的优化既能增强社会管理人员的公众意识，又能满足人民群众积极参与社会公共事务决策和管理的愿望，从而达到优化社会政治环境的目的。

项目小结

本项目的主要目的是引导学生正确认识公共关系。在分析不同流派对于公共关系的表述的基础上，归纳公共关系的概念与内涵、表现形式、基本特征，分析公共关系与人际交往、宣传、广告、推销等相关概念的联系与区别。任何组织、任何类型、任何人员的公共关系活动都必须遵守求真务实、平等互惠、双向沟通、持续创新、全员“PR”、整体一致等基本原则，在此基础上，正确履行信息、咨询、传播、协调等基本职能。学生在学习过程中，应自觉形成良好的公众意识，健全公民人格，在个人管理与组织管理中践行社会主义核心价值观，平等互利，诚实守信，正确处理经济利益与社会责任的关系。

课程思政综合案例

《世界新闻报》窃听门事件——媒体必须履行社会责任

1. 案例思维引导

公共关系首要的基本原则是求真务实，而“工具理性”思维是西方大众传媒迅速发展的不归路。本案例可以从以下几个角度来分析：其一，任何一个组织在追逐利益、追逐曝光率、追逐传播效果的过程中都必须坚守底线，即“求真务实”，同样，这也是做人的底线。其二，新闻报道揭露世界的假丑恶，应当以弘扬人类的真善美为宗旨，应当以维护社会的公平正义为目的，因此，应当秉持一种激浊扬清、刮骨疗毒的社会责任意识，才能使揭丑报道具有正当性或合法性。其三，新闻自由是西方标榜的传播价值观，但是随着恶意和恶俗传播及传播手段的大量泛滥，危害到世界各国社会秩序，这使得包括英国在内的西方国家对其传播学学理也不得不做出修正，应注意到媒体必须履行社会责任。

2. 案例内容描述

《世界新闻报》的窃听丑闻①

英国《世界新闻报》历经 168 年，于 2011 年 7 月 10 日寿终正寝，在最后一期报纸的头版发出绝唱：“谢谢大家，再见。”

---

①　案例根据以下资料整理：[1]百度百科.“窃听门”[EB/OL][2023 - 05 - 10]. https://baike.baidu.com/item/窃听门/9746304? fr=aladdin;[2]许雨文.失信的媒体必遭唾弃:《世界新闻报》“死”有余辜[N].光明日报，2011 - 07 - 21(2);[3]董天策.《世界新闻报》电话窃听丑闻的根由与恶果[N].光明日报，2011 - 07 - 18(13).

这一切，都始于王子的膝盖。

2005 年，威廉王子膝盖受伤的故事被《世界新闻报》曝光。这件事只有内部少数几个亲信知道，小报从哪儿来的消息?

在英国电话窃听是违法的，但电话窃听的报纸不止《世界新闻报》一家，这已经不算什么秘密。后来，媒体的电话窃听就突然偏离了轨道。2005 年，英国王室高级助手发现，他们手机中很多未收听过的语音邮件被保存在了收件箱里。与此同时，《世界新闻报》刊登了一系列关于威廉王子和哈里王子的消息，这些事本应该只有一小部分人才会知晓。其中一篇新闻逐字引用了威廉王子留给哈里王子的语音邮件中的内容。由于英国王室的揭发，伦敦警察厅对此展开了调查。

2006 年，《世界新闻报》记者克莱夫·古德曼和受雇于该报从事非法监听的格伦·马凯尔被证实窃听王室工作人员的语音邮件。当时该报主编安迪·库尔森辞职，声称自己对报社中有人进行电话窃听并不知情，表示这种行为仅限于像古德曼这样的“流氓记者”。库尔森的说法得到了新闻集团其他高层主管的支持。

肖恩·霍尔曾在《世界新闻报》工作过十多年，最让他感觉厌恶的是，该报的高层非常鼓励员工们窃听电话、挖掘隐私，当古德曼因窃听语音邮件被判有罪时，他曾经的同事们很快就背弃了他。

霍尔曾与库尔森密切合作过很长一段时间，他表示《世界新闻报》内部有巨大的竞争压力，而电话窃听的好处在于，它能够提供经证实的消息。一旦某个记者通过电话窃听得到关于社会名流的消息，他就能带着这个消息联系该名人的公关，与之进行交易，换取同等价值的新闻。

《世界新闻报》前编辑保罗·麦克马伦透露:“电话窃听非常普遍，据我所知，1/4 的英国报纸都这么做，库尔森肯定知道。只要去买一个扫描仪，在监听目标的房子外面，等电话接通后就能窃听到电话内容。我记得有人这样抄录了查尔斯和卡米拉的谈话，戴安娜王妃与情人的电话也被窃听过，英国的电话窃听已有很长的历史。”当英国的移动电话运营商开始采用数字技术后，扫描手机通话变得更加昂贵起来，因此记者们就开始窃听手机语音邮件了。

2010 年 9 月，在《卫报》揭露电话窃听丑闻一年多之后，《纽约时报》对此发表了长篇报道，其中提及了肖恩·霍尔透露库尔森鼓励电话窃听。一位匿名的伦敦警察厅警探在报道中宣称，由于伦敦警察厅内部一些人员与《世界新闻报》关系密切，警察厅有意地压制了对电话窃听的调查。《卫报》紧接着发布报道，报道中引用了保罗·麦克马伦的话，称库尔森对电话窃听内幕十分了解。

2010 年秋天，库尔森成为英国首相卡梅伦新的首席新闻主管，有关于他的新闻则比以前更具有话题性。迫于压力，伦敦警察厅重新展开了寻找“新证据”的调查，“谨慎地”对霍尔和麦克马伦进行了询问，这意味着霍尔和麦克马伦所说的一切都可能被用作起诉他们的依据。

2010 年 12 月，伦敦警察厅宣布，在对霍尔和麦克马伦的询问中并未发现新的罪证，但有关电话窃听的民事诉讼案件进展显示，事实并非如此。演员西耶娜·米勒的律师宣布，在《世界新闻报》首席记者伊恩·埃德蒙森的指示下，调查者格伦·马凯尔窃听了米勒及其前男友裘德·洛的语音邮件。其他的民事诉讼则牵涉到了《世界新闻报》的更多记者，这显示电话窃听显然并非该报某个记者的个人行为。

2010 年圣诞节前夕，新闻集团暂停了埃德蒙森的职务。2011 年 1 月 21 日，库尔森辞去卡梅伦首席新闻主管一职，但依然坚称在担任《世界新闻报》主编期间，对电话窃听毫不知情。1 月 26 日，伦敦警察厅对窃听事件展开了新的调查，该调查被称为"威廷行动"……

窃听丑闻的后续故事和深层含义肯定会不断显露，而目前人们已然看到的一个事实是，新闻媒体失信致死的教训是多么沉重。在此次窃听事件中，《世界新闻报》所涉及的窃听范围之广、频率之高，令人瞠目结舌。正是这样猖狂的违规之举，将新闻媒体的基本操守丢到了九霄云外，也将公众给予的信任消耗殆尽。表面上，窃听是为了挖到更隐秘的事实，然而这种看似取悦受众的行为，冲破了社会公认的道德底线，侵犯了西方人最为重视的隐私权。根本缘由还是在于：媒体资本对媒体利润的贪婪追逐。这是因为，通过富有刺激性的内容提供来使读者市场最大化，从而使媒体利润最大化，已是众所周知的西方小报经营之道。

一家媒体，不论规模大小，也不论公营私营，自诞生之时起就应担起对公众的责任。在这份责任里，新闻媒体及其从业人员必须坚持新闻报道的基本原则，必须坚守职业伦理的基本底线，必须保有对受众的真诚之心。这是新闻行业对公众的天然承诺，是新闻媒体赖以生存和发展的基本条件，是新闻从业者赢得尊重和信任的基本前提。这些是每一个新闻媒体的骨架，任何一部分的缺失都会导致整体的崩塌。

3. 案例德育价值

从《世界新闻报》窃听门事件看西方新闻观的虚伪本质。《世界新闻报》窃听丑闻成了一个典型的案例。透过它，我们看到西方传媒、西方社会所面临的滥用自由困境，伦理道德困境，社会文化庸俗化、低俗化困境，隐私权保护的法律困境以及整个社会的体制弊端、民主制度困境。

坚持具有中国特色的新闻自由制度。我们要以马克思主义新闻观为准则，旗帜鲜明地坚持有中国特色的社会主义新闻自由原则，充分保障广大民众和新闻工作者的新闻自由权利，同时又有力地揭露与反对滥用新闻自由的行为，使中国的新闻传媒成为反映社情民意的有力舆论工具，成为体现党的意志和人民心声紧密结合的社会纽带。

无论在哪个国家，话语权是人民授予的，是一种公共权利的让渡。因此，对于人民群众，要牢记话语权行使的着力点，那就是公信力、责任感和遵守法纪、维护伦理。

项目实践训练

双向沟通的理解与分析

训练目的

1. 理解公共关系要遵循的基本原则。
2. 分析双向沟通的内涵。
3. 训练公共关系工作中的公众意识。

训练内容

事件提示:2020 年 8 月 14 日晚,在湖南常德火车站内,一位中年男子突发疾病倒地,不省人事。危急关头,车站工作人员和过路乘客纷纷出手相救。当时,来自成都中医药大学的两名女医学生彭婕婷和陈家利见状,赶紧为倒地男子进行心肺复苏和人工呼吸,直至救护车到达。令人遗憾的是,倒地男子胡某经抢救无效最终离世。当赶到现场的 120 急救人员将倒地男子抬上担架后,两个女孩才默默离开。在转身离开现场的瞬间,两人忍不住抽泣起来,并用手臂遮挡住眼睛,不停抹泪。

这段救人的视频被媒体发布后在网上迅速传播,不料却遭到了部分网友的恶搞、吐槽、造谣。有网友评论说,家属应该把她们告上法庭,因为两名学生没有行医资格证。由此,在网络掀起了一场“舆论风波”。

训练项目

面对“舆论风波”,成都中医药大学如何建立有效的双向沟通机制?

训练步骤

1.教师安排训练任务,提出目标与要求;每个班级分成若干小组,从公共关系的原则与职能的角度理解与分析。

2.学生根据事件提示,收集资料与文献等进行学习。

3.小组讨论,交流学习成果。

4.以小组为单位,形成学习小结报告。

训练作业

1.以小组为单位提交学习小结报告。

2.小组以 PPT(演示文稿)形式汇报学习成果。

考核评价

评价标准	分数
每个小组提交的学习小结报告质量	60 分
PPT 汇报质量	40 分

项目二 公共关系历史与发展

学习目标

★知识与能力

1. 了解早期“公共关系”的思想与实践。

2. 了解现代公共关系理论与实践发展过程，熟悉公共关系发展史上的关键人物与关键事件。

3. 掌握现代公共关系产生和发展的历史条件。

★情感与价值

1. 洞察中西方古代公共关系思想、文化精髓，提升文化修养。

2. 感悟中国传统文化中的“德、诚、信”思想。

3. 增强文化自信，弘扬社会主义核心价值观。

案例导入

喉舌之官

据《尚书》等古籍记载，尧在帝位时，通过咨询四岳，而推举舜做继位人。舜也按照同样的方法选择禹来摄政行事。很明显，这种活动离不开有组织的通信活动。《史记》记载，舜曾特设“纳言”的官，“听下言纳于上，受上言宣于下”，要求做到“明通四方耳目”。这些官员，所从事的就是上下交流信息的有组织的通信活动。他们也被称为“喉舌之官”。这种“喉舌之官”的设立，有其产生的特定环境。当时正是我国由母系公社转为父系社会的过渡时期，贫富悬殊现象日益明显，阶级分化日趋严重，各氏族联盟之间为争夺生存地盘而矛盾日多，战争频发。为解决各氏族联盟之间的内部纠纷，需要广泛征求意见，从而产生了专职的“纳言”官，借以广泛上下交流，代解纷争。另《史记·夏本纪》记载，夏禹治水时，陆行乘车，水行乘舟，泥行乘橇，山行乘檋。这说明当时交通工具已十分发达。而大禹治水时，把全国分为九州，动用治水人工达几百万人，工程巨大，人力众多，地域广阔，时间久长，这一切，如果没有有效信息传达手段，如此惊人的治水奇迹，是不可想象的。

任务一　早期"公共关系"的思想与实践

公共关系作为一门独立的学科出现于20世纪初的美国，严格意义上的公共关系是现代社会历史的产物。但是，公共关系作为一种客观存在的社会关系和一种思想与活动方式却源远流长。早在古代文明时期，人们为了协调各个利益主体之间的关系，便有了不自觉的、类似的公共关系活动。但由于当时历史条件的限制，这种活动只是反映了一定意义上公共关系的朴素思想和行为倾向，是类似于公共关系的准公共关系思想和活动。了解和把握这些古代的准公共关系思想和活动技巧，能够为现代公共关系发展提供一定的参照。

一、古代西方的"公共关系"

早在古埃及、古巴比伦、古希腊、古罗马，统治者就用武力和舆论手段来控制社会，处理与民众的关系。这些帝王、政府都曾动用大量的金钱和人力去营造雕像、寺院、陵墓，写赞美诗等，他们用精湛的艺术手法描述他们的英雄业绩，树立统治者的声誉，宣扬自己伟大和神圣的身份，同时也传播生产知识。他们具有强烈的"宣传意识""形象意识""公关意识"。古代西方利用各种艺术形式、宣传工具、演讲和人际交往等手段去影响公众的观点和行为，可以追溯到人类最早期的文明。其中，古印度、古希腊、古罗马的准公共关系活动具有一定的代表性。

（一）古印度的信息传播

在古印度，国王特使负责国王与百姓的联系，并保持与舆论的接触，传播有利于政府的言论；鼓励百姓支持国王，并且担负间谍刺探情报的任务。

（二）古希腊的演讲辩论

古希腊是西方文化史上灿烂的一页，其中不乏大量的公共关系思想与活动。早在公元前5世纪至公元前4世纪，古希腊出现了一批从事法律、道德、宗教、哲学研究与演讲的教师和演说家，他们在当时被称作"诡辩家"，他们的演讲技巧被称为"诡辩术"，其中苏格拉底、柏拉图和亚里士多德是他们的代表。亚里士多德运用严谨的思维逻辑和科学的方法写出《修辞学》，强调语言修辞在人际交往和演讲中的重要性。他认为，修辞是沟通政治家、艺术家和社会公众相互关系的重要手段与工具，是寻求相互了解与信任的艺术。他还提出在交往沟通中，要用感情的呼唤去获取公众的了解与信任，要从感情入手去增强演讲和劝服艺术的感召力及真切可靠性。为此，西方公共关系界的一些学者将亚里士多德的《修辞学》视为人类历史上最早的公共关系理论著作。古希腊最出众的宣传家还包括一批赞美诗人，他们善于利用公众熟悉的诗歌形式来评述社会政治，唤起公众的精神意识。其中典型的代表有狄摩西尼等。一些达官贵族看到了诗歌的重要作用，花钱雇佣诗人为他们大唱赞歌，以此扩大社会影响，树立良好的形象。

(三)古罗马的舆论宣传

古罗马的统治者更加重视民意,并提出“公众的声音就是上帝的声音”。整个社会都推崇沟通技术,一些沟通技术精湛的演说家往往因此被推选为首领。在古罗马,第一位运用舆论工具的大师应属恺撒。当他被派往高卢去统帅军队时,在罗马军团进军的一路上,他都派人把军队的军旅生活、战斗情况写成报告送往罗马。这些报道使用人们所熟悉的语言,写得十分生动,因而常常被人在罗马广场上传诵。他渐渐地在公众心中树立起自己的威望,为他凯旋时顺利登上皇位铺平道路。在恺撒时代,手抄小册子的流行,促使恺撒发行了世界上最早的日报——《每日纪闻》,作为自己与臣民沟通的工具。

罗马贵族也雇佣游说者赞美主人的美德,利用寺院、雕像和油画来粉饰自己,宣扬罗马帝国的丰功伟绩。同时,统治者还利用马戏表演、角斗表演等手段来麻痹人们的思想,使人们不再关心社会的腐败与不公道,暂时忘记自己的贫困,以达到维护统治的目的。

二、古代东方的“公共关系”

考古学家发现,在公元前1800年伊拉克的一种农业公告,很像现代社会某些农业组织公共关系部的宣传资料。当然,古代东方的“公共关系”集中体现在19世纪中叶以前的中国,在政治、经济、军事、文化等各种社会活动中表现出来一定公共关系思想和意识。中国古代“公共关系”的思想与活动可以追溯到有文字记载的远古时代,中国有着几千年的优良的文化传统,自古以来就被称为“礼仪之邦”,有着发展公共关系的肥沃的土壤,再加上不断提高的生产力又给它注入了充足的营养,蕴藏着丰富的准公共关系活动和较为深刻的准公共关系思想。

(一)谋士游说,纵横沟通

中国古代的说服技术已相当发达,说服技术被大量地用来作为协调各种社会关系的重要手段。如,触龙说赵太后,烛之武说退秦帅,苏秦为合纵、张仪为连横而游说诸侯等,这些都成了后代研究如何利用说服艺术来协调各种关系的范例。中国古代公共关系的萌芽是从春秋战国时期出现的。各国君主为了达到内强外联的目的,重金聘请谋士为自己出谋划策,特别是当时以齐国孟尝君为代表的“四君子”,家里都养了众多的门客,这些门客在当时主要起到提供参谋、收集信息情报和外交说服的作用。上述门客的种种功能和今天公共关系部的功能有着惊人的相似之处。《战国策》中记载的每一篇章,都是谋士游说、论辩成功的生动写照。战国的游说,以闻名中外的合纵连横之术为最高境界。苏秦和张仪所从事的游说和宣传、劝服和沟通工作,十分类似于现代公共关系的策划与传播活动。

(二)施恩布惠,取信于民

古语有言:“信盖天下,然后能约天下。”恪守信用,才能取得民众的信任和理解。孔子曰:“人而无信,不知其可也。”中国古代也十分强调争取“民心”在事业成功上的重要性,所以有“得民心者得天下,失民心者失天下”之说。取信于民是中国古代争取民心的一种常用的方法。如果失去了人民的信任,这个国家将无法生存下去。蜀汉的诸葛亮为了平息南中少数民族的叛乱，从根本上解决进取中原的后顾之忧，采用了马谡“攻心为上”的策略，七擒七纵叛乱部族首领孟获，让少数民族充分地了解和相信蜀汉的政策，终于取得南中少数民族的信任，心悦诚服地归顺蜀汉。统治阶级为了某种利益施“仁政”，也是中国古代常用来争取民心的方法。为赢得民心，燕昭王采纳郭隗的建议，求贤用贤，并亲自“吊死问生，与百姓同其甘苦”，最后以爱民仁君的形象赢得人民的支持，雪了破国之耻。

古代中国在收集民意、利用民意的技术方面也有相当的发展。早在周朝时，宫廷就有“采诗”制度。中国最早的诗歌总集《诗经》，既是先秦诗歌艺术的总结，也是这种制度的反映。《诗经》中的《风》，大都是当时宫廷派出的“行人”“遒人”从民间收集来的诗歌。其目的之一，就是以此来体察民情民意。而《雅》和《颂》，主要是对统治者的歌功颂德，宣扬君王承天受命的宗法思想，其用意在于影响民意。

《尚书》中的“遒人以木铎徇于路”，就是一种上情下传的传播方式；《左传》中的“子产不毁乡校”中的乡校，便是一种下情上传的途径。

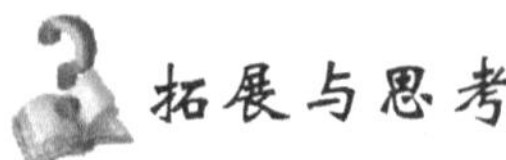

拓展与思考

徙木立信

遵守诺言、重视信誉是古人处理民众关系的重要思想。春秋战国时期，秦国宰相商鞅推行变法，为了取信于民，特地在城门口放了一根木杆，并贴出告示说：“谁能将此木杆从南门扛到北门，就可以赏其十金。”开始人们都不相信，于是赏金增加到五十金，有一个人完成了此事，得到了赏金。第二天，许多希望这样轻松得到赏金的人又聚集到城门口，但这时没有了木头，而贴出了政府变法的公告。变法因商鞅“行必信，言必果”，从此在民众心目中树立了威信。这可以看成是一次成功的公共关系策划，在历史上被称为“徙木立信”。

思考：结合历史背景，分析“徙木立信”的意义，谈谈信用在人类社会所起的作用。

（三）攻心为上，事半功倍

古代兵书上有“攻心为上，攻城为下，心战为上，兵战为下”的用兵艺术。其实，正确运用心理战术可以事半功倍，这是古代许多准公共关系实践活动的成功所在。《战国策·燕策》记载：“人有卖骏马者，比三旦立市，人莫之知。往见伯乐曰：‘臣有骏马，欲卖之，比三旦立于市，人莫与言，愿子还而视之，去而顾之，臣请献一朝之贾。’伯乐乃还而视之，去而顾之，一旦而马价十倍。”同是一匹马，开始无人问津，伯乐前来观看之后，原来三天都不能售出的马，居然立即以十倍的价格卖掉了。这则寓言故事告诉我们，古人已经模糊地意识到公共关系的“名人效应”，能够利用公众的心理反差增强宣传的效果。

（四）运筹帷幄，出奇制胜

我国古代社会的灿烂文化中包含有丰富的运筹帷幄的谋略思想，如老子倡导的“无为而治”“以柔克刚”的防御之术，孔子推行“文治武功”“刚柔并济”“小不忍则乱大谋”的主张，曾给社会以巨大而深远的影响，对维护封建社会统治阶级的政权起到了极为重要的作用。商贾出身的吕不韦，运用“奇货可居”之谋夺得了控制国家的权力，以经济手段达到了深远的政治目的。在古代社会，朴素的公共关系思想和原始的公共关系实践活动中就包含许多讲究谋略、以奇制胜的经典。日本工商界则早已把《孙子兵法》《三国演义》列为培训管理人员的必读书。我国公共关系的发展更应继承和发展民族优秀传统文化，并不断地有所创新和建树。

（五）谋求“人和”，发展经济

我国古代社会的经济结构基本上仍然囿于封闭的、自给自足的小农经济，但是随着生产力的发展，已经形成相当规模的商品集散地，彼此间的贸易活动也十分活跃与频繁。《诗经·卫风·氓》所描绘“氓之蚩蚩，抱布贸丝”，开展的是物物交换，后来逐渐演化为简单的商品交换，“日中为市，致天下之民，聚天下之货，交易而退，各得其所”（《周易·系辞下》）。唐朝以后，在日益发展的商业活动中，广泛流行“童叟无欺”“和气生财”的经营理念，反映了古代的店铺已经非常重视“人和”的环境建设。正如孟子所说：“天时不如地利，地利不如人和。”这恰恰符合了现代公共关系活动遵守的基本原则和发展目标相一致的要求。孔子在《论语》中说：“有朋自远方来，不亦乐乎？”这里虽叙述古人以交友为乐，实际上是指人们在面对面的人际交往中，相互交流和共享信息及知识。这与现代社会构建关系网络、畅通信息渠道的功能是相似的。到了明清时期，公共关系思想开始进入商业活动中。如酒家门口悬挂的写着“酒”的旗帜，店铺门上的“百年老店”招牌，人们经商活动中遵循的“和气生财”准则，都是公共关系思想在商业活动中的运用。到了这一时期，人们甚至还有了朦胧的形象意识，已经懂得良好的企业（店铺）名称对顾客的正面影响。

当然，上述的这些自觉的公共关系意识带有很大的随意性，并且这种意识很分散，不具有普遍性。通观古代中外自发的公共关系，可以发现一些共同的特点。

第一，自发性与盲目性。现代社会的公共关系源于社会运行的内在要求，是一种自觉性的产物，是一门学问。而古代社会在各个领域中存在的公共关系思想、认识和活动，都比较零散，大多数是一种个人行为，且通过不自觉的方式表现出来，因而具有自发性的特征。正是由于它不是人们有意识、有组织开展的公共关系活动，因此缺乏现代公共关系明确的目的性，缺乏系统理论的指导，从而呈现出盲目性特征。

第二，依附性与政治性。现代公共关系是一种专门的管理职能，是一种社会职业。而古代公共关系则依附于其他生产活动和社会活动，没有明确的职能，更不可能有专职的从业人员。古代的“士”“门客”充其量只不过是一种“说客”，一种“御用工具”，其存在主要是服从政治上的需要，具有明显的依附性特征。由于古代社会生产力发展水平低，经济落后，商业不发达，个人的活动范围始终被限制在狭窄的血缘、地缘关系之内，因而整个社会的经济关系、交往关系比较简单。与之形成鲜明对比的是，政治斗争以及与其相适应的社会组织则得到了比较充分的发展。这些政治集团为了各自的需要，在一定时期内采取种种方法与民众进行沟通，带有强烈的政治色彩和鲜明的功利色彩。

第三，艺术性与表现性。古代的公共关系活动最常使用的传播媒介是各种艺术形式，强调表现力，但由于受到当时社会经济基础的限制和社会结构的影响，一直以诗歌、雕塑、建筑、戏曲等为主要手段。

综上所述可知，古代的公共关系只能算是一种准公共关系或类公共关系。

任务二　现代公共关系的诞生与发展

公共关系作为一种全新的思想、一种科学系统的理论、一种新型的职业，发端于20世纪初期的美国，源于美国19世纪中叶风行的报刊宣传运动。1952年，美国的卡特利普和森特出版了权威性的公共关系专著《有效的公共关系》，提出了“双向对称”的公共关系模式：在公共关系的目标上将组织和公众的利益置于同等重要的位置上，在方法上坚持组织与公众之间的双向传播与沟通。至此，公共关系正式进入学科化阶段，标志着最早的公共关系学科的诞生。公共关系的历史人物把里程碑竖在了美国，代表人物有费尼尔司·巴纳姆、艾维·李、爱德华·伯内斯和卡特利普等。

一、萌芽时期

现代公共关系的萌芽出现在19世纪30年代，以美国的报刊宣传运动（也称“便士报”运动）为标志。当时，资本主义经济的繁荣、技术的进步使大众传播事业获得了长足的发展，一些大的公司和财团为了节省广告费，便雇佣专门人员炮制煽动性新闻，以扩大企业影响。而报刊为迎合下层读者的需要，增加发行量，也乐于接受发表此类内容，这样一来，便出现了美国历史上有名的报刊宣传代理活动，其中最突出的代表便是一个马戏团的经理费尼尔司·巴纳姆，他信奉“凡宣传皆好事”。这个时期的报刊宣传运动基本上都以“制造”的“新闻”吸引读者，以荒诞离奇的故事来吸引公众的注意和好奇，根本没有职业道德的顾忌，违背了现代公共关系的宗旨，被称为“公众被愚弄的时期”。

巴纳姆曾经编造了一个“神话”，说他所在马戏团的一名黑人女奴海斯在100多年前曾养育过美国第一任总统乔治·华盛顿将军。这一“新闻”激起了美国社会的巨大轰动，引起了公众巨大的兴趣。巴纳姆乘势又在报纸上使用不同的笔名制造“读者来信”，人为地引起一场巨大的争论，有的来信说巴纳姆的所谓“海斯”故事只是一个骗局，有的来信则说巴纳姆发现了海斯是一大功劳。而巴纳姆作为这一骗局的制造者则大获其利，他每周可以从希望一睹海斯风采的美国人那里获得1500美元的门票收入。但是，海斯死后，解剖表明，海斯只不过80岁左右，并非巴纳姆说的160岁。事已至此，巴纳姆居然还厚颜无耻地“深表震惊”，声明他本人也是受骗者之一。

巴纳姆现象说明，报刊宣传全然不顾公众的利益，以欺骗为手段，以愚弄公众为目的，这种做法与公共关系对职业的基本要求和道德准则相去甚远。但这种宣传已带有一定的组织性和较为明确的目的性，这在客观上也促进了传播业的发展和现代公共关系的诞生。

二、职业化阶段

艾维·李(1877—1934),出生于美国佐治亚州一个牧师的家庭,曾就学于哈佛大学法学院,毕业于普林斯顿大学,毕业后先后受聘于《纽约日报》《纽约时报》《纽约世界报》当记者。1903年,他开办了第一家正式的公共关系事务所,专门为客户提供公共关系咨询和传播服务,协助客户建立和维护与公众的良好关系,并收取一定的咨询服务费用,现代公共关系职业化由此发端。艾维·李成为第一个职业公共关系人员,这标志着现代公共关系的问世。从此,公共关系事业就进入了一个前所未有的发展时期。

艾维·李创办的事务所与美国报刊史上的"扒粪运动"紧密相关,由于巴纳姆时期利用新闻媒介一味地制造虚假新闻、愚弄公众,所以当公众发现自己上当受骗、被那些他们信赖的报刊宣传员愚弄时,那一股股怒不可遏的抵制浪潮几乎使得新闻媒介无立足之地,而那些"声名显赫"的工商企业也受到了公众的普遍怀疑而信誉扫地,整个社会几乎都陷入了"信誉"危机。这使得那些意气风发的公共关系人员驻足反思,重新审视这一全新职业的职业要求和职业道德。于是一些报纸杂志率先开始揭露实业界那些"强盗大王"的丑恶行径,从而掀起了美国近代史上著名的"清垃圾运动"(又称"扒粪运动")。在"清垃圾运动"的冲击下,那些利用舆论工具起家的声名显赫的大财团,受到了公众的普遍怀疑与抵制,他们费尽心机建立起来的封闭的"象牙塔"开始摇摇欲坠。最终他们终于认识到:为求得生存与发展,他们必须取得公众的信任。于是他们纷纷从自身利益出发让公众广泛地了解整个企业,以取得公众的信任。而在这一过程中,以"讲真话""讲实情"来获得公众信任的主张被提了出来,并得到了越来越多工商界人士的支持与提倡。艾维·李就是这一"讲真话"的公共关系思想的代表人物,被誉为"公共关系之父"。他以公众的需求为出发点,致力于改变这种无中生有、制造"新闻"的状况,使公共关系进入一个"讲真话"的时代。

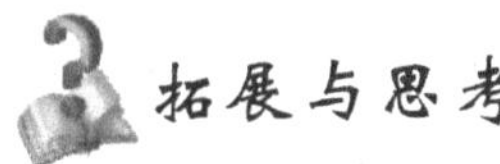

拓展与思考

杜邦的"门户开放"政策

19世纪末,伴随着"揭丑运动",许多企业开始"修建"开放、透明的"玻璃屋",增强企业的透明度,加强与新闻界和社会公众的联系。杜邦公司是其中的佼佼者。

杜邦公司是一家从事炸药生产事务的化学公司。当时化学工业刚起步不久,工艺技术尚不先进,公司里难免会发生一些爆炸事故。起初,公司采取了保密政策,一律不准记者采访。结果,大道不传小道传,社会公众对此猜测纷纷,久而久之,杜邦公司在社会公众心目中留下了"杜邦—流血—杀人"的可怕形象,对杜邦公司的市场扩展与企业发展造成了极为不利的影响,杜邦为此深感苦恼。后来,他的一位报界挚友建议他实行"门户开放"政策,杜邦采纳了他的建议,并聘请这位朋友出任公司新闻部门的负责人。此后公司在宣传方面坚持向公众公开公司事故真相与公司内幕,同时还精心设计了一个口号并予以广泛宣传:"化学工业能使您生活得更美好!”同时,公司重金聘请专家学者在公众场所演讲。此外,杜邦公司还积极赞助社会公益事业,组织员工在街头义务服务,一举改变了原有形象。

思考:从历史的角度,分析此案例所体现的公共关系思维,以及对当今企业舆情管理的启发。

在艾维·李的推动下,工商企业界纷纷改变他们对待公众的态度。他们不再像过去那样通过欺骗公众去包装自己,而是主动地把组织的必要的真实情况向公众披露,即使有时披露的情况可能会对公司产生不利的影响,他们也可以通过采取“危机公关”的措施,去获得公众的原谅,然后再通过一系列的公共关系活动,去重建组织的信誉。

艾维·李对公共关系所做的重要贡献如下:第一,提出了关于工商业应把自己的利益同公众利益联系起来而不是对立起来的概念;第二,与最高决策者和管理人员打交道,并且只有在管理人员积极支持和亲自出力的情况下才实施计划;第三,与新闻媒介保持公开的畅通的信息交流;第四,强调使工商业具有人情味的重要性,并把公共关系工作做到雇员、顾客和邻居中去。

艾维·李提出了公共关系的“说真话”和“门户开放”原则,以及有关公共关系的技巧,再加上他的公共关系实践的成功,对公共关系事业的发展起到了很大的推动作用。此后,公共关系服务范围从企业扩展到学校、医院、军队等领域,促使了公共关系的职业化。然而,艾维·李的公共关系工作更多的是靠经验、凭直觉进行的,缺乏科学理论的指导。因此,人们认为他的公共关系“只有艺术,没有科学”。

三、学科化阶段

(一)爱德华·伯内斯时期

公共关系职业化的发展,促进了公共关系由简单零星的活动上升为较为系统完整的专业活动,并逐渐形成了公共关系的原则与方法,这使公共关系成为一门独立的学科,自立于学科之林。美国学者爱德华·伯内斯以其杰出的研究,成为公共关系学的创始人,使公共关系进入了学科化阶段。

与艾维·李相比,爱德华·伯内斯更注重于对公共关系理论的研究,将工作重心逐渐转向了教学和研究工作。1923 年,他的第一本专著《公众舆论的形成》(又称《舆论明鉴》)问世。在这本书中,他首次提出了公共关系咨询的概念,并提出了公共关系的原则、实务方法和职业道德守则等。同年,他在纽约大学首次讲授公共关系这门课程。1928 年,《舆论》一书出版。1952 年,教科书《公共关系学》出版。他一生都致力于公共关系学的学科化建设,以其不懈的努力,为现代公共关系的发展做出了一系列重要的贡献。第一,他把公共关系学科化、职业化,并纳入高等学院的专业教育轨道。第二,他把公共关系学理论从新闻传播领域中分离出来,并对公共关系的原理与方法进行了较系统的研究,使之系统化、完整化,最终成为一门相对独立完整的新兴学科。第三,归纳出公共关系的运作程序、方法、技巧,提出了整个运作过程的基本程序。第四，初步建立了现代公共关系的理论体系。第五，强调通过迎合公众所好的公共宣传来引导公众舆论的重要作用。第六，主张获得公众的谅解与合作应当成为公共关系的基本信条。他认为，以公众为中心，了解公众的喜好，掌握公众对组织的期待与要求的态度，确定公众的价值观念，应该是公共关系的基础工作；然后按照公众的意愿进行宣传，才能做好公共关系工作。他又是一位出色的公共关系实践家，成功策划过很多著名的公共关系活动，如为提高美国的全民素质所倡导的"读书运动"，为美国宝洁公司的"象牙"牌香皂策划的赞助广播轻喜剧的活动(被人称为"肥皂剧")。为向公众宣传"镭"这种放射性元素的安全性，他专门乘火车把1克镭带在身上送到医院，消除了公众的顾虑，确保美国镭业公司对镭的日常运输，也为现代放射性疗法在医学界的广泛运用开辟了道路。

(二)卡特利普时期

第二次世界大战以后，国家间的经济、技术和劳务合作日趋频繁和紧密，公共关系实践和理论的发展进入了一个全新的阶段。这一时期，以卡特利普、森特和杰夫金斯为代表的一大批公共关系专家，在理论和实践上把公共关系推向了一个新的历史发展阶段。其中，卡特利普与森特合著的《有效的公共关系》一书中提出的"双向对称"公共关系最具代表性。这是一部集公共关系理论研究成果之大成的代表作，被人们称为"公共关系圣经"。该书对公共关系研究有三大贡献：一是提出"公共关系工作四步法"的概念，奠定了公共关系实务科学操作的理论基础；二是提出"调整与适应"的理论模式，极大地拓展了公共关系的发展空间；三是提出公共关系实践的系统化研究方法，揭示了未来公共关系研究的方向。卡特利普另一本著作《看不见的力量：公共关系史》是一本完整的美国公共关系发展通史。卡特利普对20世纪中后期公共关系理论的发展起了重要作用。

自伯内斯、卡特利普开创并发展了公共关系理论后，公共关系的实务活动在科学的公共关系理论指导下，在世界不同的国家和地区得到了突飞猛进的发展。20世纪20年代以后，公共关系首先在美国，继而在国际范围内得到迅速发展，成为热门职业，也发展成为一门新兴学科。

1924年，美国《芝加哥论坛报》社论强调："公共关系已经成为一种专门职业，一种艺术和一门科学。"美国《企业周刊》1937年第一次编制了特别研究公共关系的报告。据统计，当时全美国有5000名公共关系从业人员，有250家公共关系顾问公司，美国的大公司中有20%设有公共关系部。1947年波士顿大学建立了第一所公共关系学院，并设立公共关系学硕士和博士学位。1955年美国有28所学校设置了公共关系专业，66所学校开设了公共关系课程。1977年进行的一项调查表明，在全美的公共关系从业人员中已有54%具有学士学位，29%的人具有硕士学位。进入20世纪80年代以来，美国的公共关系教育已开始按不同的行业分门别类地进行，各有一套不同的大纲要求，逐步向更细、更深入的领域发展。

四、公共关系在中国的发展

在中国历史上，公共关系的思想和实践的萌芽有着十分丰富的内容。但与市场经济相适应的现代公共关系传入中国的历史并不长。

(一)中国台湾、香港地区的公共关系

现代公共关系在20世纪50—60年代传入我国台湾、香港地区，并得到较快的发展。

1.台湾地区的公共关系

台湾地区的公共关系始于20世纪50年代初。1953年3月，台湾地区行政管理机构做出决议，明确提出:“各机关公共关系之建立至为重要，各部应指定专人担任新闻工作，随时与政府发言人办公室密切联系，以发挥宣传效果。”1956年，台湾地区公共关系协会成立，其主要任务是传播信息，总结交流经验，教育培训人才，宣传和普及公共关系知识等。1958年《各级行政机关及公营事业推进公共关系方案》颁布，对公共关系的目的、工作及媒介联系等，制定了具体的要求和措施。20世纪70年代，台湾地区公共关系走上职业化道路。随着政府公共关系、行业公共关系的逐步普及，台湾地区的公共关系教育也得到迅速发展。台湾政治大学、台湾师范大学等都开设公共关系课程，普及公共关系知识，有的高等院校还设置了公共关系专业，培养专门人才。

2.香港地区公共关系

香港地区的公共关系始于20世纪60年代初。20世纪70年代，香港地区的公共关系得到较快的发展，一部分工商企业、非营利性机构都大力开展公共关系活动，一些大学也开始开设公共关系课程，普及公共关系知识。20世纪80年代，香港地区很多宾馆、饭店、银行、证券公司纷纷设置公共关系机构，聘请职业公共关系人员策划公共关系专题活动。香港地区这一时期的公共关系活动正好遇上内地改革开放建立经济特区之际，因而对深圳、广州地区公共关系的兴起产生了直接的影响。香港地区公共关系的发展，带来公共关系人员的职业化，促使公共关系社团纷纷建立。这些公共关系公司开展各项公共关系专题活动，发布和交流公共关系信息，疏通和密切香港内外公众的关系，组织游览、展销、贸易洽谈等。20世纪90年代，香港地区公共关系活动最有影响力、最为成功的案例是1997年庆祝香港回归活动。

(二)中国内地公共关系的传入与发展

20世纪80年代以后，公共关系伴随着改革开放的浪潮传入内地。从1980年开始，公共关系首先出现在深圳、广州，由南向北、由东到西，在中国的大江南北迅速传播。1982年，深圳竹园宾馆成立公共关系部。1983年，中外合资的北京长城饭店成立公共关系部，并因成功策划接待美国总统里根访华而名扬海内外。1984年，广州中国大酒店设立公共关系部。1984年9月，我国国有企业的第一家公共关系部——广州白云山制药厂公共关系部正式成立。1984年底，国际著名公关公司开始登陆中国市场，美国希尔·诺顿公关公司、伟达公关公司、博雅公

关公司相继在北京设立了办事处，与我国有关部门合办专业公共关系公司。这些公司带来的新理念、新思想、新的国际操作规范都极大地催发了我国本地公关公司的出现和成长，我国的公共关系开始与国际公共关系携手共进。

1984 年以后，随着我国经济体制改革逐渐推开，公共关系迅速发展。在这个时期，为了适应企业公共关系活动的需要，培养公共关系人才成为社会的迫切要求。1985 年 1 月，深圳市总工会举办了全国第一期公共关系培训班，开创了我国公共关系职业培训的先例。从此以后，各种类型的公共关系人员培训班如雨后春笋般发展起来，对推动我国公共关系知识的普及及公共关系人才的培养起到了较大的作用。这一时期，各种类型的公共关系组织纷纷成立。1986 年 1 月，中国大陆第一个公共关系民间团体——广东地区公共关系俱乐部成立；1986 年 7 月，中国大陆第一家公共关系公司——中国环球公共关系公司在北京成立；1986 年 12 月，我国第一家由官方组织的公关机构——上海市公共关系协会成立；紧接着，深圳、北京、浙江、天津、南京、武汉、陕西、四川等地先后成立了省市一级的公共关系协会、学会、研究会和俱乐部等社团组织。1991 年 4 月，中国国际公共关系协会在北京成立。这些学会在 20 世纪 80 年代中后期积极发展会员，进行公共关系基本知识的培训与传播，对于推进公共关系事业的普及、促进公共关系职业的规范化、完善公共关系学科化做出了卓越贡献。1985 年 9 月，深圳大学首先设立了公共关系专业，公共关系开始步入高等学府。1987 年，国家教委正式把公共关系列入行政管理、工业经济、企业管理、旅游经济、市场营销、广告学、新闻学等专业的必修课。全国有 300 多所大学开设了公共关系课程，复旦大学、中山大学、兰州大学、杭州大学等均是较早引入公共关系这门学科的。1994 年，经国家教委批准，中山大学创办了我国第一个公共关系本科专业，同时在行政管理专业的硕士点招收公共关系方向的研究生，这不仅填补了我国公关专业本科和硕士研究生学历教育的空白，也形成了我国高校从研究生、本科、专科、成人教育到函授培训班等多层次、多形式的公共关系教学与培养体系。

公共关系事业经过多年的发展，开始步入稳步发展时期，从一开始仅限于服务行业到进入了各种形式的企业和经济实体，并已扩展到各种社会组织，如社会团体、科研机构、银行、学校和党政机关。这些组织纷纷成立了具有公共关系功能的机构，或在某些已有的机构中扩充了公共关系功能，人们越来越重视运用公共关系手段来保障和促进自身的发展，公共关系作为一种管理功能被引入各行各业，一种形象管理即无形资产管理的理念已广为人识。人们开始重视运用公共关系的手段来加强公众舆论的管理。于是，各行各业出现了各种各样的公共关系职能部门，这些部门尽管名称各异，分别称为公关宣传部、公关营销部、公关策划部、事业发展部等，但都不同程度地发挥着公共关系的功能。

我国劳动和社会保障部于 1999 年将公共关系职业定下了“公关员”的职业名称，并将其正式列入了《中华人民共和国职业分类大典》，这标志着国家已正式承认公共关系这一职业。21 世纪以来，随着中国加入世贸组织、中国成功举办奥运会和世博会等重大事件的推动，中国公共关系逐步与世界接轨，市场运作更加规范，公共关系实务更加专业。随着中国特色社会主义进入了新时代，持续对外开放格局的深入，伴随着新发展理念的科学指导，公共关系必将在我国进入一个更高的发展阶段。

任务三 现代公共关系产生与发展的历史条件

公共关系的产生及传播，是20世纪人类文化史上的重大事件，在这短暂而又具有传奇色彩的历史背后，有着深刻的社会历史必然性。它是当时美国及资本主义社会的基本矛盾以及经济、政治、科学技术、文化等诸多条件综合作用的结果，是社会发展到一定阶段的必然产物。

一、经济条件

当人类完成了从自然经济向商品经济过渡，并逐渐进入了商品经济高度发达阶段，人与人之间的关系发生了根本的变化，传统社会中那种具有强烈人身依附色彩的人际关系逐渐让位于开放的、可变的、广泛的人际关系。在商品经济社会里，除了传统意义上的家庭关系、地域关系，人与人之间更多的是由于商品交换而形成的利益关系，公共关系的思想与实践也随之发展起来。19世纪末至20世纪初，在工业革命的基础上，商品经济得到迅速发展。商品经济社会以社会化生产、社会化交换为其重要特征。任何社会组织都需要得到社会的广泛承认和整体支持，才能生存和发展。这便成为公共关系兴起的必要条件。

科学技术的发展促进了社会分工，这种专业化的分工使得人与社会、与他人的关系愈来愈紧密。首先，组织大规模的生产需要一大批产业工人和生产管理者，而如何组织、协调他们的关系则成为事关企业生死存亡的大事。其次，企业光生产出产品还不够，必须实现它们的价值，因为这种生产是以交换为目的的，只有生产的产品全都卖出去了，才能最终实现这种生产的连续更替。为了把产品卖出去，为了在同类竞争者中获胜，企业必须得到社会的广泛认同，获得公众的信任和支持。随着市场经济的进一步发展，市场经历了由"卖方市场"向"买方市场"的转变。在买方市场条件下，消费者在消费过程中拥有更多的优势，他们可以根据质量、价格、服务、品牌等去购买所需的商品。因此，企业必须通过发展良好的公众关系，才能更有效地维持市场发展，这就直接促进了公共关系的兴起。

二、政治条件

从封建制度向当代民主制度过渡，是一场深刻的社会变革，也是公共关系产生的重要政治前提。社会政治生活的民主化是公共关系赖以产生和发展的社会政治条件。

在民主政治条件下，公民的社会化程度逐渐提高，社会联系日益紧密，共同意识不断增强，民主意识趋向浓烈。社会公众越来越强烈地要求了解和参与政治生活，舆论对政治行为的影响力也越来越大，成为政治生活中不可忽视的力量。而政治运动促进了工业社会民主政治的进一步发展。具体表现为：首先，民众的社会地位提高，公众队伍形成，公众有了维护自己合法权利的可能；其次，民主制度的建立提高了民众的参与意识，而民主政治的每一步都需要公共关系活动的配合；最后，言论自由、出版自由是民主制度的重要支柱，也是公共关系运行的重要保证。

三、技术条件

传播手段和通信技术的进步是现代公共关系兴起的物质基础。20 世纪初，科学技术在美国飞速发展，尤其是交通工具和传播手段的现代化为现代公共关系的产生和发展提供了有利的物质条件。

在工业社会中，商品经济逐渐发达，科学技术突飞猛进，交通工具和传播手段日新月异。火车、轮船的发明改善了交通条件，电话、电报的应用优化了传播手段，印刷技术的提高使报刊遍及千家万户，各种形式的传播技术与理论迅速发展，为人们进行广泛而深入的相互交往提供了方便。日益精细的社会大分工，使人们之间、组织之间产生了纵横交错的复杂关系，同时也产生了相互沟通、彼此交往的迫切需要。社会组织可以运用各种传播工具与公众进行沟通，从公众中采集信息，又把组织的信息传达到公众中间去，最终达到为组织树立形象的目的，为大规模的公共关系活动的开展提供重要的技术和方法。由此可见，传播技术和与传播有关的信息通信技术、控制技术的出现，为现代公共关系的形成与发展提供了重要的技术条件。

四、文化条件

公共关系作为组织的一项重要管理职能，它的发展与管理科学的发展密切相关。20 世纪以来，西方管理学领域中的两种思潮对公共关系的发展影响极大：其一是科学管理理论，其二是人际关系理论。科学管理理论以泰勒为代表。1911 年，泰勒系统总结了他的管理学说，出版了《科学管理原理》一书。在这本书中，他提出了生产作业标准化、工时利用科学化、劳动分配合理等原则。泰勒的科学管理原理比传统的经验管理有了重大的发展，确实起到了促进生产发展的作用。泰勒在书中虽然强调了要在管理人员和广大工人之间建立一种和谐的关系，但由于时代的限制，其理论的核心仍然是如何控制机器的附属品——工人，以便最大限度地提高劳动生产率。与其同时，作为公共关系发端地的美国是个移民国家，国民思想中具有很强的平等意识与群体观念。移民来自不同的国家或地区，由于民族不同、语言不同、习俗不同，很自然地形成了强烈的群体观念。独立战争后，美国成为一个独立统一的国家，原先被分割的各个殖民地在政治、经济和思想文化上出现了大融合。各个社会组织之间、组织与其公众之间有计划有目的的沟通与协调，为公共关系首先在美国兴起奠定了思想基础。由移民组成的美国，其文化体系中有三个突出的特性，即个人主义、英雄主义、理性主义。个人主义的典型表现是富于自由浪漫的色彩；英雄主义的突出特点是富于竞争的精神；理性主义的明显标志是遵规守法，崇尚教条，重视数据和实效。“科学管理之父”泰勒的思想及其制度，就是理性主义的典型代表。

20 世纪以来，大众传播事业获得了长足的发展，为公共关系的发展提供了必要的技术手段。进入工业社会以后，生产的社会化使人们之间有了进行交往的迫切需求。只有占有充分的信息资源，一个企业才能在激烈的市场竞争中立于不败之地。有了公路、邮政、报纸，才有了报刊宣传运动，有了公共关系的萌芽。进入 20 世纪，电报、电话的发展，使信息可以迅速地传送到每个人手中，公共关系从而也获得了飞速的发展。

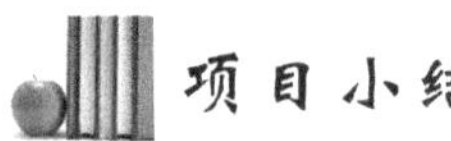

项目小结

公共关系作为一种客观的社会现象，作为人类一种朴素的思想意识和自觉的社会活动，可谓源远流长。其源头可追溯到古代社会人类文明开始的地方——古印度、古希腊、古罗马和中国等国家。人们为了协调各个利益主体之间的关系，便有了不自觉的、类似的公共关系活动。在人类几千年的文明史中，公共关系活动伴随着人类社会同步发展，对促进人类社会的经济发展和社会变迁起到了积极的推动作用。

公共关系作为一门独立的学科出现于20世纪初的美国，经历了巴纳姆时期、艾维·李时期、伯内斯时期、卡特利普时期，逐渐走向成熟。20 世纪 20 年代以后，在科学的公共关系理论指导下，公共关系的实务活动在世界不同的国家和地区迅速发展。

现代公共关系的产生和发展是民主政治的产物，是市场经济发展的必然要求，是人性文化的重要体现，也是大众传播技术发展的必然结果。纵观公共关系的发展历程以及全球经济、政治、文化、环境、技术的发展，公共关系活动范围的全球化、实施主体的职业化品牌化、传播渠道的网络化和文化思想的立体化将是其发展的必然趋势。

课程思政综合案例

承德避暑山庄——合内外之心，成巩固之业

1. 案例思维引导

中国有着几千年优良的文化传统，自古以来就被称为“礼仪之邦”，因此有着发展公共关系的肥沃土壤。中国古代的“公共关系”思想和实践活动是极其丰富的，诸多“类公关”活动值得我们汲取其中的经验与教训。

承德避暑山庄在清代不仅仅是一处避暑胜地，清朝许多重要的政治、军事、民族和外交等国家大事，也都是在这里处理的。因此，承德避暑山庄也称得上是北京以外的陪都和第二个政治中心。统治者们承袭“修建一座庙，胜养十万兵”的祖训，实现“合内外之心，成巩固之业”的目的。

2. 案例内容描述

清朝修建避暑山庄是为了什么

承德避暑山庄，是清王朝的夏季行宫，位于河北省境内，修建于 1703 年到 1792 年。在避暑山庄的背后还隐藏着很重要的政治目的。

在中国的历史长河中，草原民族与农耕民族的交往互动，是历代王朝都关注的重大问题。

清朝康熙帝以开放的胸怀对待北方各民族，实行团结、安抚、恩威并施的民族政策。承德地处北方游牧文明与中原农耕文明的过渡地带，是“北控蒙古，南拱卫神京”的重镇，清朝在此兴建避暑山庄及周围寺庙，有利于加强对北方少数民族的管理，巩固和发展统一的多民族国家。避暑山庄兴建后，清帝每年都有大量时间在此处理军政要事，接见外国使节和边疆少数民族政教首领。

因此，避暑山庄，是清朝皇帝为了实现安抚、团结中国边疆少数民族，巩固国家统一的政治目的而修建的一座夏宫。

3.**案例德育价值**

(1)体验中国古代的历史文化。承德避暑山庄的文化内涵体现在两个方面：一是建筑文化内涵，避暑山庄的建筑风格都别具一格、千姿百态，充分将南北方的建筑特色和风格加以融合；二是多民族融合文化，康熙、乾隆等历代皇帝在此有效地处理了朝政、边境事务、外交事务，促进了中国多民族、多文化的融合发展，也促进了国际交流。

(2)理解当时中国的民族政策。康乾时期，清廷所面临的主要问题来自北部边疆，康熙皇帝以木兰围场与避暑山庄为深入北疆的“前沿阵地”，长期“坐镇热河”，从而密切清廷与蒙古的关系；乾隆皇帝以避暑山庄为北疆治理的中心，将其打造成了塞外政治、宗教中心。应该说，避暑山庄是我国多民族国家形成的一个重要的见证。以史为鉴，该案例能够很好地帮助青年大学生理解我国坚持民族平等团结、实行民族区域自治的基本政策。

项目实践训练

古代店铺名中的“公共关系”思维

训练目的

1.分析古代店铺名中蕴含的“公共关系”思想。

2.感受中国优秀传统文化。

训练内容

事件提示：店铺名字是一种营销手段，即便不以它为主导，在宣传的过程中，店名所起到的作用都是很重要的。在中国古代，取店名还有首“字号诗”可以作为参照：

顺裕兴隆瑞永昌，万亨元利复丰祥。

泰和茂盛同乾德，谦吉公仁协鼎光。

聚义中通全信义，久恒庆美大安康。

新春正合生成广，润发洪源厚福长。

像大家所熟知的老店如全聚德、同仁堂等都可以在这里找到依据。

训练项目

你认为这首古代店铺“字号诗”中蕴含了怎样的“公共关系”思想？以一家老字号企业的店铺名为例讲述其历史典故。

训练步骤

1. 教师安排训练任务，提出目标与要求；每个班级分成若干小组，从公共关系的历史和发展的角度理解与分析。

2. 学生根据事件提示，收集资料与文献等进行学习。

3. 小组讨论，交流学习成果。

4. 以小组为单位，形成学习小结报告。

训练作业

1. 以小组为单位提交学习小结报告。

2. 小组以 PPT 形式汇报学习成果。

考核评价

评价标准	分数
每个小组提交的学习小结报告质量	60 分
PPT 汇报质量	40 分

项目三 公共关系主体

学习目标

★知识与能力

1. 掌握公共关系主体的概念、特点和分类；
2. 理解公共关系组织机构、公共关系从业人员基本素质和培训内容；
3. 了解组织与环境的关系及组织环境的构成。

★情感与价值

1. 提升组织意识，遵守组织规范要求，做一个合格的组织成员；
2. 增强社会服务的意识，积极参加公益组织活动；
3. 提高自我公共关系素养。

案例导入

五菱：人民需要什么，五菱就造什么

对于“五菱”这个汽车品牌，可能大部分人都停留在“秋名山车神”这个网络段子上。上汽通用五菱定位的就是廉价车，此前的五菱宏光也是四五线城市首选，本身非常“接地气”。2020年，五菱凭实力再次出圈。

2020年年初疫情突发，口罩一时间成为紧缺物资。于是，上汽通用五菱于2月开始改造生产线转产医用口罩，并且打出了“人民需要什么，五菱就造什么”的旗号。五菱将广西德福特集团原有生产车间改建为了2000平方米无尘车间，共设置14条口罩生产线，其中4条生产N95口罩，10条生产普通医用口罩，从想法提出到第一批口罩下线，仅用时3天，又一次刷新了五菱速度。

五菱口罩让世界见证了中国速度，也见证了社会组织的担当。有付出就会有回报，上汽通用五菱为抗击疫情做出的努力和贡献，也使其收获了满满的人气和口碑。

任务一　社会组织概述

公共关系的主体是社会组织。社会组织是公共关系的基本构成要素，是公共关系活动的行为主体，在公共关系中起着主导作用，决定着公共关系活动目标的实现、功能的发挥、活动的状态及发展的方向。社会组织也是公共关系活动的出发点和归宿，在公共关系活动中，始终起着决定性作用。社会组织为了不断适应环境的变化产生了公共关系行为；现代组织的公共关系行为职能化、专业化的结果，便形成了公共关系的专业组织机构和专职人员。

一、社会组织的含义

社会组织简称组织，是指执行一定的社会职能，完成特定的社会目标，建立起的共同活动的群体。社会组织不同，其公共关系的对象也会有所不同；处于不同发展时期或公共关系环境下的社会组织，其公共关系的目标、策略和方法也会有所不同。

社会组织的存在和发展总是为了达到一些特定的目标。环境构成了组织发展的基本条件。对环境的重视和管理是组织管理功能进一步深入发展的结果，也是公共关系工作的一项根本任务。在公共关系活动中，社会组织所面临的环境一般是指排斥了与之发生联系的公众的组织环境。社会组织所面临的环境，无论是宏观环境还是微观环境，都具有以下特征：

(1)环境的不确定性。所谓环境的不确定性实质上就是社会组织的决策者对于环境信息感知的不确定性。

(2)环境的可变性。一个社会组织的环境始终处于不断的变化之中。

(3)环境的复杂性。环境的复杂性主要是指有关环境因素的多少和它们的差异程度，环境的构成因素较多，差异程度较高，这种环境就比较复杂。如果社会组织的决策者能够考虑到环境中的所有因素和每种因素的特殊性，那么就能做出适应环境的正确决策。

可见，公共关系本身就是社会组织发展和变化的产物。社会组织为了适应社会的发展，也在不断变化和调整，在这一过程中随着社会的发展可能会不断出现新的社会组织，一些社会组织会与社会同步发展，当然也有一些社会组织由于不适应社会发展的需要而渐渐消亡了。所以，社会组织的生存和发展必须与外部环境相适应，积极沟通，及时反馈信息，得到其他组织和公众的支持，和谐、友善的公共关系应运而生，成为社会组织与公众间的桥梁。

二、社会组织的特征

作为公共关系主体的社会组织，一般包含以下几个方面的特征。

(一)组织的整体性

社会组织的成员和部门都是该组织的构成部分，没有哪个人和部门不隶属于某个特定的组织。社会组织是人类社会的结合形式，是社会关系的一种有组织的表现。

（二）组织的目的性

社会组织的成员和部门都是在共同目标基础上结合起来的。实现社会组织的公共关系目标就是为了最终实现社会组织的总目标，社会组织的总目标是社会组织公共关系目标的最终归宿。

（三）组织的适应性

社会组织成员之间、部门之间、成员与部门之间、成员部门与整体之间以及社会组织与外部环境之间必须相互适应。只有这样，该组织才能达到“内求团结、外求发展”的目的，也才能最终树立良好的自身形象。

（四）组织的多样性

社会组织是整个社会大系统之中的小系统，它是因为社会分工的需要而建立起来的，所以组织本身必然呈现出多样性的特点。不同的社会组织，其性质、结构形态和职能也是不一样的。

三、社会组织的类型

社会组织在社会中所处的地位不同，具有各自不同的目标。根据其目标、性质、功能、内容、关系等要素的不同，社会组织可分为不同的类型。例如，从社会组织的规模来讲，可分为小型组织、中型组织和大型组织；从形式上讲，可分为正式组织和非正式组织；按照组织的功能和目标，可分为生产性组织、政治性组织和整合性组织。组织类型的划分是相对的，我们要从研究和分析的需要出发，选择恰当的分类标准。在此对社会组织进行分类的目的是更好地开展公共关系活动，所以从公共关系的角度对社会组织进行划分。

（一）营利性组织

这种类型的组织以营利为目的，追求经济效益最大化。它以其所有者和经营者的利益为目标，如工商企业、旅游服务企业、保险公司、金融机构等经济组织。

（二）非营利性组织

1. 公益性组织

这类组织通常是指为整个社会和一般公众服务的组织，它以国家和社会整体利益为目标，其公众对象是社会各界，如政府、军队、消防部门、治安机关等。

2. 互益性组织

这是一种以组织内部成员间互获利益为目标的组织。其追求的目标是组织内部成员之间的互惠互利，如政党组织、工会组织、职业团体、宗教团体等。

3. 第三类组织

第三类组织一般指各类服务性组织。这类组织不以营利为目的，而以服务对象的利益为目标，追求社会效益，必须与其赞助者、协助人保持良好的稳定关系，如学校、医院、社会慈善机构、社会福利机构、社会公用事业机构等。

任务二 公共关系组织机构

公共关系组织机构是指由专职公共关系人员组成的、专门从事公共关系工作的专业部门或机构。随着社会的不断发展，公共关系的职业化特点越来越明显，现代社会需要有专门的组织机构来从事公共关系工作。根据公共关系组织机构的特性不同，其可分为三大类：第一类是组织内部的公共关系部门；第二类是不从属于任何组织的专业性社会机构，即公共关系公司；第三类是独立的公共关系社团。

一、公共关系部

公共关系部(简称公关部)是指社会组织内部设立的专门从事公共关系工作的机构。它主要是组织为处理、协调、发展本组织与社会公众和组织内部公众关系而设立的专业职能机构，它与组织内部的其他的职能机构一样，是组织的重要职能部门。

(一)公关部的地位与职能

1.公关部的地位

公关部是组织内部的一个重要的职能部门，在组织内部充当着以下四种角色。

(1)信息情报部门。公共关系的基本职能当中的首要职能就是采集信息、监测环境，建立公关部可以加强组织与社会的联系，并建立通畅的信息网络，监测组织的内外环境，促进组织的发展，起到组织“耳目”的作用。

(2)整体形象策划部门。公关部的最终目标就是树立组织的良好形象。组织形象战略的设计，组织文化的构想，知名度、美誉度的定位，各种方案的选定等，都需要公关部的精心策划，因此，公关部起到了组织形象设计师的作用。

(3)决策参谋部门。公关部是组织的“智囊团”“思想库”，是环境监测中心、趋势预报中心，负责提供成套可供选择的决策方案，协助组织的最高决策层进行决策。

(4)宣传沟通部门。公共关系的传播是一个双向的传播过程。组织要获得公众的了解、理解和信任，赢得公众的喜爱，取得公众的支持与合作，就要不断地向公众进行宣传，公关部就是组织的“喉舌”。随着市场经济的不断发展，组织对外交往日益密切，对外联络和交往的任务越来越重，同时组织与环境之间的各种摩擦和纠纷也越来越多，这就需要公关部进行沟通协调，公关部又起到组织“外交部”的作用。

2.公关部的职能

公关部是一种特殊的协调关系的机构，其基本的职能主要表现在日常接待、社会交往、收集信息、危机管理、内外协调、决策参谋等方面。公关部的职能主要有以下几项。

(1)调查研究。调查研究在公共关系工作中具有重要的意义，它是一切公共关系工作的立足点，公关部要经常对内外公众进行调查，了解公众的舆论、态度、需求等，同时也要对外部的发展环境进行调查，只有在全面调查研究的基础上，才能使公共关系工作发挥出更大的效力。

(2)协调关系。公共关系工作要处理好组织与公众的关系，为组织广结良缘、沟通信息、联络感情、扩大社会联系、解决与公众间的矛盾和冲突。

(3)参与管理。公共关系是一种软性管理手段，这决定了公关部具有参与管理的职责。因为公关部掌握了组织与环境的许多信息，而这些信息都是组织进行决策的重要依据，所以，公关部要经常向组织的决策层汇报，提供有关信息，在重大问题决策时，向决策层提供各种方案可能引起的公共关系效应，并提出更趋合理的建议。

(4)公共关系文书的写作。公关部的日常工作当中的文书写作有：撰写新闻稿，写作演讲稿，编写年报，编辑内部刊物、客户服务指南以及其他的宣传与沟通的材料等。从广义上讲，一个组织所有与公众之间沟通、传阅的文字、音像、图片材料都将对公众产生一定的影响。

(5)策划组织公共关系专题活动。公关部的存在不应是简单的迎来送往、接发信函，除组织的常规会议与活动外，还应审时度势地策划并推出具有轰动效应的公共关系专题活动，借此完成塑造和宣传组织形象的使命。公共关系专题活动主要有新闻发布会、展览展销会、赞助活动、联谊活动、典礼与仪式。

(6)接待投诉和来访。公关部是组织与公众之间的桥梁，公众对组织有意见、有要求，从某种角度上讲对组织是件好事，因为接待投诉和来访的过程本身就是一项难得的沟通，是一个建立感情的好机会。因为在这个过程中，既可以获得一些来自公众的信息，又可以将组织的一些信息传递给公众，在交流信息的同时，增进了解，加深感情；既能及时发现问题，又可以在信息直接反馈的情况下解决问题。

(7)专项技术制作。公共关系工作技术性较强，日常工作中专项技术制作主要包括：摄影，制作视频，录像和录音，设计公共关系广告、组织标志、商品商标、广告宣传画等。

(二)公关部的基本模式和类型

一般来说，公关部在组织内部的设置类型是灵活多样的。由于组织规模的大小不同，其公关部的设置也具有不同的模式。

1.按公关部隶属关系分类

按隶属关系分类，公关部可分为以下四种类型。

(1)领导直属型。领导直属型公关部直接隶属于组织最高领导层，公关部的一切工作都要汇报到组织的最高决策机构讨论、批准。采用这种类型的优点是公共关系工作与经营管理的最高层直接联系，公关部能够着眼于企业的各个经营环节，便于全面地、有针对性地开展公共关系工作，在开展企业内部的公共关系工作时，可以使公共关系思想从上至下融会贯通，并具有一定的权威性。这种类型充分体现了公关部在该组织中的重要作用，组织规模较大的企业一般会采用这种模式，其结构如图 3-1 所示。

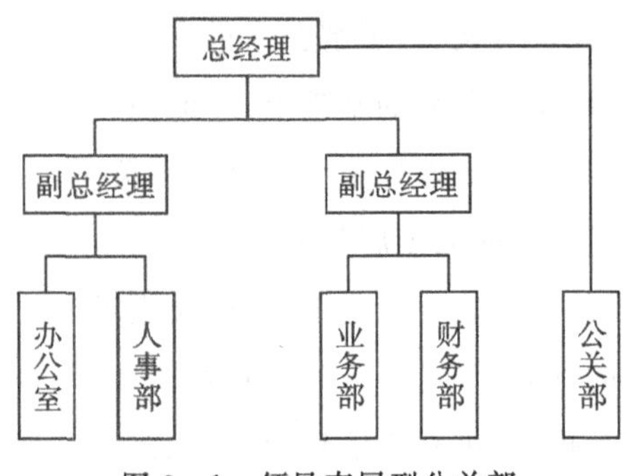

图 3-1　领导直属型公关部

(2)部门并列型。公关部与组织内部的其他职能部门平行,公关部的负责人与其他职能部门的负责人处于平等地位。这种类型的公关部的负责人作为组织中层管理者的一员,有权参与组织的重大决策,同时也具有一定的权限,能独立自主地开展公共关系活动。这是众多组织采用的一种设置方式,其结构如图 3-2 所示。

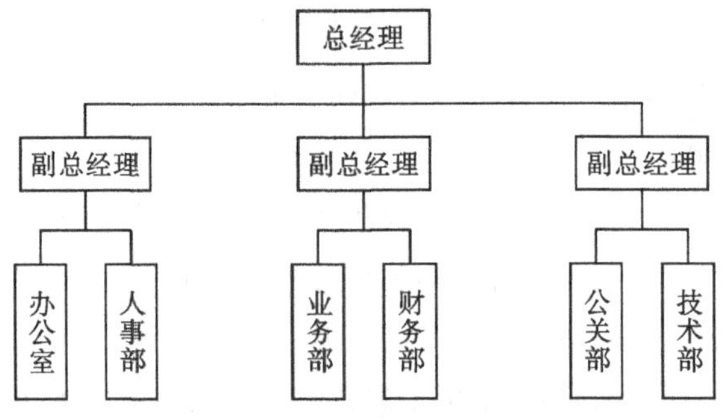

图 3-2　部门并列型公关部

(3)部门隶属型。部门隶属型公关部是指公关部隶属组织内的其他职能部门,如隶属于办公室、人事部门、销售部门、广告部门、外事接待部门等。这种类型的公关部较其他职能部门低一个层次,因为它受某一具体职能部门的管辖。在这种类型中,公关部隶属于哪一个职能部门,公共关系就偏重哪一方面的职能,不能全面发挥公关部的作用。它通常对于规模较小且业务范围较为集中的组织适用,其结构如图 3-3 所示。

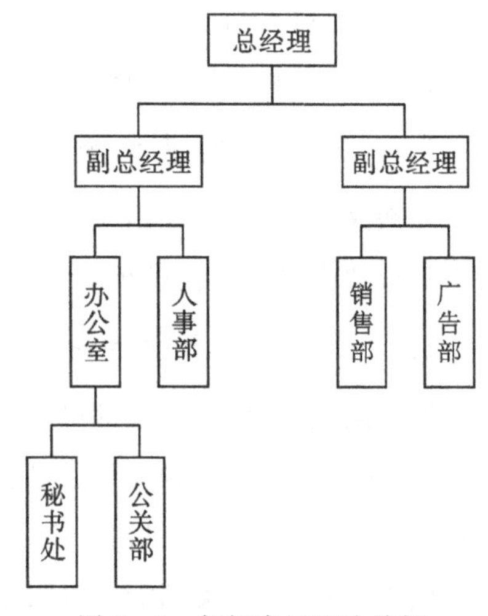

图 3-3　部门隶属型公关部

(4)职能分散型。职能分散型是指社会组织在机构设置中没有专门设置公关部,而是将公关部的职能进行分解,在其他部门中分别体现与本部门相关的公共关系职能。如在销售部门中设专人从事调查消费者对产品的意见和建议等信息的工作,在宣传部门中设专人负责与新闻媒介联系等。

2. 按公关部的内在结构分类

(1)公共关系过程型。公共关系过程型公关部(见图 3 - 4)主要是按公共关系活动的过程来进行设置的,公共关系的过程主要包括调查研究、策划、传播及评估。其优点是流程清晰、分工明确。

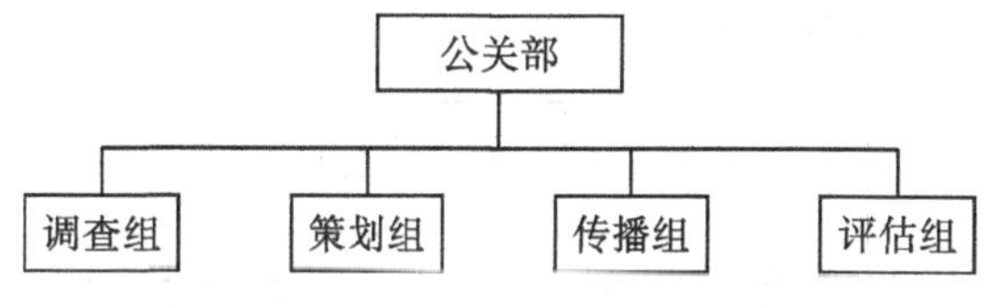

图 3 - 4 公共关系过程型公关部

(2)职能手段型。职能手段型公关部主要是按其工作手段和所发挥的职能来设置的。其下设新闻通讯组、编辑出版组、信息调查组、活动策划组、美工制作组、业务拓展组等分组,如图 3 - 5 所示。其优点是职责明确,有利于工作人员业务水平的提高,有利于工作人员熟练掌握专业的公共关系手段。

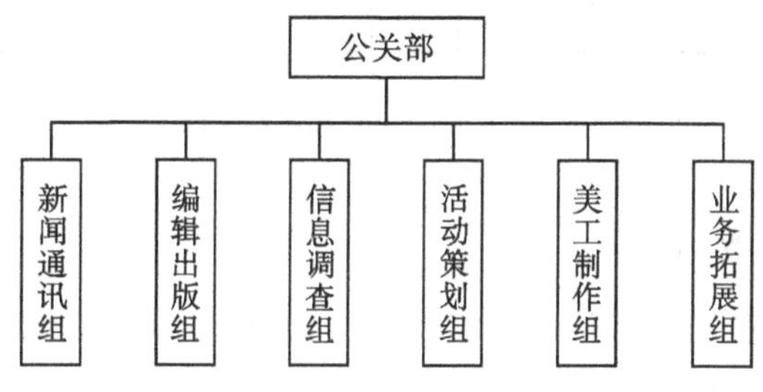

图 3 - 5 职能手段型公关部

(3)公众对象型。公众对象型公关部主要是按工作对象的不同设置机构,并以相应的工作对象作为机构名称。其可下设内部公共关系和外部公共关系两大类,如图 3 - 6 所示。内部公共关系包括员工关系、股东关系,外部公共关系包括顾客关系、媒介关系、政府关系、社区关系、竞争者关系等。其优点是工作人员较熟悉自己的工作对象,能够有针对性地开展工作,争取不同类型公众对组织的支持。

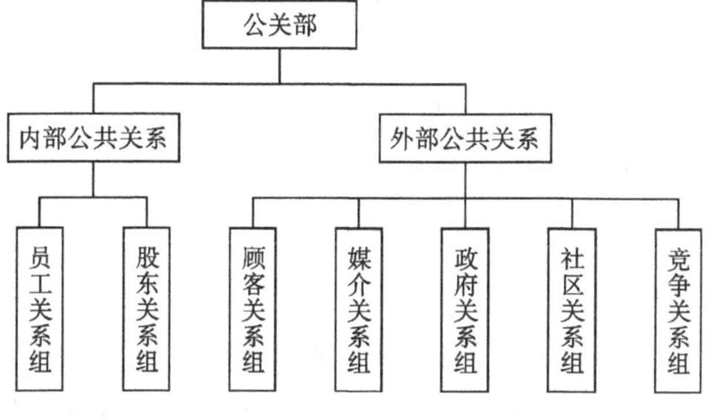

图 3 - 6 公众对象型公关部

(4)工作区域型。一般大中型组织机构或者组织的工作对象分布面比较广泛时,可以按照工作对象所在的不同区域来设置公关部。一般来说,从大的方面考虑,可以分为国内部和国外部,国内部又可以具体分为华东组、华北组、西南组、东北组等,国外部也可以具体分为亚洲组、欧洲组、美洲组等,如图3-7所示。这种结构模式的最大优点是能够针对不同区域环境和公众的不同需求开展有针对性的公关工作。

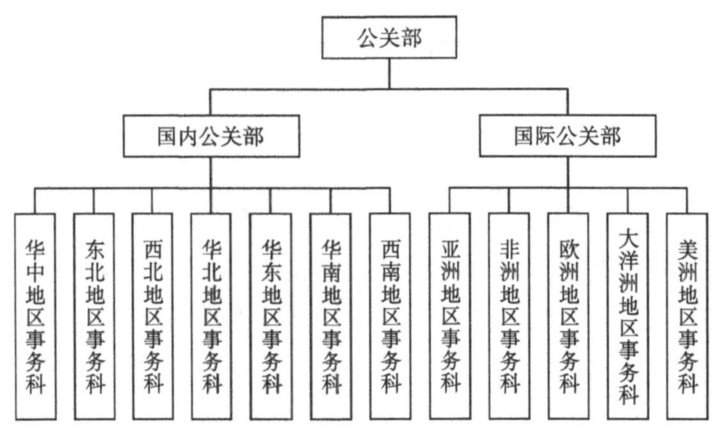

图3-7　工作区域型公关部

(三)公关部的设置原则

任何一个组织在设置公关部时,应根据社会环境和自身需要统筹考虑,至少应遵循以下几项原则。

1.精简原则

所谓精简原则即要求能完成该机构所担负的任务,有最精干的成员配置,最简单的工作程序和组织机构。精简的关键是精,即工作效率要高,应变能力要强,能够在较短的时间里,用最少的人力去完成任务。精简的主要表现如下。①配备的人员数量与所承担的任务相适应。它体现在两个方面:一是人员不多,精干高效;二是机构内部的层次不多,因事设职,因职设人,不搞小而全。②将人员减少到最低限度。③机构内部分工粗细适当,职责明确,并有足够的工作量。

2.专业性原则

公关部是专门开展公共关系工作的机构,在组织上和工作内容上都要保证其正规性,同时还应做到队伍的专业化,即公关部的全体人员应具有强烈的公共关系意识,受过一定的专业训练,具有一定的专业水准和能力,具有开拓创新精神,等等。

3.整体协调性原则

在实现公共关系目标时,公关部要依靠其他部门的配合。公关部主要起沟通、协调、组织的作用,通过协调多方面、多层次错综复杂的关系,对外起到主动沟通的作用,对内能够维系组织各方面关系的平衡。

4.服务性原则

公关部接受组织最高领导层的领导，并对其负责。它不是领导部门，也不是直接的经营管理部门，在指导思想上必须明确服务的性质，否则，工作就会偏离正确的轨道。

5.针对性原则

在组建公关部时，要根据不同的工作性质和组织面对的不同公众来设置机构、安排人员，不一定用一个固定的模式。只有这样，才能使机构富有特色，更加有效和实用。

6.有效性原则

效率是衡量一个组织水平的重要标志。效率越高，说明组织机构越合理，越完善。实现工作的高效率，应该注意以下几个问题：首先，要保证职权与职责相当；其次，要保证信息渠道的畅通；再次，要善于用人，充分调动人的积极性；最后，要有行之有效的规章制度，没有规矩，不成方圆。

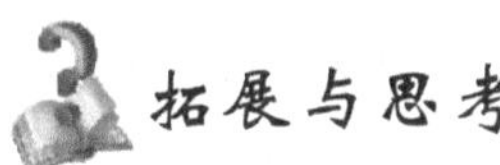

天选之钉

2020年新冠疫情期间，为了响应教育部延期开学和停课不停学的号召，钉钉从一个协助在线办公的应用摇身一变成了“兼职”网课平台，一时间天选之钉成了被网课所支配的孩子们的出气筒。

钉钉的特点是你看没看直播、你看没看见消息它都知道，需要多次签到、打卡等，让学生感觉到时刻都在被“监控”。不喜欢被“死盯”的小学生们表示很不满。网上有传言低于一星的应用将会被商店下架，于是钉钉的评论留言区成了学生们的发泄之地，“少侠”们组团去各大应用商店刷一星“好评”（行业通行5星打分规则，每位用户的最低评分都是1分，无0分选项，因此评分低于1分不可能实现）。

钉钉评分从4.7分一度掉到最低1.3分。在此情况之下，2020年2月16日晚上8点，“钉钉DingTalk”在以Z世代用户为主的哔哩哔哩发布了一个名为《钉钉本钉，在线求饶》的视频作品，对着各位“少侠”喊“爸爸”，用卖萌、可怜的形象向对钉钉恶意刷一星的用户跪求好评。该视频发布后钉钉在应用商店的评分及网络好感度均有所回升。该视频甚至还挤入哔哩哔哩全站排行榜第一名。

思考：该案例对企业与目标受众建立良好的品牌沟通有何启示？

二、公共关系公司

公共关系公司（简称公关公司）又称为公共关系顾问公司或公共关系咨询公司，是指由公共关系专家和专业人员组成，专门从事公共关系咨询或受理委托为客户开展公共关系活动的商业机构。公关公司在世界范围内盛行是市场经济发展的必然结果。在激烈的市场竞争中，一个社会组织要想在残酷的竞争中立于不败之地,单纯依靠领导者自己的头脑和内部的公关部已经不够了,必须借助于“外脑”来为组织提供智能服务。

公关公司是随着公共关系作为一种职业的出现而产生和发展起来的。它诞生于20世纪初的美国。被誉为“公关职业化之父”的艾维·李于1903年首创“宣传参谋事务所”,是现代公关公司的前身。1920年,艾尔正式开办了公共关系公司。自1985年1月美国伟达公关公司在北京设立办事处后,我国才开始出现职业公关公司。同年8月,美国博雅公关公司与中国新闻发展公司签约成立中国环球公共关系公司,这是中国大陆成立的第一家专业性公共关系顾问公司。紧接着,公关公司在我国飞速发展。

(一)公关公司的主要类型

1.综合服务型公关公司

这类公关公司是由公共关系专家和公共关系技术人员来保证和适应多行业、多职能、全过程的顺应外部公共关系需要而设立的。公司拥有先进的信息收集系统和信息储存与分析系统,通过各种渠道收集世界各国政治、经济、法律、社会政策、风俗习惯及市场动态等多方信息。这类公关公司经济实力雄厚、专业水平高、业务范围广泛,能够为客户提供多方面的综合性服务。

2.专项服务型公关公司

这类公司是仅为客户提供特定项目服务的公司,以专业的人才、技术和设备为客户提供服务。如为专项客户进行市场调查,或为专项客户组织某种公共关系活动。其人员通常是某一领域的专家,公司规模小,但服务内容灵活多样。

3.特定行业服务公司

这类公司是为特定行业提供公共关系服务的公司,如帮助工商企业推广业务、促进经营、维护合法权益和树立良好形象的公关公司。

(二)公关公司的业务范围和业务程序

1.公关公司的业务范围

(1)咨询诊断。公关公司可根据客户的要求,凭借现代化的通信和办公技术、众多的专门人才,为客户提供政治、经济、文化、教育、科技等方面的情报,提供市场信息、公众态度、社会心理倾向及社区文化习俗的分析资料;为客户进行公共关系问题的分析与诊断;为客户的形象设计、形象评价及公共关系政策或决策提供咨询等。

(2)联络沟通。公关公司负责协助客户与有关组织和公众进行联络与沟通,提供新闻稿件,代理广告业务,进行传播效果的检测分析,使客户与政府、新闻界、社区、社会名流等建立起良好的关系。

(3)策划专题活动。公关公司负责为客户策划组织各种专题活动,如剪彩仪式、庆典、联谊以及各种社会赞助活动等;组织各种会议,如信息交流会、产品展销会及洽谈、谈判会。针对企业、产品、名人等形象受损时产生的各种危机，公关公司提供专业的危机公关服务，使其快速摆脱困境，维护和提升公众形象。

(4)人员培训。公关公司可代客户进行各类人员的知识或技能培训，使其具有足够的公共关系理论知识和实际操作技能，以适应岗位的需要。

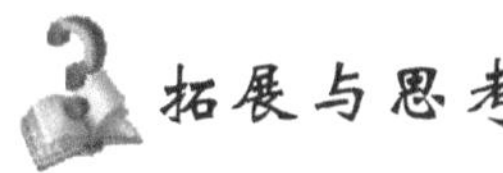

拓展与思考

“网抑云”向“网愈云”的转变

2020 年 8 月，“网抑云”突然成为网络爆梗，起因是有许多网易云音乐评论区无病呻吟的评论被爆出是假的，或者是编的，引发大众反感情绪。该梗用于嘲讽那些“为赋新词强说愁”的人。

但即便大众对这些“伤痛文学”抵触，也不能排除写下那些抑郁评论的人是否真到了伤心处需要一个倾泻口。基于这样的情况，8 月 3 日，网易云音乐称已推出“云村评论治愈计划”，邀请心理专家、万名心理专业志愿者加入“云村治愈所”，万名乐评达人组成云村乐评团发起乐评征集大赛；同时升级《云村公约》，治理虚假编造内容，规范乐评礼仪，为真正有需要的用户提供专业帮助。

思考：网易云音乐的公共关系行为属于公关公司的哪项业务范围？企业的公共关系行为如何体现社会正能量？

2. 公关公司的业务程序

公关公司的业务程序一般分为以下几个步骤：

(1)接受客户委托并签订协议书。协议书的签订表明委托关系的正式形成。

(2)调查研究与分析。针对客户的公共关系目标，对公共关系现状和影响公共关系目标实现的因素进行调查分析。

(3)撰写委托报告。根据调查研究的结果，向客户提交开展委托公共关系事务的详细方案的报告。

(4)进行可行性论证。可行性论证主要是对委托报告中的方案是否能够达到公共关系目标，以及是否具备实施的条件进行论证。可行性论证要有客户代表参加，若被通过，可进行下一步骤，若未通过，则要重新进行调查研究与分析。

(5)实施工作计划。在这个过程中，公关公司应接受客户的检查和监督，发现问题及时采取措施解决。

(6)效果评估。对实施的结果进行效果评估，评估的结果作为公关公司此次业务业绩优劣的衡量标准，为下一步工作奠定基础。

公关公司的业务程序如图 3 - 8 所示。

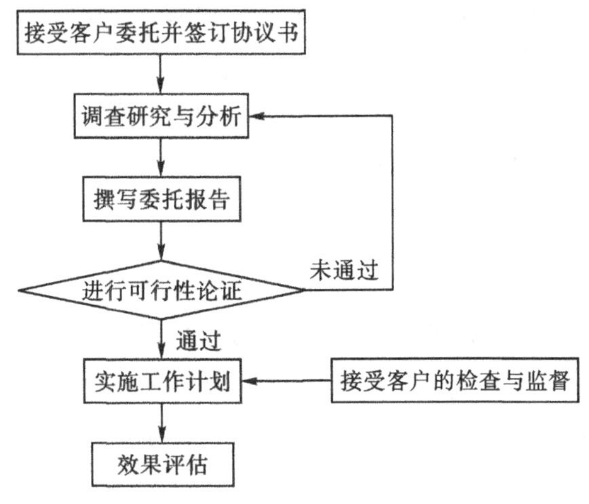

图 3-8　公关公司的业务程序图

(三)公关公司的服务原则

公关公司从事的服务工作涉及委托单位的形象,公司要对其负责;同时公关公司本身也需要树立良好的信誉和形象,争取自己的社会效应和经济利益。因此,公关公司在工作中须遵循以下原则。

1. 利益原则

公关公司只有维护委托者利益,才能获得客户的信任,才能树立自己的良好形象,维护自身的利益。

2. 保密原则

公关公司在代理委托单位的公关业务中,应严格保守委托单位的秘密,不得泄露该单位的情况,损害客户利益。

3. 节约原则

公关公司给客户提供公共关系咨询服务或代理公共关系活动业务时,应严格执行收费标准,本着为客户节约的原则,考虑费用预算,不得浪费客户的费用。

4. 尊重原则

公关公司在为客户提供服务的过程中,除了了解客户一些必要的情况外,要尊重客户,不得干涉客户的内部事务,不得借联络的名义对客户的内务指手画脚。同时,公关公司尊重客户还表现为不能在无任何限制、无任何条件约束的情况下,为相互竞争的双方同时提供服务。

5. 诚信原则

公关公司的诚信原则表现在:不论是对客户有利的情况,还是对客户不利的情况,都不能隐瞒,要及时地如实告知客户;既不能只报喜不报忧,也不能夸大工作的难度和严重性,只报忧不报喜,更不能对客户隐瞒一些重要的服务内容和环节。只有对客户诚实守信,才能赢得客户。

(四)公关公司的收费方式

公关公司作为经济实体,按照一定的收费标准为客户提供有偿业务服务。公关公司的收费方式主要为如下几种:

第一,项目收费。项目收费主要包括项目劳务费、行政管理费、项目活动费、咨询服务费等。这种收费的好处是专款专用,有利于保证公共关系项目的质量,便于考核和管理。

第二,计时收费。根据工作人员的工资水平、服务项目的难易程度,按照平均工作时间,制订出收费标准。

第三,综合收费。即公关公司与客户根据业务需要,协商确定收取费用的总金额,有利于根据有限的资金统筹安排,合理运用。

第四,项目成果分成。公关公司和项目委托人共同承担风险,共同受益,项目最终取得收益时,按一定比例分成。

各公关公司收费标准也有很大差别,组织要结合实际充分考虑收费方式和收费标准的不同,选择合适的公关公司为组织服务。

三、公共关系社团

公共关系社团泛指社会上自发组织起来,从事公共关系理论研究,开展公共关系实务活动的非营利性群众组织或社会团体。它主要包括公共关系协会、学会、研究会、俱乐部、联谊会等。

(一)公共关系社团的特征

1. 广泛性

公共关系社团可以由来自不同地区、不同领域,从事不同职业、不同工作的人员组成。这类人员通过公共关系社团联系在一起,因此成员分布具有广泛性。这类人员可以建立纵横交错的关系网络,便于沟通信息、联络感情、广结良缘。

2. 松散性

公共关系社团根据自身的特点和需要灵活设置组织结构,组织与成员之间、成员相互之间没有隶属关系,不具有强制性。

3. 服务性

公共关系社团聚集了一批懂理论、有实践的公共关系人才,能为社会组织提供优质的公共关系服务。

4. 非营利性

公共关系社团的宗旨是为社会服务,因此它并不是一个营利性组织。公共关系社团所提供的服务是无偿的,其本身不能从事商业经营。

(二)公共关系社团的类型

公共关系社团多种多样,主要分为以下类型。

1. 综合型社团

综合型社团是指来自不同地域范围的公共关系协会。此类社团多为民办官(政府部门)助,其职能是服务、指导、协调、监督成员的公共关系活动。

2. 学术型社团

学术型社团主要是指公共关系学会、研究会、研究所等学术性很强的公共关系社团。此类社团通过举办研讨会、学术交流会开展组织活动,交流工作经验,研究公共关系理论及发展趋势,为公共关系实践提供理论指导。

3. 行业型社团

行业型社团是指某行业内部设立的公共关系组织。不同行业的公共关系工作的特点有所不同。行业型社团就要求公共关系人员根据本行业的特点有针对性地开展公共关系工作,能从组织上保证公共关系在某行业的深入发展。

4. 联谊型社团

联谊型社团指以联谊为主的公共关系社团。这类社团的特点是形式松散,一般没有固定的活动方式,没有严格的会员条例。其主要作用是在成员之间沟通信息,联络感情,建立良好的人际关系。

5. 媒介型社团

媒介型社团是通过创办报纸、刊物、网站等传播媒介,并以此为依托组建起来的公共关系社团。此类社团可以直接利用媒介探讨公共关系理论,普及公共关系知识,交流公共关系经验,传播公共关系信息。

(三)公共关系社团的工作内容

公共关系社团是一种社会团体,其工作内容不同于公关部和公关公司,主要工作内容如下。

1. 发展和联络会员

联络全国各地、各企事业单位的公共关系组织和工作者,组织学术和经验交流,研究公共关系理论和实践,推动公共关系事业健康、深入发展。

2. 制定行业准则

制定、宣传公共关系行业规范、从业人员的职业道德和行为准则,并监督执行情况,维护公共关系组织和工作者的正当权益。

3. 提供专业服务

专业培训是公共关系社团的一项经常性工作。公共关系社团本身就是一所培训学校,专门培训、训练和造就公共关系的专业人才;同时可以利用专业优势,开展国内外公共关系事业的咨询服务工作。

4. 开展专题研究

各类社团组织可以设立专题研究项目，开展公共关系的科学研究，编辑出版有关公共关系的书籍、报刊，宣传研究成果，普及公共关系知识。

5. 加强交流合作

加强与海内外公共关系界的交流合作，协调国内外公共关系组织的关系。

任务三　公共关系从业人员

公共关系人员（简称公关人员）是指专门从事公共关系工作的人员。狭义的公共关系人员可定义为从事公共关系工作的职业人员，广义的公共关系人员则可定义为从事公共关系理论研究、教学活动和实践工作的人员。随着我国公共关系事业的快速发展，我们将需要越来越多的专业公关人员。

在一个社会组织中，任何公共关系活动均要由人来组织实施，公关人员是整个公共关系活动的核心，其水平高低直接影响着公共关系活动的成败。公关人员按照分工的不同可分为两大类：一类是从事公关管理或组织工作的公关管理人员；另一类是从事公共关系各项专门业务工作的公关业务人员。因此，研究公关人员的工作职责、基本素质、职业道德以及培养与考核具有重要意义。

一、公关人员的职责

（一）公关管理人员的职责

公关管理人员在一个组织中起着十分重要的作用，其工作职责主要如下。

1. 开展公共关系调查工作，全面掌握组织情况

公关管理人员应通过公共关系调查来掌握组织的各种情况，如组织生产经营情况、发展情况、管理情况、财务情况、人力资源情况、内部公众的心理动态、外部公众的相关情况、外部环境以及组织与外部环境之间的适应情况等，在此基础上，抓住重点，有的放矢地开展公共关系工作。

2. 与决策层沟通，辅助领导决策

公关管理人员应及时与决策层进行良好的信息沟通，以便掌握组织的发展方向，了解组织发展中存在的问题，充分发挥情报与参谋作用，辅助领导决策，为正确制订公共关系工作的目标、方向、计划出谋划策。

3. 制订公共关系计划方案

在调查研究的基础上，公关管理人员研究制订一定时期内的公共关系计划方案，其中包括长期战略计划、年度工作计划、项目活动计划等。在公共关系计划中，应提出具体的工作目标、活动主题、工作程序、工作范围和内容以及人员的责任。

4.建立媒体关系

公关管理人员必须熟悉新闻媒体，为确保媒体渠道的畅通，使新闻媒体能够广泛地了解本组织，并努力在情感层次上取得良好效果，就必须积极主动地与新闻媒体保持经常性的往来关系；同时，还要有效地借助新闻媒体的传播渠道，加速组织与公众之间的信息交流，提高公共关系工作成效，树立良好的组织形象。

5.开展公关专题活动

为解决组织所面临的问题，公关管理人员要围绕组织的公共关系目标，创造性地进行各项专题活动的策划，如负责举办各种研讨会、发布会、展览展销会、庆祝会、联欢会，开展各种调查、竞赛、纪念和公益活动等。在组织实施公共关系专题活动中，公关管理人员还往往充当组织的发言人和代表人的角色。

6.撰写新闻稿件与文案

在组织中一些涉及面广、要求全面具体、对工作具有重要影响的稿件和各类文章，应该由公关管理人员亲自动笔撰写。日常工作中的一些文稿也应由其负责审定。

(二)公关业务人员的职责

一般情况下，在一个组织中，公关部要配置5～6人。公关业务人员按其职责划分，可分为策划人员、资讯人员、宣传人员和协调关系人员。

1.策划人员的工作职责

策划人员应及时与组织决策层进行信息沟通，掌握组织的发展方向及存在的主要问题，辅助组织发展方向、政策及方案的决策，为正确制订公共关系目标、方向、计划出谋划策。

2.资讯人员的工作职责

资讯人员的工作职责主要有以下几点：

(1)实施市场调研，掌握相关动态，全面收集公众信息，了解公众需求；

(2)了解行业政策动向；

(3)密切关注竞争者的营销策略、动向等各种行为；

(4)反馈营销策略、促销手段、广告发布的效果；

(5)做好企业文化在企业内外的推广。

3.宣传人员的工作职责

宣传人员的工作职责主要有以下几点：

(1)及时掌握媒体市场动态、服务现状和价格信息等；

(2)制订正确的媒体管理计划，具体落实每一项计划，实现媒体效应；

(3)与新闻机构建立良好的沟通渠道，避免不必要的负面影响；

(4)建立媒体资源库，包括各大广告公司情况；

(5)积极参与媒体活动，从媒体中收集相关信息；

(6)对形象推广活动要进行审查、维护、变更、追踪和评估；

(7)协助策划推广方案的实施和信息的收集。

4. 协调关系人员的工作职责

协调关系人员的工作职责主要有以下几点：

(1)负责对外进行公共关系协调。

(2)负责沟通和协调组织内部的公众关系，其中包括：内部员工之间的关系协调，内部领导者之间的关系协调，内部领导者与员工之间的关系协调，以及内部各部门之间的关系协调；并协助相关部门的工作。

总之，公关人员的工作职责与具体内容会因组织的不同特点以及组织内部的分工不同而表现出比较大的差异。因此，应根据组织的实际情况和不同特点，来确定公关人员的具体工作职责和范围，以便各司其职，高效地完成各项公关工作任务，促进组织的良好发展。

二、公关人员的基本素质

素质是个人身心条件的综合表现。它是个人生理结构、心理结构及机能特点的总和，也是个人参与各种活动的基本条件。不同的职业对其从业人员素质有不同的要求。公关人员的素质，是以公共关系意识为核心，以自信、热情、开放的心理为基础，配以公共关系专业知识结构和能力结构的一种整体职业素质。

(一)公关人员的公关意识

公关意识属于一种现代经营管理思想、理念和原则，是公共关系实践在人们思维中的反映。公关意识作为一种深层次的思想，引导着一切公共关系行为，是一种综合性的职业意识，大致包含以下内容。

1. 塑造形象的意识

塑造形象的意识是公关意识的核心。在公共关系思想中最重要的是珍惜信誉、重视形象的思想。良好的组织形象，是一个组织的无形资产和无价之宝，而个体形象往往被看作是组织整体形象的代表，因此，公关人员必须具有极强的个人形象和组织形象塑造的意识。公关人员在工作中要时刻注意塑造并维护自身形象和所代表的组织形象，要处处以整体为重，从而懂得用良好的形象为自身发展创造最佳的社会关系环境，赢得公众信任和支持，获得发展机会。

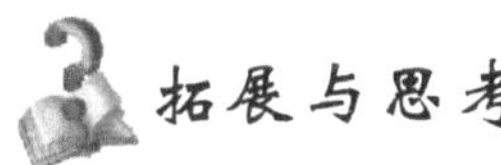

“奥利给”大叔励志演讲《看见》

2020 年 6 月 6 日，快手影视官方在微博发布了一段演讲《看见》。其中，“奥利给”大叔黄春生作为演讲人，带我们走进普通人参差百态的生活，鼓励大家要热爱生活，对生活要有态度，不要带着傲慢与偏见看待世界。

黄春生积极向上、热情有力的演讲感染了许多人，许多网友表示看完后感觉充满了力量，纷纷给快手点亮“小红心”(点赞)。就像微博配文写的：“参差百态，幸福之源。我们虽是世间的尘埃，却是自己的英雄。加油，奥利给！”

“奥利给”大叔的演讲台词也非常具有感染力：

“不要冷漠地走入普通人，每个人都在追求自己的幸福。”

“如果它拥有被看见的权利，它也能收获遥远他乡的喜欢。”

“不要冷漠地走入任何未经检验的生活。要相信生活值得一过，只要你热爱它。”

“你比你想象中，更美好！”

思考：公关人员对于组织形象的塑造能做出什么贡献？如何培养员工积极向上的工作热情和生活态度？

2. 服务公众的意识

公众是公共关系的客体，是组织开展公共关系活动的工作对象。因此，服务公众的意识是公关意识中最重要和最基本的意识。公关人员必须具有强烈的社会责任感，关注社会热点问题，着眼于公众。公关人员应把公众看成是自己生存和发展的前提条件，把处理好公众关系看作自身事业成功的标志，真正做到“顾客至上”“公众就是上帝”，时时刻刻以公众的利益为出发点来规范自身的言行举止。

3. 沟通协调的意识

沟通协调的意识，实际上也可以说是一种信息反馈意识。组织与公众关系的建立实际上依赖于各种信息的交流。因此，组织为了更好地为公众服务、塑造良好形象、赢得社会和公众的广泛理解和支持，就必须加强与社会公众的沟通，建立一个信息交流的网络，来掌握环境的变化，这将有利于组织与公众良好关系的建立，推动组织发展。

4. 创新审美的意识

公共关系既是一门科学，又是一门艺术，既有规律性、可重复性，又强调创新性、时代性。创新审美意识深刻突出了公共关系是塑造组织形象的艺术的内涵。组织良好形象塑造过程中的每一个公共关系活动，其策划与设计都需要有创新。唯有创新，才能塑造具有个性的组织形象；唯有创新，才能使组织的良好形象在竞争中脱颖而出；唯有创新，才能使组织的良好形象不断螺旋式上升。

5. 立足长远的意识

组织良好形象的塑造，不是一朝一夕、立竿见影的事，而是需要通过长期不懈的努力和积累的。这就要求公关人员必须有立足长远的意识，不可只顾眼前的利益，而应放眼未来，正确处理眼前利益和长远利益、组织利益与社会利益的关系。

6. 危机公关的意识

危机意识即指对组织社会形象、对组织与社会公众能否保持良好沟通的忧患意识。在激烈的市场竞争中，危机是不可避免的，其产生的原因也是多种多样的，组织的公关人员必须面对现实，具有较强的危机意识。"生于忧患，死于安乐"，在危机出现之前，建立起组织危机预警系统，预测组织工作中可能发生的危机，把危机处理于萌芽之中；在危机发生后，及时、果断、准确地判断危机性质，采取灵活的应对策略。公关人员要善于了解和掌握社会环境与公众心理的变化，注意在公关危机处理中变"危"为"机"，使组织形象不断得到完善。

（二）公关人员的心理素质

心理素质是指表现在人们身上的那些稳定的、本质的心理特征，如爱好、气质、意志、情绪、态度、性格等心理品质和特征。公关人员的心理素质，主要指公关人员从事公关工作所必须具备的心理方面的要求。

1. 积极乐观的心理

自信是对公关人员心理素质的基本要求，是取得事业成功的基石。一个公关人员只有相信自己的能力和力量，才能敢于去竞争，敢于去拼搏，敢于追求卓越；在人际交往中充分发挥自己的才能，抓住各种时机推销组织和自我形象。同时，公关工作的复杂性决定公关人员会随时面临各种困难和挫折，这就要求他们保持乐观的心态，相信情况能够有所好转，也相信自己有解决问题的能力。尤其是在处理公关危机时，公关人员更需要具有沉着自信、冷静果断的心理素质。

2. 热情开放的心理

所谓热情是指对人、对事具有热烈的感情。公关活动需要公关人员付出艰辛的智力劳动和体力劳动，需要公关人员以极大的热情全身心地投入，缺乏工作热情的公关人员难以开展富有成效的公关活动。公关人员代表组织与公众交往，在与人交往的过程中，必须热情洋溢、真诚而又有礼貌，热情的态度可以使对方感到你的诚意、友好、礼貌，为交往的顺利进行打下良好基础。

3. 锐意进取的心理

现代组织所处的环境是千变万化的，公关活动也是在千变万化的环境中进行的，要适应这种不断变化的环境，公关人员必须主动地投身到社会与公众之中，及时捕捉、鉴别和运用各种公关信息。公关工作是一种创造性很强的外向型工作，要求公关人员具有强烈的求知欲与好奇心，能积极主动地去接受新知识、新观念、新事物、新人物。

（三）公关人员的职业道德修养

公关人员代表组织和公众进行信息的沟通和传播，工作过程中言行举止的好坏和职业道德修养密切相关。素质良好的公关人员，应具备以下职业道德修养。

1. 实事求是，正确传播

真实是公共关系工作的生命所在，实事求是是对公关人员的基本素质要求。传播中的“正确”，体现在信息来源的可靠性、信息内容的真实性、传播意图的明确性以及传播的公开性。

2. 客观公正，正直无私

公关人员必须客观地分析、评论问题，所提建议也必须合理、合法，同时正直无私，不能为了迎合某些人而专门报喜不报忧，或者为了达到个人目的，违背公正的原则。

3. 平等待人，诚实守信

公关人员在面对公众时，不管对方是什么人，不管他所从事的是什么职业，都应该一律平等对待，真诚地面对每个公众，尊重他人意愿，讲求信用。

在严格遵守职业道德的同时，公关人员还要有较强的事业心和责任感，克己奉公，不谋私利，抵制不正之风和错误思想的影响。

（四）公关人员的知识结构

公关人员要熟练掌握公共关系专业的基础理论知识及实务方法，加以科学、灵活地运用才能更好地发现和解决问题。公关人员的知识结构一般由以下几方面构成。

1. 公共关系的理论知识

公关人员要掌握公共关系的基本理论知识，自觉应用理论来指导实践活动，避免工作中的盲目性。公共关系理论知识包括公共关系的基本概念、公共关系的历史沿革、公共关系的职能、公共关系活动的基本原则，以及公共关系的三大要素——社会组织、公众和传播——的概念和类型，不同类型公共关系工作机构的构建原则和工作内容，公共关系工作的基本程序，等等。

2. 公共关系的实务知识

公关工作旨在根据组织的性质确定公关任务，制订公关程序，运用各种行之有效的公关技巧和方法来实现组织的公关目标。公关强大的应用性要求公关人员必须了解和掌握公共关系实务知识，学以致用，并有所创新。这些知识主要包括公关调查研究、公关策划、公关信息传播、公关的效果评估及各种公关专门业务与活动的知识。

3. 其他相关学科知识

社会的发展与进步使公关越来越显现出其广泛性和深入性。这就要求公关人员必须具备各种与公关密切联系的相关知识，以便在公关的舞台上得心应手地开展工作。这些知识主要包括管理学、行为科学、市场营销学、传播学、新闻学、广告学、社会学、心理学、社会心理学等方面的专业知识和一些文学、艺术、写作、编辑等方面的知识。

4. 政策法规知识

公关人员应熟知党和政府的有关政策法规，了解社会的政治、经济、文化诸方面的现状及未来的发展趋势。

（五）公关人员的基本能力

公共关系是一项复杂且综合的工作，公关人员要在社会舞台上和公众打交道，因此，光在理论上知识丰富是不够的，还应具备开展公共关系活动的能力。但人的能力毕竟有限，即使最优秀的公关人员也不可能面面俱到，但仍应具备从事公共关系工作所需的基本能力。

(1)综合表达能力。公关人员的表达能力是其从事公关职业的基本功。表达能力分为口头表达能力和书面表达能力。口头表达能力即口才，是最常用、最简捷的传播手段，也是人类沟通思想的重要手段；书面表达能力则是邮件、邀请函、计划、报告、总结和演讲稿等的撰写能力。这些工作都要求公关人员有扎实的文笔、较强的文字表达能力。

(2)组织协调能力。公共关系计划、方案的实施，工作千头万绪、具体繁杂，没有良好的组织协调能力很难顺利做好工作，会造成混乱与低效率。公关人员发挥组织协调能力，可以将事务安排、人员分配等管理得井然有序，在沟通上更加通畅，保证工作能够高效、有序地完成。在活动组织方面，公关人员需要进行策划活动、统筹人员、推进实施、协调关系、有效传播沟通等多项工作，在活动结束后更要认真总结，仔细归纳得失利弊，任何经验教训都是下一次活动的基础和依据。

(3)信息捕捉能力。公关人员要眼观六路，耳听八方，保持灵敏的信息嗅觉。对于组织来说，机遇随时会有，就看能不能很好把握。另外，公关人员对于行业内法律法规、政策等规则，以及社会政治氛围等要有透彻的了解，遵守、运用法律与政策，让公关工作焕发出时代性与前沿性，并以此作为未来政策、市场走向与变动的预测依据，善于总结与推演，拥有对企业与行业高瞻远瞩的目光。因此，公关人员要善于捕捉别人不易捕捉的信息，并设法把信息转化为组织的公共关系机会，促进组织良好形象的树立。

(4)沉着应变能力。公共关系工作包括繁重的日常事务和各种重大事件的处理，工作量很大。公关人员要想做好这些工作，必须要有耐心，有毅力，有很好的控制能力。自我控制即公关人员在处理各种冲突或投诉时，能保持清醒的头脑，能忍住心头的火气和怒气。公关人员在工作中会遇到各种各样的难题和意想不到的危机，这就要求公关人员要具有遇事不慌、沉着机智、灵活机动的应变能力，有条不紊地化险为夷。

(5)人际交往能力。公关活动要求双向沟通，要疏通各种公众关系，以建立良好的内外部公众环境。公关任务的完成，离不开人际交往，这就要求公关人员要具备善于与他人交往的能力。因此，公关人员必须懂得各种场合的礼仪、礼节，善于接人待物，处理各类复杂的人际关系。

(6)开拓创新能力。公共关系工作是一项富于挑战和创新的工作。无论开展哪一种类型的公共关系活动，公关人员都要具备丰富的想象力和创造力。公关人员要善于在日新月异的社会发展中紧跟时代步伐，善于捕捉新信息，学习新知识，确立新观念，运用新技术，采用新方法，提出新方案；在全面掌握组织实际情况的基础上，独具匠心，使公关工作充满新意，使公关活动富于生机，以创新赢得公众的支持，以创新求得组织的发展。

三、公关人员的培养与考核

公关人员基本素质的优劣直接关系到组织公共关系任务能否顺利完成，这就需要通过各种方式对公关人员进行培养和训练。

1.公关人员的培养目标

公关人员的培养目标主要从两方面着手：

(1)通用型公关人员。通用型公关人员要求知识面广，头脑灵活，思路开阔，有较全面的智力基础、能力结构和适宜的性格气质。这种人才需要具有企业家的头脑、宣传家的技能、外交家的风度，在工作中能独当一面，担任公共关系工作的组织者和指挥者。这类人才一般不从事公共关系工作的具体事务，只担任组织者和管理者，负责策划公共关系工作的战略和措施。这样的人才对公共关系事业的成功关系重大，因此，他们必须经过系统的公共关系理论教育和实践技能的培训。

(2)专才型公关人员。专才型公关人员精通于某一方面的公关技术，如新闻写作、广告设计、市场调查、美工摄影和编辑制作等，他们是某项公共关系工作的具体操作者，是公共关系实务活动不可缺少的人才。

2.公关人员的培养原则

对公关人员进行培养，必须树立明确的指导思想，按照公共关系的基本规律及公共关系工作在我国发展的实际情况，合理制订教育计划，不断提高教学质量，使培养的公关人才适应现代社会发展的需要。在我国，公共关系教育培养必须坚持社会主义方向，符合教育规律，必须遵循以下原则：

(1)知识与德育相结合。开展公共关系教育培养，既要搞清公共关系理论和相关学科知识，又要进行思想政治、道德品质方面的教育，并使两者有机地结合起来，忽视任何一方面，都会影响公共关系人才的质量，影响公共关系人才参与实践的能力。

(2)理论与实践相结合。教育培养公关人员必须理论联系实践，并在实践中提高解决实际问题的能力。公共关系学是一门实践性很强的学科，应注重学习、参观、社会调查、撰写案例和论文等，要强调在实践中灵活运用理论知识。

(3)专业知识和综合知识相结合。公共关系教育培养应加强专业课程的设置，每项教育活动都应围绕公共关系专业目标进行。当代科学发展的趋势是自然科学、社会科学、人文科学的相互结合、相互渗透，公共关系学就是各学科高度综合的产物。因此，现代公共关系人才应具有深厚的专业知识和广博的综合知识。

(4)因材施教，因人施教。公共关系的教育培养，必须根据不同的学制、不同的教育形式来进行，还应根据受教育者的智力、能力、兴趣、性格、气质等不同特点有区别地进行。公共关系的教育培养应具有普遍性、适应性，使每个公关人员的个性潜力都能够得到充分的发挥。

3. 公关人员培养的途径

对于公关人员的培养主要通过以下几种方式：

（1）学历教育。院校教育是公关人员培养中的正规教育，有系统和严格的教学计划、教学大纲、专业师资和专业教材，有明确的培养目标。这种教育一般有两种类型，即在高等院校开设公共关系课程和在高等院校设置公共关系专业。公共关系专业主要培养从事公共关系工作的专门人才，其课程设置有很强的科学性和系统性。

（2）岗位培训。公关人员的岗位培训主要是面向已经从事公共关系工作的人员，属于非学历教育，分为普及型培训和提高型培训两种。普及型培训是向非公共关系专业人员普及公共关系的基本知识。提高型培训主要面向有一定公共关系知识的工作人员，从某些方面提高他们的理论水平和工作水平。岗位培训形式很多，没有固定的模式，较常见的有各种正规教育机构面向社会开办的长期或短期培训班，各组织也可聘请教育机构的教师或实践经验丰富的公关人员到组织内部办短期培训班或举办专题讲座等。

（3）实践锻炼。公共关系是一门应用性很强的学科，因此，公关人员的培训仅通过理论学习或间接学习他人的经验是不够的，必须加强实践锻炼，广泛参与公共关系实践工作，在具体的活动中不断摸索和总结。只有通过这样的实践训练过程，公关人员的职业素质才能得到全面提高。

项目小结

本项目从介绍公共关系的主体——社会组织着手，分析了社会组织的含义以及组织的基本特征和类型，此外，也把公共关系组织机构、公共关系人员纳入公共关系主体进行研究分析。公共关系主体主动开展公关活动，在同客体（公众）交流互联的关系网中，向客体积极地、有目的地施加影响，获得社会效益和经济效益，提升自身美誉度。在学习的同时，大家要勤于实践、善于思考、乐于合作，“人人讲公关，人人做公关”，在内外交往中自觉注意公共关系，使自己从事的工作获得最佳效果，促进彼此相互学习、彼此补充，共同提高自我在公共关系活动中的素养。

课程思政综合案例

蓝色光标“辞退门”——公关主体必须重视公众

1. 案例思维引导

公关工作的核心意义，在于长线维护主体与政府、媒体和公众的关系。公关主体在其服务的过程中必须重视公众，树立良好的自身形象。本案例可以从以下几个角度来分析：其一，在改革开放的推动下，国内的现代公关业得以萌发、推广、繁荣。随着“人人皆媒”时代的到来，公关成为一种发挥着越来越重要作用的人际沟通思维和理念，公关主体在对内外沟通服务的过程中应遵循一定的原则，树立良好的形象；其二，在构建和谐社会大背景下，“坚持依法治国和以德治国相结合”是马克思主义中国化在治国理政领域的重要体现，是执政党科学执政、民主执政和依法执政的重要指导思想。同样，公关主体在运行和内部管理中需要遵守法律法规，将法理和人情相结合，营造良好氛围，让员工获得应有的报酬与激励，维护自身形象。

2.案例内容描述

蓝色光标“辞退门”①

蓝色光标成立于1996年7月，总部位于北京，是一家在大数据和社交网络时代为企业智慧经营赋能的数据科技公司。其业务涉及营销服务、数字广告以及国际业务，服务内容涵盖营销传播以及基于数据科技的智慧经营，服务地域覆盖全球主要市场。

2018年3月15日，一篇蓝色光标员工控诉公司不当解除其劳动合同的文章，在朋友圈疯转。早上7点阅读量为1.7万人次，9点阅读量即达到10万人次以上。

事件爆发的原因是“前员工”在网络上传播的披露文章。文章称：该公司以各种方式逼员工主动辞职，并且没有任何补偿，在文中作者不禁袒露了个人怀疑——该做法针对的对象远非少数。并且文中出现的“大范围裁员”“高管内斗”等情况描述，使得证监会给蓝色光标发了问询函。不出意料，此文得到了迅速广泛的传播，网友们纷纷为当事人鸣不平，要求蓝色光标给一个说法，当日蓝色光标的股价还因此迎来了一个不小的跌幅。

作为中国公关界的头部企业，蓝色光标在舆论漩涡中做出了快速反应：当天下午，蓝色光标指出这仅仅是一个个案。这一答复丝毫不见其公关水平，显然无法说服大众。不过蓝色光标并没有忽视这一事件，首席运营官(COO)、首席执行官(CEO)、集团董事长等高管纷纷发声亲自为公司做起危机公关，马上便直击危机根源，也就是公司员工内部，先对员工们进行解释和安抚，再与文章作者进行及时的沟通，最终获得了他们的谅解，文章作者删文并做出道歉。解决根源问题后，蓝色光标终于发布官方声明进行了有效的澄清，将此事平息。

2018年6月29日，被辞退员工在公众号发布《蓝色光标，再见》一文，并透露经过106天的坚持，“辞退门”事件终于有了结果，蓝色光标方面终于做出了“让步”，选择道歉和赔偿。

3.案例德育价值

蓝色光标“辞退门”是一个典型的公关案例。蓝色光标本身是公关巨头，秉承“员工第一”的核心价值观，其COO对媒体的非官方答复并不专业，但之后用危机公关的5S原则控制住了事态。透过这个案例，我们可以看到一个公关主体在运行过程中所面临的经济效益和社会责任的道德窘境、考勤规定与劳动法相矛盾的法律困境以及组织声誉受损的公信力难题。

坚持依法治国和以德治国相结合。公关主体要牢牢把握马克思主义中国化在治国理政领

① 案例根据以下资料整理，表述略有改动：不得不看的几个经典公关案例[EB/OL].(2019-07-12)[2023-03-05].https://zhuanlan.zhihu.com/p/73270636.

域的重要体现，充分保障广大民众的知情权，同时又有力地维护员工正当利益，自觉接受公众监督，使中国的公共关系组织成为和谐社会的推动者。

知情权和信息公开是一个问题的两个方面。信息公开是保障公民知情权的必要前提，公民知情是信息公开的直接目的。因此，社会主体要始终牢记信息公开的着力点，那就是维护道德、遵守法纪、具备公信力和责任感。

项目实践训练

体验湾里区山城融合都市生态旅游区的魅力

训练目的

1. 理解公共关系主体要承担的基本责任。
2. 分析环境对组织的影响。
3. 训练公关从业人员的责任意识。

训练内容

事件提示：城市规划建设是一项综合性的工程，需要长期坚持“一张蓝图绘到底”。2020 年 5 月，湾里区开展以“彰显省会担当，我们怎么干”为主题的解放思想大讨论活动，为湾里区城市建管和品质提升行动掀起了一场“头脑风暴”，也吹响了为期两年的“彰显省会担当、唱响‘南昌品牌’”城市建管十大提升行动破题攻坚“集结号”。湾里区政府先后高标准完成了《慢行（绿道）系统规划》《城市色彩规划》等编制工作，让全区城乡建管和品质提升的发展蓝图更加清晰。

借势“城市品质提升行动”，结合重大重点项目，一大批提升居住体验感的配套项目建设正全面提速：漫和城、南昌城建广场、爱琴海购物公园等一批大型商业综合体正在抓紧建设；政府投入 1100 余万元完善的城乡公交一体化，让群众公交出行的安全性、舒适性、便捷性得到极大提升；第三轮旧改 94.5 万平方米安置房建设进入全面扫尾阶段，让群众更具获得感；银杏路、红枫路、崇礼街等市政道路竣工通车，打造出更加美观便捷畅通的路网体系，不断加快城市更新步伐。而在招贤镇东源村，村民们正享受新农村建设带来的喜人变化——“农家书屋”里书香满溢，白墙黛瓦的房屋舒适宜居，花草四季不败，树木四季常青。

训练项目

针对湾里区的规划建设升级，分析环境对组织的影响。

训练步骤

1. 教师安排训练任务，提出目标与要求；每个班级分成若干小组，从公共关系主体责任与从业人员的素质角度去体验湾里区城市建设的变化。
2. 学生根据事件提示，收集资料与文献等进行学习。
3. 小组讨论，交流学习成果。
4. 以小组为单位，形成学习小结报告。

训练作业

1. 以小组为单位提交学习小结报告。

2. 小组以 PPT 形式汇报学习成果。

考核评价

评价标准	分数
每个小组提交的学习小结报告质量	60 分
PPT 汇报质量	40 分

项目四 公共关系客体

学习目标

★知识与能力

1. 掌握公共关系客体的概念、特征及其分类。
2. 理解公共关系客体的心理。
3. 知晓公共关系中的基本目标公众。

★情感与价值

1. 树立正确的公众意识，培养社会责任感。
2. 学会在公众管理中践行社会主义核心价值观。

案例导入

城市的温度：南昌地铁开放“温馨纳凉区”

2023 年 7 月，一年中最热的三伏天已经来临，连日酷暑热浪来袭，地铁站却“凉意满满”。7 月 18 日起，南昌地铁在 1、2、3、4 号线 24 个车站增设了“温馨纳凉区”，专供市民和乘客高温天纳凉休憩。

据了解，每个车站的纳凉区都位于车站站厅处，区域内配有纳凉凳等方便市民和乘客落座休息的设施，部分站点还提供书籍、风油精、人丹等物资，方便市民和乘客临时休息及纳凉。此外，纳凉高峰时段，南昌地铁会加强车站巡视，如果发现乘客需要帮助，工作人员会立即上前询问。谈及为何会提出设立纳凉区，南昌地铁工作人员说：“之前就有乘客向地铁工作人员要凳子在站内纳凉。所以从今天起，地铁专门设置纳凉区，提供纳凉凳，方便市民和乘客纳凉休憩。”南昌地铁送来的“凉意满满”获得了市民和乘客的一致欢迎。

任务一　公众的概念与特征

公众即公共关系的客体，是公共关系最基本的要素之一。它既是社会组织赖以生存和发展的基础，也是社会组织公共关系的工作对象。公共关系工作的目的就是要使本组织的各项政策和活动符合广大公众的要求，在公众中树立良好的组织形象，以谋求公众对本组织的了解、信任与合作，并实现组织与公众的共同利益。为此，深入剖析公众的概念、特征及其分类，寻找并确立社会组织的目标公众，才能更好地维护社会组织利益，实现社会组织的总目标。

一、公众的概念

“公众”是一个具体的、稳定的概念，它最初由英文“public”一词翻译而来，有泛指公众、民众的含义，也有特指某一方面公众、群众的含义。

日常生活中，人们往往把公众与“群众”“人民”“人民大众”“人民群众”等词相互代替或混用。的确，从一般意义上讲，这些词的含义有相似之处，都可以指社会上的大多数人。但作为公共关系学中的一个基本概念，公众与它们在内涵和外延上存在着很大差异。公共关系的“公众”是一个特定的概念，它是指与主体相互联系和相互作用的个人、群体或组织的总和，是公共关系工作对象的总称。这个概念涵盖了公共关系工作的所有对象，凡是公共关系传播沟通的对象都可称为公众。公众是公共关系对象的总称，公共关系的实质就是公众关系。

二、公众的特征

（一）同质性

同质性是因为公众成员遇到某个同性的问题，这种共同问题把形形色色的群体与个体结合在一起，公众成员在目的、利益、兴趣或文化心理上因在寻求共同问题解决方案的过程中逐渐趋同，最终他们成为某个社会组织的公众。

（二）群体性

公众不是单一的群体，而是由个人或组织结成的群体，是与公共关系主体发生联系并以特定角色出现的，是与某一组织运行有关的整体环境。具体地说，公众是由某个共同的问题或寻求某些共同利益而自发联结形成的群体，因此，公众通常是以群体的形式出现的。

（三）关联性

公众虽然广泛存在，但不是各组织通用的抽象概念，而是与某一社会组织特定相关的，即公众总是相对社会组织而存在的，并且与该组织存在着一定的利益关系。公众对组织的生存发展形成现实的或潜在的影响力，而组织的决策和行为对公众利益实现具有直接或间接的影响力和制造力。公众的关联性特点是组织与公众形成公共关系的关键所在。公关工作的一个重要任务就是要寻找、确定和发展这种关联性。

（四）可变性

公众会随共同的问题演变而发生相应的变化，这是一个动态变化的过程；同时公众心理预期、价值判断也会随着公共关系主体在解决公共问题的过程中而发生相应的变化。即社会组织随环境调整自身运作目标、计划和方略时，相应的对象公众也会随主体的条件、客观环境的变化而变化。如随着问题的解决，公众自然而然地消失；竞争者变成合作者，敌对公众变成伙伴公众。

（五）复杂性

公众的存在形式不是单一的，而是一个复杂体系，公众可以是个人，也可以是一些社会团体或社会组织机构。即便是同一类公众，他们内部对问题的解决要求也不一定完全相同，公众的复杂性决定了沟通方式和传播媒介的多样性。

（六）引导性

因为公众的态度、动机和行为受到个体和环境两个方面因素的影响，所以公共关系主体经常借助于对环境因素的改变来达到逐渐影响公众态度和行为的目的，也就是通过积极有效的公共关系活动，引导有利于主体的公众行为发生和防止不利于主体的公众行为出现。

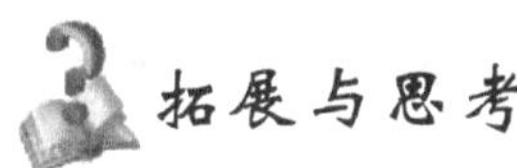

拓展与思考

中石化：用公众开放日，打造智慧能源品牌文化

2022 年 4 月 22 日，第 53 个“世界地球日”当天，中国石化启动“探秘智慧能源”公众开放日活动，再次以“云开放”形式展示“能源至净，生活至美”品牌承诺。共有 101 家中国石化所属企业参与 2022 年的公众开放日活动，截至当天下午 3 时，活动累计在线观看人数突破 510 万。

2012 年，中国石化在全系统组织发动“开门开放办企业”活动，在此基础上，于 2016 年 4 月升级为“中国石化公众开放日”大型品牌活动，10 年来累计现场参观超过 20 万人次，线上通过直播参观超过 8000 万人次，成为央企首个品牌化公众开放日活动和我国工业企业中规模最大的公众开放日活动，并荣获 SABRE 亚太区域品牌和声誉管理杰出成就金奖、全国企业文化优秀成果特等奖、“美丽中国，我是行动者”十佳公众参与优秀案例，展示了中国石化创新、绿色、开放的企业形象。

思考：上述案例中中石化的活动抓住了目标公众的什么特征？该案例体现了组织什么样的公关活动哲学？

任务二　公众分类

公众分类是保证公共关系工作富有针对性的必要前提，公众的复杂性说明它的存在形式不是单一的。一方面，不同的组织必然有不同的公众；另一方面，同一组织面对的公众也是各种各样的。公共关系对公众分类的标准和角度很多，我们从以下几个方面进行分类。

一、根据公众与组织的归属关系来划分

（一）内部公众

内部公众指组织内部的成员，如员工、干部、股东、投资者等。内部公众对公共关系来说是一种特别重要的公众。因为公共关系的工作目标就是要帮助社会组织树立良好的形象，而这一目标的实现需要依靠组织内部成员的共同努力。

（二）外部公众

外部公众指组织内部成员以外的、与组织发生某种关系的这部分公众。在某些方面，他们直接影响着组织的正常运转，对组织的生存和发展起影响作用，如顾客、政府、竞争者、社区、媒介、社会名流等。外部公众是社会组织得以生存和发展的重要条件，其内容取决于社会组织运行过程中与之发生关系的不同环节。

二、根据公众与组织关系的重要程度划分

（一）首要公众

首要公众指关系到组织生死存亡，对组织的生存、发展和成败有着极其重要影响力甚至是起决定性作用的公众，如企业的核心员工和大股东、大客户、贵宾等。这类公众也是组织要花费很大人力、物力和财力来维持和改善的公众。

（二）次要公众

次要公众指虽然对组织的生存和发展有一定影响，但对组织的影响不起决定性作用的公众，如公园的普通游客、社区公众、金融公众等。虽然这类公众对组织的生存和发展不直接产生影响，但它们也从各个方面制约着组织。

（三）边缘公众

边缘公众是指与组织有一定联系，但距离组织各项工作层次较远，且对组织的影响非常有限的公众。如相对于企业而言，社区大众、慈善团体等即为边缘公众。对这类公众，组织一般投入的精力、物力都较少。

三、根据公众与组织发生关系的过程划分

（一）非公众

非公众指在一定的时空条件下不与某组织发生任何互动关系的这部分公众。在公关工作中可以把这类公众暂时排除在外，避免工作的盲目性和不必要的成本支出。

（二）潜在公众

潜在公众指将来可能与组织发生利益关系的公众。这类公众会由于某个潜在的问题而与组织发生潜在的关系。因为这个潜在问题尚未暴露，如购买了有质量缺陷的某产品，所以消费

者就是厂商在产品出问题时的潜在公众。

（三）知晓公众

这是潜在公众逻辑发展的结果，即已知晓自己的地位，知道组织行为或政策对自己造成的影响的公众。

（四）行动公众

这是知晓公众发展的结果，指那些不仅意识到自身面临的问题，而且开始准备或已经采取行动试图解决这一问题的公众。面对行动公众，公关人员应以诚挚的态度，采取积极有效的措施及时沟通化解相关矛盾和危机，赢得公众对组织的信任。

四、根据公众对组织的态度划分

（一）顺意公众

顺意公众指对组织的政策、行为和产品持赞同和支持态度的公众。他们对组织的信任度、忠诚度较高，是组织信赖的对象，组织应不断巩固和发展与他们的友好关系。

（二）逆意公众

逆意公众指对组织的政策、行为和产品持否定和反对态度的公众。这类公众从组织那里得到过不满意的服务或购买了不满意的产品，或对组织某些工作人员不满意，从而引起了自己的不满。他们是组织高度关注的对象，组织应尽量控制、缩小这类公众的数量。

（三）独立公众

独立公众指对组织的政策、行为和产品持中立态度或态度不明确的公众。他们是组织工作对象的大多数，组织应尽量把精力放在此类公众上，争取将其转化为顺意公众。

五、根据公众构成的稳定程度划分

（一）临时公众

临时公众指因某一临时因素、偶发事件或专题活动而形成的公众，如某一交通事故的受害者、闹事的球迷等。

（二）周期公众

周期公众指一定的规律和周期出现的公众，如每天上学放学的学生、节假日的游客等。

（三）稳定公众

稳定公众指具有稳定结构和稳定关系的公众，如忠诚客户、社区群众等。

此外，根据公众之间的决定性区别，公众可分为消极公众和积极公众；根据组织的价值取向，公众可分为受欢迎的公众、不受欢迎的公众和被追求的公众。总之，公众的分类方法有很多，在分类中要注意不同的角度会有不同的公众。

任务三　公众的心理分析

公共关系活动就是要影响或改变公众的行为，对于作为公共关系主体的组织来说，要维护好组织与公众的关系就需要对公众进行全方位的研究，而要对公众进行有效分析的话，心理分析则是其中非常重要的内容和环节。

一、公众心理概述

心理是大脑对客观现实的主观反映，公众心理则是公众在一定的社会环境下对社会现实的反映。所谓公众心理特征，是指公众心理特点的表征。公众一般是由许多个体组成的，个体往往属于不同形式的群体，在群体中扮演不同的角色，因此公众心理包括个性心理、角色心理和群体心理。

个性心理是角色心理和群体心理的基础，显示的是个体之间的心理差异，最具稳定性和独立性。角色心理是同类公众共同的心理的抽象，显示的是角色之间的心理差异，具有变幻性和伸缩性。由于角色有自然角色和社会角色之分，因而公众角色心理包括性别角色心理、年龄角色心理、职业角色心理、文化角色心理等。群体的组成一般基于共同的生存条件和心理需要，因而群体成员有可能形成共同的心理倾向。群体心理是公众在群体互动中产生的与个体心理相对应的心理，显示的是人类普遍的社会性和群体性的特质，具有凝聚性和排他性。个体心理、角色心理、群体心理在统一的同时相互影响、相互制约，但三种心理在公众身上的表现却有差别，是相互独立的，不可相互取代。

二、常见公众心理分析

（一）影响公众行为的个体心理

1. 公众知觉和公众行为

知觉是人脑对当前直接作用于感觉器官的客观事物的整体反映。知觉之所以在当前能够一下子反映事物的整体，是因为在此之前已经经历了对该事物各种特性的感觉，并在脑中储存着相应的感觉信息组合。因而，人的知觉是在感觉上产生的需求、动机、经验知识等。

由于知觉带有主观随意性，人们对客观事实的知觉经常会出现程度不同的变形或歪曲现象，其原因是知觉选择性和知觉偏见。知觉选择性，是指在知觉过程中，为清晰地反映对象，从许多事物中自觉地（主动地）或不自觉地（被动地）选择知觉对象的心理过程。知觉偏见是人们在感知事物的时候，由于特殊的主观动机或外界刺激，对事物产生的一种片面或歪曲印象的心理过程。

一定的知觉会直接引发一定的行为。在不同的环境中，人对同一事物会产生不同的知觉，从而导致不同的行为。

知觉对公众行为的影响主要表现为以下三种心理定式：

(1)首因效应。首因效应由美国心理学家洛钦斯首先提出，也叫首次效应、优先效应或第一印象效应，指交往双方形成的第一次印象对今后交往关系的影响，通俗地讲就是“先入为主”带来的效果，而且该效应具有持续影响人的认识活动的作用。公关活动中，设法通过新颖的策划给公众留下良好的第一印象非常重要。

(2)晕轮效应。晕轮效应，又称“成见效应”“光圈效应”“日晕效应”，是指在人际交往中所形成的以偏概全的主观印象。公众以对组织的局部了解推及至组织整体，从而产生美化或丑化对象的心理现象。公关主体的积极影响或消极影响会通过晕轮效应对公众产生影响。公关主体要加强员工的全员公关和全过程公关意识，避免晕轮效应给组织形象产生不必要的损失。

(3)刻板效应。刻板效应，又称刻板印象，是指对事物形成的一般看法和个人评价，是人们头脑中存在的关于某一事物对象的固定印象，也是一种概括而笼统的看法。公共关系工作一方面要研究和顺应公众的某些刻板效应，使自己的形象与公众的经验、预期相吻合；另一方面也要努力传播新观点、新知识、新经验，以改变公众某些狭隘的成见和偏见，以及消除由此形成的误解。

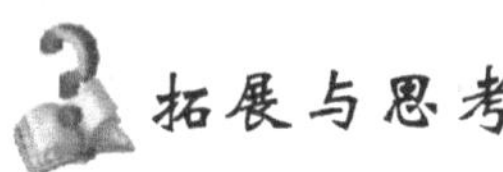

拓展与思考

喜茶是怎样走进年轻人心中的

喜茶(HEYTEA)2012年成立于广东江门，创始人为聂云宸。喜茶首创芝士奶盖，主打金凤茶王，专注于呈现来自世界各地的优质茶香，风靡珠三角地区。喜茶的目标客户群体是当代追求高品质生活的年轻人，全线产品包装均遵循喜茶推崇的酷、简约风格，还与多位独立插画师合作，创作出一系列符合喜茶品牌理念、饶有趣味的系列原创插画，营造年轻化的品牌调性。而时刻保持产品的新鲜感，是品牌年轻化印象的关键。为了迎合客户群体的猎奇口味，除了不断推出新的产品样式，喜茶还寻求跨界合作，不断推出跨界联名产品，包括限定周边、礼盒和限定新产品，给品牌融入更丰富的元素，将视觉和产品结合，与其他茶饮品牌做出差异化。像喜茶与广州W酒店合作时，联名首发限量喜茶会员黑金卡，并推出多款设计好礼相送，开启茶饮品牌与酒店品牌的灵感之旅。此次品牌合作通过线上线下相结合的方式，将时尚、设计、精致的品牌理念传递给消费者。在活动中，喜茶为广州W酒店特别定制两张限量喜茶会员黑金卡。卡面设计沿用喜茶纯黑与烫金的色彩元素，时尚简约、独具灵感；广州W酒店也为入住宾客送出不同的惊喜礼物。活动期间，入住广州W酒店的宾客有机会享受由喜茶专人外送的两杯喜茶。另外，每天随机抽取5位登记入住壮美设计客房的宾客，广州W酒店送出与喜茶合作款行李牌，尽享两大品牌带来的缤纷乐趣。这样既为消费者带来便利也宣传了自己的品牌。但需要注意的是，喜茶品牌策划全案在选择品牌合作商时也是有要求的，只有那些年轻、高端且时尚的品牌才可以，因为目标受众一样，更容易强化喜茶品牌形象，从而吸引更多的年轻消费群体。

思考：请从公共关系心理学的角度分析，喜茶的成功给相关企业的发展带来怎样的启示？

2. 价值观与公众行为

美国行为学家格雷夫斯曾把不同人的价值取向分为七种类型：反应型、依赖型、自私型、固执型、权术型、社交型和现实型。不同价值类型的人做出的行为反应是截然不同的。在公共关系的实际活动中，价值观是影响人们的动机和行为的一个主要因素。不同国家和民族，因为社会制度、民族传统、社会风气等不同，社会价值观也往往不同，而价值观不同往往会使人们的行为产生很大的差别。因此，只有了解了人们的价值观之后，才能解释他们的行为，并以此作为开展公共关系工作的依据。

对于社会组织来说，其活动要体现合理而有意义的价值观；对于公关从业人员来说，在处理与公众的关系时，要善于识别不同价值取向的公众，争取达到更好的公共关系效果。

3. 公众态度与公众行为

态度是人们对某一个对象所固有的一种心理倾向，包括对他的认知、评价及倾向性。态度是人们在认识和行为上相对固定的倾向，包括人对事物和社会认知的倾向、情感的倾向和意图的倾向。其中，认知是最基础的成分，是指主体对态度对象的认知，包括感知、思维、理解、看法等。任何态度的形成都建立在认知的基础上。情感是指主体对态度对象的情感体验，包括对公关主体的好感、厌恶、亲近和排斥等。意图指的是主体作用于态度对象的行为准备状态，是由认知因素和情感因素所决定的对于对象的行为反应倾向，也就是潜在的行为倾向，这是态度的外显因素。态度的三个因素互相联系、互相制约，形成了一个相对稳定的统一体。

人的某种态度不是先天就有的，而是在生活与学习等实践过程中形成的，态度一经形成，就比较牢固和持久，就会对特定事物持有或强或弱的固定看法，影响着对人对物的感知与判断。态度影响公众知觉的选择性、行为方式，并决定人的行为效果差异。

在公共关系工作中，公关主体要设法影响或转变公众的态度，引导公众态度向有利于组织的方向发展。此外，公关主体要设法改变公众的敌对态度。态度的转变一般包括两方面：一是正向深化，即保持原方向，加大原有态度的强度；二是方向转变，即改变原有态度的方向和性质，如由消极变为积极，由反对变为赞成。相比之下，后者难度更大。

4. 公众需求与公众行为

需求是人对特定目标的渴求与欲望，是一种寻找自我保护和自我发展的心理倾向。美国心理学家马斯洛于 1943 年在《人类动机理论》一书中首次提出的需求层次理论，对揭示需求与公众行为有重要的启发意义。

人类有生理、安全、社交、尊重和自我实现五种基本需求。人的需求是有层次的，当低层次的需求获得相对满足后，下一个需求就占据主导地位，成为驱动行为的主要动力。此外，优势需求决定人的行为。当一种优势需求获得满足后，其驱动力逐渐减弱，取而代之的是新的优势需求。在公共关系中，公关人员分析公众的需求，了解不同公众的不同需求，可以为顺利开展公关活动创造条件。公关人员要搞好对公众的管理，必须关心公众的需求，在调查研究和综合分析的基础上，做到逐步、合理解决，这样才能激发起公众的自觉行动。

5. 性格、气质与公众行为

性格、气质与公众行为的关系极为密切。对一个人性格、气质的了解，不仅可以说明他现在的行为，而且能预测他未来的行为。性格是一个人较稳定的对现实的态度和与之相应的习惯化的行为方式，是一个人的全部品质和特点的总和。一个组织的公关人员对待公众，特别是对待内部公众，不能仅仅满足于了解他们的性格，而是应该积极创造条件，让他们的性格向着积极、健康的方向发展，努力在组织内部营造一个良好的有利于其成长的公共关系环境。

（二）影响公众行为的角色心理

公众的角色心理揭示了公众与社会的关系，人在社会化过程中形成的角色心理将决定这个人的行为模式，所以研究公众的角色心理有利于我们更深刻地认识和把握公众。

公众在社会中所担当的角色很多，在家庭里可能是父亲角色，在工作单位是员工角色，在商店购物又是顾客角色。公众的角色是复合的，每一个成年人至少具备年龄、性别、职业和文化这四种基本的心理特征。在公共关系活动中，公关从业人员说话、办事等，要想让公众满意，就不能不注意把握公众的角色心理。

（三）影响公众行为的群体心理

1. 影响公众行为的有组织群体心理

(1)从众心理与公众行为。从众是个人在群体压力下，放弃自己的意见，转变原有的态度，采取与大多数人一致的行为，俗称“随大流”，是公共关系活动中常见的一种公众心理现象。

群体压力主要指社会舆论、集体心理气氛和群体意识。群体中的任何人都不愿意让别人将自己视为异端，心理上更难以忍受大多数成员对自己的疏远和孤立。这种无所归属、无所依附的失落感，是群体压力对个体施加的最直接、最强悍的威胁。而随大流、人云亦云总是安全的、不担风险的。所以，在现实生活中不少人喜欢采取这种行为，以求得心理上的平衡，减少内心的冲突与不安。从这个意义上讲，群体压力对改变个体行为的作用，有时比权威命令还要大。这就提醒公关主体要认真研究公众的从众行为，在组织内部营造一个良好的集体心理气氛和群体意识。

(2)逆反心理与公众行为。逆反心理是相对于从众心理而言的，是一种背离群体心理而产生的个体心理，是指作用于人的同类事物，超过了人感官所能接受的限度而产生的一种相反的体验，使人有意识地脱离习惯的思维轨道，向相反的思维方向探索。

逆反心理形成的原因通常是出于好奇心、好胜心和抵触情绪。公众对于组织表现出来的过分的东西，往往会产生厌恶的感觉，从而产生抵触情绪。在这种抵触情绪支配下，为了证实自己的判断力，就努力收集相反的信息和资料，从相反的方面获得论据，形成相反的认识和判断，并采取相反的行动。公共关系要防止公众产生逆反心理和逆反行为，就需要注意信息量，注意刺激要适度。

2.影响公众行为的无组织群体心理

(1)时尚与公众行为。时尚是指一定时期内在社会上迅速传播或风行一时的生活样式,是一种群众性的社会心理现象,具有新奇性、短暂性和循环性等特点。

在公关活动中,时尚往往被人们广泛关注,但这种关注常常是在时尚形成之后,而不是在时尚将起之前,所以还是被动的。时尚法则是同中求异、异中求同。同中求异,指的是人们不满足已有的生活样式,想着在某个方面有所突破,这是时尚形成的心理上的起始原因。异中求同,指的是当一种时尚和原有的处于疲软状态的时尚出现差异时,人们生怕成为落伍者,生怕被人轻视而向新的时尚趋同。同中求异和异中求同都显示了人们对新生活的向往和追求,但前者带有创造性,后者带有盲从性。

(2)流言与公众行为。流言是指提不出任何信得过的确切的依据,而在一定社会成员中广为传播的一种特定的消息。流言的产生主要是由于人们认识上的偏差所致,其广为传播则是基于人的一种心理需求,有时并无主观恶意。即便如此,流言仍具有巨大的煽动性和杀伤力。流言的形成和传播主要是基于心理上的原因:人们平时观察事物、记忆事物,往往不够细致,总会有所遗漏、颠倒,甚至张冠李戴;在与他人交往过程中,也可能对于对方的某些含糊曲解之言词,凭自己的经验来理解,自圆其说,致使外界信息失真、失实、遗漏。再加上受自己愿望、恐惧、忧虑、怨愤等情绪作用,所以当一个人把自己耳闻目睹的事件转告他人时,就有可能不知不觉地对信息进行了歪曲。

在绝大多数情况下,公关主体都无法控制公众对事件的关注程度,但可以通过自身的努力增加事件的透明度。所以,制止流言最有效的手段是及时澄清事实,抢占话语主动权。

(3)骚乱与公众行为。骚乱是指在某一特定场合或局部范围内发生的扰乱和冲击社会正常秩序的群体行为,是一种暂时的无序状态。它具有突发性、发泄性、交互感染性、破坏性和短暂性的特点。骚乱作为冲击或扰乱社会正常秩序的群体行为,其破坏性相当大。对骚乱如何防止和给予疏导,不仅是政府的责任,也是各类社会组织的责任。无论是组织内部公众的骚乱还是外部公众的骚乱,都会对公共关系工作、对组织的社会形象产生严重的后果。

三、认知公众心理的方法

对公众心理的认知是指对公众的心理状况、行为动机和意向做出推测与判断的过程。它是公关主体与公众进行心理沟通、对公众心理施加影响的前提,具有十分重要的意义。

(一)行为观察法

行为是一个人长期在社会生活中形成的习惯和在具体事态中的表现。认知公众不仅要视其貌、听其言,更要观其行。公众的行为往往是在不同的社会背景、不同的交际对象、不同的行为目的、不同的情感状态、不同的文化习惯条件下发生的,因而对公众行为的认知要比对其相貌、言语的认知更加复杂,需要具体问题具体分析。

(二)调查研究法

通过调查研究法认知公众心理，即运用多种调查手段收集公众的心理行为信息，然后通过对这些信息的分析、比较、归纳、演绎、综合等，探知公众的心理特性。具体的方法包括访问调查法、问卷调查法、观察调查法、实验调查法等。

(三)社会角色分析法

社会角色分析法即从社会角色的角度划分公众类型并研究其心理特性。例如，从性别角度可以把女子的心理特征从总体上概括为心细、温柔、固执、感情丰富、自制力弱等，而男子的总体心理特征则可以概括为粗率、刚强、独立、务实、好表现、善于推理等。

(四)心理定式推断法

一定范围内的人群由于社会历史、文化、政治、经济等因素的综合作用，会形成独特的心理特性并表现出相应的稳固性。例如，北京人讲“面子”，上海人求实惠，山东人直爽，深圳人包容。由于这些群体在文化价值取向、审美标准等方面都有各自不同的习惯心理，因此他们的行为方式也表现出极大的差异。通过研究这些心理定式，可以推测不同地域文化背景下具体群体的心理特征。

四、影响公众心理的策略

心理定式就像一把“双刃剑”，具有积极和消极的双重性。从心理学的角度讲，公共关系活动的最终目的是对公众的心理施加影响，从而巩固、改变公众的某些态度。无论是巩固还是改变公众原有的态度，对公关主体而言，都不是一件容易的事情，需要讲究一定的策略和方法。

(一)劝导

从心理学上讲，劝导是指劝导者通过有意识地发出一定的信息，使对象理解和接受自己观点的过程。它是影响公众心理最主要、最直接的方法。劝导有三个基本要素：劝导者、劝导过程、劝导对象。公关主体要想获得良好的劝导效果，首先要提高自身的可信度。可信度是劝导对象对劝导者的信任程度。劝导者的可信度越高，劝导效果就越好。其次，要把握劝导对象的特征。一是应该对具有不同人格特点的对象加以区别，以采取不同的劝导方式和方法；二是分析确定对象现有态度与宣传目标的差距。最后，要重视劝导过程，切忌急功近利。社会心理学的“对抗理论”指出，人人都喜欢自由地支配自身的活动，不愿听从指挥、受人摆布。

劝导的方法有很多，下面主要介绍四种。

(1)流泻式劝导：以告知为主的宣传形式，一般没有严格的对象范围，没有特别针对性，只具有一般宣传意图，即广而告之。

(2)冲击式劝导：以说服为主要形式的专门性劝导方法，有明确的宣传对象和具体宣传意图，针对性强，冲击力大。在公关宣传中，这种劝导形式多用来转变公众态度、化解具体矛盾。

(3)浸润式劝导:通过影响具体目标公众的周围舆论,在潜移默化中对公众的心理产生影响。这种劝导方式不易形成表面对抗,作用较缓和、持久。

(4)逆行式劝导:少数人对多数人或下级对上级的劝导方法。在公关工作中经常会有这种情况。例如,因误解或其他因素导致组织处于不利的舆论中,这时劝导公众转变态度就像逆水行舟一样不易;公关部门有时也需要劝导决策者改变主意,这也是不易的。

(二)暗示

暗示是在无对抗的条件下,以间接、含蓄的方式向公众传递思想、观念、意见、情感等广义信息,对公众心理和行为产生影响,使之自然接受暗示者的意见、观点或按暗示的方式去行动。

暗示具有启迪思维、缓和气氛、调节情绪、治疗疾病等功效,但暗示要发挥作用必须具备两个基本条件:

(1)暗示信息的含义要能够被暗示对象理解。暗示者在暗示时需掌握一定的强度,强度过小则容易被忽略,过大则可能引起反感。暗示的强度,既包括暗示者的身份、地位、作用,也包括暗示的方式、暗示的内容等。心理学研究表明,暗示者的身份、地位越高,越能引起受暗示者的信赖,所产生的影响也就越大。

(2)暗示信息的含义要和暗示对象的心理相容。这种“相容”“暗合”也就是平时我们所说的“无对抗状态”。在理解和无对抗状态下自然地接受影响,是暗示这种方法影响公众心理的特点。

(三)感染

感染是指通过语言、动作、表情等方式引起他人和自己相同的或相似的感情共鸣。感染是情绪、情感的传递和传染,表现为人与人之间的相互感染和某种情景对人的情绪的感染。

在公共关系活动中,由于受到诸多因素的制约,感染的效果各不相同。具体地说,影响感染效果的因素主要有以下两种:①感染者的素质。它主要包括感染者的知识、才能和品行等。②感染者和受感染者的相似程度。相似主要包括情景的相似、态度和价值观的相似、社会地位的相似,以及性格、心境的相似。感染实际上是个体对群体的一种认同,因而双方的相似程度越高,感染越容易发生,感染的强度越大。

(四)诱引

诱引是指通过某种适度的外部刺激,促使对象产生或加强内部需要、兴趣等,诱发其实施主体期望的行为。它具有行为主动、目标明确、针对性强等特征,是一种有意向对象施加影响的方法。

在公共关系活动中,公关主体要想很好地利用诱引,首先必须找到合适的诱因。在心理学中,诱因是一种外部刺激,但并非所有的外部刺激都是诱因,只有那些真正能够对对象产生刺激作用的,才称为诱因。公关活动中常见的诱因有无偿赠送、免费品尝、知识竞赛、专家现场指导、奖励等。何时何地运用何种诱因最为合适,需要公关主体认真加以研究。

任务四 基本目标公众

公共关系的目标公众是指与组织有着某种利益关系的特定公众。每个组织都有特定的目标公众对象，组织的性质、类型不同，具体的目标公众对象也不完全相同。比如政府的目标公众对象、企业的目标公众对象、学校的目标公众对象，相互之间会有很大的差异。

一、基本目标公众分类

基本目标公众一般包括员工公众、顾客公众、社区公众、政府公众、媒介公众、名流公众、国际公众等。

（一）员工公众

员工公众包括组织内部全体职员，如一线操作工、营业员、技术人员、行政后勤和管理人员等。员工是企业内部公关的主要对象，同时也是外部公关的有力支持力量之一。

员工既是内部公关的对象，又是外部公关的主体，是与组织自身相关性最强的一类公众对象。因此，在处理员工关系时，需要实现组织管理者与员工之间的充分沟通，组织决策及行为需要体现组织与员工双方的共同利益，使员工将个体利益目标追求寓于组织整体利益目标当中，达成双方的互相信任与合作关系。

（二）顾客公众

顾客公众是组织最重要，也是数量最大的外部公众。顾客公众即服务对象公众，是指组织的具体服务对象，包括个人消费者和社会组织用户。顾客公众是与社会组织具有直接利益关系的外部公众，是社会组织进行信息传播的重要目标对象。

（三）社区公众

社区指以地缘为纽带，联结和聚集一定数量社会成员的地域。社区公众是指社会组织所在地区的公众对象，包括当地的管理部门、地区团体组织、左邻右舍的居民百姓等。社区公众是社会组织赖以生存和发展的基本前提。社区公众关系也称区域关系、地方关系、睦邻关系，是指与某个社会组织主体地域上互邻、利益上相关的一种公众关系。

（四）政府公众

政府公众是指政府各行政机构及其工作人员。政府公众是特殊的公众群体。它是综合协调、宏观调节社会组织行为的权力机构，是社会组织外部公共关系中最为重要的关系之一。政府公众具体可分为两大类：一是纵向政府公众，如上级主管部门；二是横向政府公众，包括市场监管、人事、财政、市政、治安、法院、海关、质量监督、环保等政府部门。政府关系是指社会组织与政府及各职能机构、政府官员和工作人员之间的关系。政府是国家权力的执行者，是对社会进行统一、有序管理的权力机构。任何社会组织都必须无条件遵守法律法规，服从政府及其各职能部门的管理。但在政府与社会组织之间这种管辖与被管辖关系之中，还存在着一种管理者与被管理者、公共关系主体与客体的关系，还存在着互相了解、互相沟通的关系。

（五）媒介公众

媒介公众又称新闻界公众，是指新闻传播机构（包括报社、杂志社、广播电台、电视台、各种网站及自媒体服务终端）以及其从业人员（包括记者、编辑、自媒体人等）。媒介公众是公共关系工作对象中最重要、最敏感的一部分，被称为社会组织对外公共关系工作中的首要公众。

组织与新闻传播机构以及新闻界人士等的关系是一种双重关系：其一，媒介公众本身也是社会组织的目标公众。新闻媒介受众巨大，传播迅速，客观真实，影响力强，在传播信息方面具有其他组织无法比拟的优势，是组织与公众实现广泛而有效沟通的必经渠道，是组织竭力追求的公众；其二，大众传播是社会组织与其他公众信息沟通的“中介”环节，记者、编辑、专栏作家、节目主持人、自媒体人等从业者对新闻和社会舆论具有很大的操控性，被称为“无冕之王”，所以保持与媒体的良好关系是公共关系的重要内容。

（六）名流公众

名流公众是指那些对公众舆论和社会生活具有较大影响的社会名人，如工商界、金融界首脑人物，科学界、教育界、学术界的权威人士，文化、艺术、影视、体育等方面的明星，新闻出版界的著名记者、编辑等。名流公众的特点是：这类关系对象的数量有限，但质量优异，能在舆论传播中迅速“聚集”，影响力很强，但具有不稳定性。

（七）国际公众

国际公众是指一个组织的产品、人员及其活动进入国际范围，对别国的公众产生影响，并需要了解和适应对象国的公众环境时，该组织所面对的不同国家、地区和公众对象，包括别国的政府、媒介、消费者等。国际公众对象具有与本组织完全不同的社会和文化背景，因此传播沟通活动具有显著的跨文化特征。

二、组织基本目标公众关系处理

（一）组织内部公众关系的处理

社会组织内部公众关系的处理主要为员工关系的处理，可以从两个方面入手。

1.有效管理

（1）完善的人力资源管理工作。社会组织通过规范、细致和完善的方法对组织内部员工的情况进行全面、持续的跟踪，全面地了解自己的员工，是搞好员工关系的前提。同时，组织还应定期对员工的工作进行评估，对工作出色的员工进行表扬，帮助工作中失误的员工总结失败教训。

（2）双向有效的沟通。组织可以通过有效的征询和倾听员工的意见和建议，及时获知他们的心理变化。这不仅仅能够使组织了解员工，而且也能够给员工提供一条疏解心中苦恼和困感的途径。同时，组织必须保证信息的公开透明。公共关系的手段就是双向的沟通传播，因此，保持社会组织内的信息公开透明是十分重要的。作为社会组织的成员，了解自己的组织是做好工作的前提，也是与组织之间建立感情、形成向心力的基础。

(3)培训和辅导。培训与薪资一样，越来越被认为是一种组织给予员工的福利待遇。甚至有人认为，良好的成长机会和优质的培训比眼前的收入更能吸引人才。再者，随着社会和组织自身的迅速发展，员工感受到的内外压力越来越大。而面对压力，有一个良好的心理状态对于员工的工作以及组织的发展是至关重要的。很多企业在企业内部设立了心理咨询热线，对员工提供必要的帮助。

2.有效激励

(1)完善的福利制度。与奖金和薪酬相比，福利更倾向于体现出一种对人的尊重与关怀。如果说一切以利益为目标的、明确而吸引人的奖金制度使员工和组织之间多了些冰冷的目标感，那么完善而未必很多的福利制度则会使员工和组织之间平添几分温馨的关怀气息。节日的慰问、定期的体检、规范的休假等无不体现了对员工人格的尊重，这样才会建立起组织强大的凝聚力。

(2)细致的人文关怀。相对于福利制度而言，人文关怀则更加偏重从情感方面体现组织对于内部员工的尊重和关怀。有时候，管理者一句恰如其分的贴心问候也许会让员工感到舒心，一个宽容的微笑也许会让员工之间充满感动，一个信任的眼神也许会获得下属员工的忠诚，这些细节都可以让组织中的员工关系变得和谐融洽。人文关怀还需要保持对员工的足够尊重，不仅要使新员工进入组织后对组织产生一个良好的印象，也要使老员工在离开组织后对组织依然留有好的印象，这对于组织保持长久的吸引力和树立良好的口碑是至关重要的。

(3)公平而广阔的发展空间。对于员工来说，任何眼前的利益也不能代替长期持久的成长与发展。因此，组织为员工提供一个公平而广阔的发展空间是吸引员工的重要条件和因素，也是保持员工队伍稳定性的根本保证。创造这样一个发展的环境，首先要做到制度上的严谨和公平，不能搞双重标准，并且做到公开竞争、保持足够的透明度以及信守承诺，让每一位员工都明白只要凭借自身的努力就可以达到目标，从而极大地调动员工的积极性。另外，组织在员工的发展上要结合组织的发展特点，设置多元化的发展方向，尽可能为员工创造更多的发展机会。

(二)组织外部公众关系的处理

1.顾客关系

顾客是组织的“衣食父母”，企业一旦失去了顾客，也就失去了存在的意义和可能。因此，处理好顾客关系是组织外部公共关系成功的关键。

(1)提供优质的产品和服务。组织将质量合格、性能优良的产品称为优质产品；将尊重顾客、以顾客的需求为自己的行为标准，尽量满足顾客合理需求的服务称为优质服务。顾客购买组织的产品或接受组织的服务的消费行为形成了组织与顾客之间的关系。因此，提供优质的产品和满意的服务是顾客关系的基础。如果不能给顾客提供优质的产品和满意的服务，就不能维系良好的顾客关系。众多知名企业的成功往往就在于它们优质的产品和令顾客满意的服务。

(2)重视与顾客的信息沟通。组织应当高度重视与顾客之间的信息沟通，通过各种途径及时、有效、准确地向顾客传递相关的信息，如企业的政策方针和经营现状、产品的功能、使用方法、维修及售后服务的具体措施等。同时，也应注意收集顾客的需求变化和对产品的反应。随着人们生活水平的不断提高，顾客的消费期待、消费品位和消费品种也发生变化，组织应当及时把握顾客需求变化，对组织的产品和服务做出相应的调整以适应顾客的需求。这就需要顾客与组织之间的信息沟通要保持顺畅。

(3)及时妥善处理顾客纠纷，维护顾客的合法权益。每个组织都会遇到顾客的投诉、质疑、批评与纠纷，应当做好充分的心理和思想准备，认真听取顾客对组织产品和服务的意见，并将顾客的提议行为看成是对组织的关心、对组织的一种好意。不论组织面对的是误会还是实情，组织都应当以诚恳耐心的方式进行处理。首先，组织的公共关系人员面对顾客的投诉，应该用心倾听顾客的意见，站在顾客的角度考虑问题，争取在情感上与顾客保持一致，尽快平息顾客的不满，做好善后工作，以防事态的扩大和恶化。其次，公关人员应该认真严肃、迅速、准确地答复顾客的任何投诉或质疑，积极、慎重、耐心地解释和解决实际问题，并且建议组织的决策层改进组织的产品和服务，从根本上消除顾客的不满。

2.政府关系

政府关系或者说政府公众关系是组织与政府及其各职能机构、政府官员之间的沟通关系。政府是国家的权力执行机关，履行着管理整个国家经济生活的重要职能，组织的正常发展离不开政府有关部门的指导与关心。对于经济组织来说，政府既是管理者，又是外部公众，是组织所有传播和沟通对象中最具有社会权威性的对象。建立和维护好政府关系，有利于组织争取到良好的政府环境、法律保护以及行政支持和社会政治条件，从而获得稳定的发展机会。处理好组织与政府的关系应从以下几方面入手。

(1)熟悉政府颁布的有关政策、法规。政府主要通过政策、法律规范来管理社会组织，组织的一切活动都必须在国家政策法律规范允许的范围内进行。因此，组织的公关部门要熟悉政府所颁布的各项政策和法律规范，并及时进行分析研究，同时注意政策、法律规范的变动，根据变化修正组织的方针政策和实际行动方案。组织要求得生存和发展，就必须遵纪守法，使自身的活动在政策、法律规范规定的范围内进行。

(2)熟悉政府机构的组织结构及其职能。政府机构层次不同，有的是组织的直接领导，有的是业务指导。与组织日常交往的政府部门主要是其主管部门或一些相关的具体职能部门，组织并不需要与所有政府部门打交道。组织应熟悉政府机构的内部分工、工作范围、办事程序、负责人员，并与有关部门的工作人员保持应有的联系，以提高办事效率。

(3)积极配合政府工作，自觉接受政府监督。组织要认真学习上级部门颁布的各项方针、政策，并深入贯彻落实，使组织的决策层及时全面、准确地掌握政府的有关方针政策，让组织在决策上与政府保持一致。在利益关系上，组织应以大局为重，以国家和社会利益为重。

(4)加强与政府的信息沟通。组织除了要了解国家的有关方针、政策、法律外，还应及时将实际工作部门的具体情况反馈到政府的有关部门，并根据本地区、本行业、本部门的特殊情况，主动提出新的政策设想、法律建议，通过适当的渠道进行宣传、说服工作，协助发现及纠正政策执行中出现的偏差或失误。

(5)努力树立组织在政府部门中的良好形象。为了获得政府的支持与帮助，组织要努力营造自己在社会和消费者中的良好形象，把握一切有利时机，扩大企业在政府部门中的信誉和影响，使政府了解组织对社会、对国家所做的贡献和取得的成就。比如，组织可以将利润的一部分投入公益事业、慈善事业、环保事业等，积极承担起社会责任，在公众与政府中树立起良好的口碑。

3.媒介关系

媒介关系是指社会组织与各种新闻媒介的关系，包括组织与非人格化的新闻机构，如报社、杂志社、广播电台、电视台等大众传播机构的关系，以及组织与新闻工作人员，如记者、编辑等的关系。新闻媒介对于组织而言具有双重身份：一方面，它是组织公共关系的客体，是组织竭力追求的公众；另一方面，它又是组织实现公共关系目标的重要中介，是组织与其他公众进行沟通的桥梁、联系的纽带。新闻媒介在一定程度上的影响力是相当巨大的，也是公共关系工作经常面对的工作对象。从某种意义而言，新闻媒介既可以帮助企业走上成功之路，也可以使企业声名狼藉，因此，企业要想建立良好的信誉和形象，就必须与新闻媒介建立良好的工作关系。

搞好组织与新闻媒介的关系应注意以下几点。

(1)了解、熟悉各种媒体、传播活动的特点和规律及其工作方式。组织应了解它们的编辑方针、发文周期、截稿时间等特点，使组织掌握发布信息的主动权，能不失时机地召开记者会等相关的沟通性会议，配合媒介人员的工作，争取媒介人员的支持。

(2)尊重媒介工作规律，尊重媒介工作人员的职业尊严。新闻工作有自己的价值标准和职业规范，组织的领导人和公关人员不能迫使新闻媒体发表有利于自己的新闻报道，而阻挠其发布不利于自己的新闻报道，不能对新闻工作者施加任何压力，应充分尊重他们发表真实声音的权利。

(3)保证新闻的真实性。社会组织向媒介人员提供的信息一定要客观公正，特别是在组织出现问题时，一定要提供真实信息，协助媒介人员做出客观的报道，以正确的态度对待新闻媒介关于组织的信息传播。面对媒介人员误解或不实际的报道，态度恳切、冷静客观、实事求是地把真实信息提供给媒介人员，以得到媒介人员的理解与支持。除此之外，公关人员还要在真实的基础上合理创造新闻，即把握新闻的特殊角度以引起人们的兴趣。

(4)重视媒介交往,制订专门的媒介交往计划。社会组织应适时邀请新闻界人士前来参观访问,通过他们的切身感受,既为新闻媒介提供了新闻题材,使新闻报道更加客观真实,又为组织创造了新闻宣传的机会。同时,组织还应与新闻界保持长期接触,进一步增进组织和新闻媒介的相互了解。例如,常年保持与媒介关系的例行工作,规划好年度内需要媒介合作的重大项目等。组织对这些工作做出预先安排,为媒介人员提供充分的材料并提前告知。

4. 社区关系

社区是组织生存和发展不可缺少的外部环境,是组织的根基,是指一定地域内的人口集体,由地域、人口、制度、地缘四个要素构成。组织同其所在地的社区有着休戚与共的依存关系。组织在生产经营活动过程中,不可避免地与社区内的其他组织与民众发生这样或那样的联系,没有一个安定良好的社区环境,组织的日常生产和运营就无法正常进行。因此,社区公关的目的就是争取社区公众对本组织的了解和支持,使其知晓组织可能给社区带来的有利方面,从而为组织创造一个稳定的生存环境奠定良好的根基。

项目小结

本章的主要目的是引导学生正确认识公共关系客体,在分析公众的基本概念和特征的基础上,细分公共关系客体的类别,注意判断公共关系客体具体环境下的类别归属。在处理公共关系的过程中,需要摸清公众的心理情况,不同组织、不同人员的心理是复杂变化的,需要细致分析,合理引导。同时,在学习过程中,学生应掌握社会组织基本目标公众范围,在个人管理与组织管理中践行正确的价值观和利益观,不断运用公共关系客体分析的方法,正确维护组织或个人的利益。

课程思政综合案例

中国践行全球安全倡议守护世界和平安宁

1. 案例思维引导

2022 年 4 月,在博鳌亚洲论坛 2022 年年会开幕式上,国家主席习近平首次提出全球安全倡议,倡导以团结精神适应深刻调整的国际格局,以共赢思维应对复杂交织的安全挑战,旨在消弭国际冲突根源、完善全球安全治理,推动国际社会携手为动荡变化的时代注入更多稳定性和确定性,实现世界持久和平与发展。

2. 案例内容描述

中国践行全球安全倡议守护世界和平安宁

全球安全倡议提出以来,其内容与内涵不断丰富,中国践行这一重大倡议的步伐坚定有力,按下"加速键"的中国外交取得成功斡旋沙特伊朗和解等举世瞩目的成果,赢得国际社会广泛赞誉。新时代中国将始终不渝担当世界和平建设者、全球发展贡献者、国际秩序维护者，与各国一道，直面共同挑战，促进安危与共，为世界和平担当尽责，为全球安全竭诚贡献。

2013年以来，构建人类命运共同体从理念转化为行动、从愿景转变为现实，开辟了建设更加美好世界的光明前景，成为引领时代潮流和人类前进方向的鲜明旗帜。“全力构建面向新时代的中阿命运共同体”“推动构建更加紧密的中非命运共同体”“共同开启高质量、高水平、高标准的中柬命运共同体建设新时代”“双方就共建中马命运共同体达成共识”“以构建中蒙命运共同体为引领，不断深化两国友好、互信、合作”……梳理2023年以来的中国元首外交活动，在习近平主席同外国领导人的交谈交往中，在中国与各国各地区关系的蓝图擘画里，“命运共同体”频频成为关键词，围绕它形成的共识越来越广泛、产生的共鸣越来越强烈。

3. **案例德育价值**

在全球化的洪流面前，任何国家都难独善其身，世界各国只有一致行动，携手共进，才能守护世界和平安宁。

中外合作能够形成优势互补，守护世界和平安定。国际关系对于维护和平安全、促进经济繁荣、推动全球治理、促进文化交流与理解以及解决全球性问题等方面都具有重要意义。各国之间的合作与交往，有助于实现共同利益、构建和谐世界和人类命运共同体。

项目实践训练

目标公众的理解与分析

训练目的

1. 理解公共关系客体的内涵。

2. 分析目标公众及其关系处理的方式方法。

训练内容

事件提示：2023年5月22日15时，一网友在小红书实名举报国泰航空歧视非英语乘客，随后发布录音佐证。在爆料的文字和录音中，空乘人员使用英语和粤语进行抱怨，发表了“如果他们不会说毛毯的英文，那他们就不配毛毯”“他们听不懂人话啦”等不良言论，引发舆论哗然。

该事件在国内外都引发了讨论，多地网友分享搭乘国泰航空体验，表示不管是来自何地，只要不讲英文都会受到类似歧视，相关言论也被搬运至社交平台扩散传播。新华网、北京日报、环球人物等官方媒体纷纷对此发表评论，斥责歧视行为。

22日21时59分，国泰航空官博首发声明致歉，表示会严肃调查处理。23日14时28分，国泰航空第二次发表声明称已暂停有关空服员飞行任务。23日21时43分，国泰航空第三次发表声明，表示3名歧视乘客空乘已被解聘，并重新审视其服务流程、人员培训和相关制度。

23日23时50分，香港运输及物流局局长林世雄在特区政府官方网站发表声明，表示十分痛心国泰航空公司部分机组人员的不当言论，事件严重违背香港优良的待客之道、一贯的价值观和道德标准，要求国泰航空管理层立刻改善服务。24 日 11 时 42 分，香港运输及物流局官方微博账号发布局长林世雄声明。

24 日上午，香港特区行政长官李家超在广州出席活动时对国泰航空事件进行了公开回应。他表示："有关香港国泰航空公司有机组人员对内地乘客作出不尊重言行，我感到非常痛愤、失望。这些不敬的言行伤害了香港和内地同胞的感情，破坏了香港一贯的尊重、有礼、共融的文化和价值观。我已向国泰航空行政总裁林绍波先生指出，事件破坏香港形象，伤害香港和内地同胞感情，是严重的事件。虽然涉事的三名机组人员已经被解雇，但类似情况不容再发生。国泰要检讨培训和服务素质，提升顾客服务文化，重塑尊重有礼的好客形象，不负社会对国泰的期望。"24 日 10 时 59 分，李家超个人微博账号发布以上通告内容。

6 月 19 日，国泰航空行政总裁林绍波发布致员工信，公布"毛毯门"事件改善方案，其中包括提升服务文化培训、扩大普通话服务的范围、招聘中国内地机舱服务员三个方面。

7 月 6 日，国泰航空内地招募开启：空乘需高中及以上学历，流利的普通话、英文会话及阅读能力。

训练内容

面对"毛毯门"风波，相关部门如何快速进行公关实现有效沟通，化解危机？

训练步骤

1. 教师安排训练任务，提出目标与要求；每个班级分成若干小组，从公共关系客体的分类与心理分析的角度理解与分析。

2. 学生根据事件提示，收集资料与文献等进行学习。

3. 小组讨论，交流学习成果。

4. 以小组为单位，形成学习小结报告。

训练作业

1. 以小组为单位提交学习小结报告。

2. 小组以 PPT 形式汇报学习成果。

考核评价

评价标准	分数
每个小组提交的学习小结报告质量	60 分
PPT 汇报质量	40 分

项目五

公共关系传播

学习目标

★知识与能力

1. 掌握公共关系传播的含义与要素。
2. 理解公共关系传播的主要特征,公共关系传播的主要模式及其观点。
3. 分析公共关系传播的主要类型及其特点、要求。

★情感与价值

1. 树立主动传播意识,正确认识传播的功能及其在公共关系中的作用。
2. 贯彻科学传播理念,增强中国文化传播能力。
3. 提升媒体意识形态判断能力,树立正确的新闻价值观。

案例导入

知网反垄断事件——品牌要敢做敢当敢改

自 2021 年末以来,一系列事件将知网推至风口浪尖。

首先是"武汉 89 岁教授状告知名网站获赔 70 多万"事件的曝光,中南财经政法大学退休教授赵德馨发现,自己的 100 多篇论文在期刊刊发后,被中国知网擅自收录并传播,而他从未收到收录通知和稿费,因此决定起诉维权。

2022 年 4 月 15 日,一封疑似"中科院文献信息中心"的邮件让知网再陷争议。邮件中提道:由于知网开出的续订费过高,双方经过积极协商,未能达成一致意见,中科院未来考虑用维普期刊数据库、万方学位论文数据库,对知网数据库形成替代保护。25 日,国家市场监督管理总局回复称:已关注到各方面反映的知网涉嫌垄断问题,正在依法开展相关工作。

2022 年 12 月 26 日,国家市场监督管理总局依法做出行政处罚决定,责令知网停止违法行为,并处以其 2021 年中国境内销售额 17.52 亿元 5%的罚款,计 8760 万元。同时,坚持依法规范和促进发展并重,监督知网全面落实整改措施、消除违法行为后果,要求知网围绕解除独家合作、减轻用户负担、加强内部合规管理等方面进行全面整改,促进行业规范健康创新发展。

同一天，知网做出回应，并公布了五个方面共15项整改措施，囊括“彻底整改与期刊、高校的独家合作”“大幅降低数据库服务价格”“保护作者合法权益”“持续优化相关服务”“全面加强合规建设”五大方面，对舆论风暴下，持续已久的大众之声予以应答。

在反垄断处罚下来之前，负面舆论持续笼罩着知网，其应对都仅能暂时平息舆论。但凡有相关动态出现，一边倒的大众批评声便又卷土重来。

而在最终，处罚公布后，知网老实挨打的态度多少为它博出了喘息的空间。知网快速发布两则声明以回应，首先承认错误，而后对惩处项、舆论质疑热点等问题，予以了详细的改进措施公布。

这一应对获得了成效，在细则下，“苦知网久矣”的大众终于看到了知网担起责任的态度，在一阵欢呼后，未再过多纠结。在舆情热度降温的同时，负面情绪的消解效果也较为理想，一些正面的期待声萦绕其间。

任务一　公共关系传播的含义与要素

传播是社会组织联系公众的桥梁，是实现组织公共关系目标的重要手段。从一定意义上说，公共关系工作本质上就是一种信息传播活动，通过科学、艺术的信息传播活动来发挥公共关系的职能。要从传播角度研究公共关系，首先就要了解传播的基本概念。

一、公共关系传播的概念

（一）传播的定义

“传播”一词译自英语 communication，在管理学中常被译为“沟通”。该词源于拉丁语 communis，意为“与他人建立共同的意识”。

“传播”目前还没有统一的定义，据不完全统计，其定义不下200种。这些定义可概括为“共享”说、“交流”说、“影响”说、“互动”说四种。“共享”说认为，传播是人类思想感情的共同分享、共同体验的过程。“交流”说认为，传播是个人或组织运用符号向其他人或其他团体传递信息、观点、态度和情意，以达到相互交流的目的活动。“影响”说认为，传播是传播者通过媒介传达信息，以影响另一些人的行为的过程。“互动”说认为，传播是把互不关联的现实世界的各部分联系起来产生互动的过程。总之，这些观点都从不同的角度揭示了一般意义上传播的特征。

无论怎样的定义，基本上都认为传播包含三个基本点：一是信息的传递。即甲方通过一定的媒介，如电话、电报、信函等，将信息传递给乙方。二是信息的交流。即乙方接收到甲方的信息后引起一定的反应，如回电、复信、交谈、对话等，这种反应反馈给甲方，构成了双向的交流，即双方均参与传递信息的活动相互影响。三是信息的共享。即双方在传递、反馈、交流的整个过程中，通过双向信息沟通，使双方在某种程度上取得了一致的了解、认识、理解或意向，达成共识。

基于此，本书将传播定义为人与人、人与群体或社会之间的信息传递、交流和分享的过程，它包括信息的交流、沟通的现象、行为、规律和方法。

（二）公共关系传播的定义

结合公共关系和传播的定义，本书将公共关系传播定义为社会组织在公共关系活动中所进行的组织与公众之间的信息交流与沟通。

该概念特别强调三点：一是公共关系传播是一种沟通行为。即通过一定传播，实现社会组织与公众之间的信息传递、交流与分享。二是公共关系传播是一种组织行为。与普通的人际沟通相比，公共关系传播强调传播活动的核心主体是社会组织，表现为一种“职业”沟通行为。当然，在实际传播活动中，有时其外在表现可能会体现为个体，但至少是以组织名义、代表组织进行传播的。三是公共关系传播是一种有目的的行为。公共关系传播的核心目的是与公众建立良好的关系，也就是通过沟通活动培养公众对组织的感情，取得他们的理解和支持，或者说提高社会组织的知名度、美誉度、认可度、忠诚度、和谐度等。因此，公共关系传播是蕴藏于公共关系活动中的行为，也是公共关系活动的一部分。

二、公共关系传播的功能

（一）传播的基本功能

传播功能是指传播活动所具有的能力及其对人和社会所起的作用或效能。通常认为，传播具有教育、社会化、社会整合、环境监视、娱乐等五大功能。而从释放的效应来看，传播的功能又可以分为正功能和负功能。正功能是信息传播的正常效果，也是传播者所预期的和追求的。负功能则是传播者在传播活动中不愿见到的和力求避免的令人不愉快的负效应。

1.教育功能

教育功能就是让一代代人在社会化过程中学习和认同社会传统、社会经验和社会知识。这种功能远远超出了普通教育的范畴，却由来已久。早在未开化时期，个人的言行举止就受到父母及周围人的影响。特别是文字的发明、简册的流传与学校的设立使教育文化逐渐有了完整的体系，而这种教育的深刻性和影响力都是散居、农业社会所无法比拟的。在现代知识信息不断扩充的条件下，教育的作用更显重要。

2.社会化功能

社会化功能就是通过文化传播来实现人和群体的社会化。按照文化人类学的观点，人的社会化是一种“内化”过程，即个体接受所属社会的文化和规范，并把这种文化作为自己行为准则的过程。在这种内化过程中，一个人逐渐学习到了社会文化，从生物人变成了社会人。对于个人，这就是在进行文化学习和文化适应；而对社会，则是社会文化向个体文化的传播过程，通过个体的社会化，把整个社会的文化代代相传下去。

3. 社会整合功能

传播具有促进社会整合的功能。一方面，文化的认同和凝聚力的增强与传播关系密切。任何一个整合程度较高的社会，都具有对某种文化取得较为一致认同的特点，即具有较强的文化凝聚力。另一方面，传播的整合作用还表现在社会规范化和社会控制上。任何社会的规范都要通过传播方式渗入社会成员的行为之中，也正是通过这些规范的传播（包括风俗习惯、伦理道德和法律法规），社会的各种控制成为可能。

4. 环境监视功能

环境监视功能意思是人们通过大众传播媒介了解外部发生的重大事件，了解周围环境的变化。媒介作为传播的工具，不仅可以作为“窗口”，公示、告知一些对人们日常生活有所帮助的信息；还可以在自然、政治、社会、经济环境等发生异常变化时，像“岗哨”一样及时发出警告，使人们有所应对。这是因为媒介，特别是大众媒介，可以为受众提供两类信息：警告性信息和工具性信息。警告性信息包括台风警报、火山爆发警告等短期信息和空气污染、经济下滑等长期信息。工具性信息则是指股市价格、新产品发布、交通新闻、天气预报、时尚快递等日常生活中必不可少的信息。

5. 娱乐功能

对于竞争日益激烈的社会，大众传媒提供的大量娱乐信息具有避免社会崩溃的作用。轻松的娱乐节目为终日忙碌的人们提供了松弛和疏解的机会，令人们更易面对真实生活中的问题。当然，大众媒介传播中的文化品位降低，使得人们在精神得到麻醉的同时也逃避了对社会问题的严肃思考。法兰克福学派对此曾做出深刻批判：“大众文化是被异化了的文化，一种商品拜物教，它千篇一律，丧失了自己的性格。”

（二）公共关系传播的主要作用

公共关系传播作为组织公共关系活动的重要载体和构成成分，主要起到两个基本作用，而这两个作用也是公共关系传播的基本目的。

1. 传递与收获适宜信息

组织通过有效的传播活动，沟通有价值的信息，助推组织活动的开展。因此，这就需要掌握高效沟通的方法、技巧，提高沟通效率、效果。

2. 维护和改善公众关系

组织通过有效的传播行为，赢得和谐的公众关系，从而使组织和公众共同成长、发展。当然，和谐的公众关系，也会使沟通更加顺畅。

三、公共关系传播的特征

（一）传播的基本特征

传播作为一种有目的的社会行为，具有如下八个基本特征。

1. 普遍性

传播无处不在，无时不有。不论是组织还是个人，不论是生活琐事还是组织“大事”，都需要有意、无意地开展各种传播活动。

2. 社会性

传播是人类为了维系社会生活而进行的一种社会行为。一方面，传播是具有一定目的性的社会行为，任何社会都需要传播活动；另一方面，任何传播活动都是在一定社会背景之下的传播，必然受到一定的社会制约。

3. 共享性

传播作为一种有目的的社会行为，其目的可以概括为信息“共享”，即有效的传播就是在传播过程中，双方共同分享信息内容，达到观念和认识上的共识。

4. 互动性

现实中、理论上都存在单向传播与沟通，但是从更广泛意义上看，在社会中，传播是人与人之间进行的，是双向对称的、相互的行动。传播者与接受者之间，相关的人群之间由于信息的交流而相互影响，相互作用。

5. 工具性

传播既是实现共享目的的一种行为，也可以作为监测环境、适应环境，并进而改造环境的一种重要工具。

6. 符号性

传播的内容是信息，而信息的表现形式是符号，包括语言、文字、声音、图画、表情、动作等。因此，传播过程通常表现为：一方制作、传递符号，另一方接收、还原（翻译）符号，从而实现双方交流、互动和信息共享。

7. 多样性

传播有各种形式，如无声的、有声的、电子的、文字的、图像的、情景的、表情的，等等。

8. 广泛性

传播的广泛性是指传播行为无处不在，无时不在，小到日常生活，大到新闻报道、宣传政府政策、国际交往等都在进行传播。

（二）公共关系传播的主要特征

与普通意义上的传播、沟通相比，公共关系传播更强调如下七个特征。

1. 尊重公众性

公共关系传播的目的在于提高组织知名度、美誉度等，而这些是建立在公众评估基础上的。所以，公共关系传播中不能一味采用“灌输式”传播，而需要充分尊重公众知晓权。

2. 双向互动性

公共关系传播不仅仅希望通过传播活动让公众了解组织、知晓组织行为，更重要的是通过公众信息反馈来调整自身行为。所以，公共关系传播更强调双向互动性，强调相互理解、相互影响、相互适应、互利互惠。

3. 情感交流性

公共关系传播不能仅仅停留在信息交流层面，而更强调通过真情实感去打动公众，进而改变公众态度，引导公众行为，使其更好地支持组织行为与组织发展。也就是说，公共关系传播通常不会停留在信息层次，而是情感、态度和行为层次。

4. 内容真实性

公共关系传播是组织的一种公共关系行为，其目的是沟通公众、服务公众，在社会公众心目中树立良好的社会形象，进而求得公众的理解与支持。因此，公共关系传播首先必须讲求其内容的真实性和态度的诚实性，要使公众感觉到组织的公共关系传播是客观的、实在的和公正的。

5. 行为受限性

公共关系传播是一种重要的组织行为，是为实现组织目标服务的，因而要受到组织特性的制约。从时间上和空间上、内容上和形式上，它都要受组织目标、组织制度、组织规范等的制约。

6. 方式策略性

公共关系是一门科学，也是一门艺术，公共关系传播在遵循传播规律和原则、确保传播内容真实和客观的前提下，还要掌握传播的技巧和谋略，创造性地运用各种传播的技术与方法，巧妙地向公众传播公共关系信息，从而有效地影响公众、服务公众、沟通公众、赢得公众，取得最佳的公共关系传播效果。

7. 传播高效性

在公共关系传播中，特别强调效果、效益、效率原则。因此，可根据不同情况采取普遍性目标公众策略、选择性目标公众策略、集中性目标公众策略，确保公共关系传播的指向性和针对性。注重传播时机的选择，按组织发展的不同时期的特点来进行公共关系传播，注重选择传输通道，确保公共关系传播的高效性。

四、公共关系传播的一般过程

公共关系传播过程就是信息传播、交流、沟通的过程。美国著名传播学者哈罗德·拉斯威尔(Harold Lasswell)提出的5W模式(见图5-1)基本能说明公共关系传播的一般过程。5W是英文中5个以W为首字母的英文单词的缩略，即who(谁，从单向传播角度看反映的是信息的“发出者”、传播的主体)、says what(说什么，反映的是信息、传播的“内容”)、in which channel(通过何种渠道，反映的是信息传递的媒介、通道)、to whom(对谁，从单向传播角度看反映的是信息的“接收者”、传播的客体和对象)、with what effect(产生什么效果,反映的是沟通结果、效果,通常可以分为是否收到信息、是否受到影响、是否产生变化等几个不同层次)。

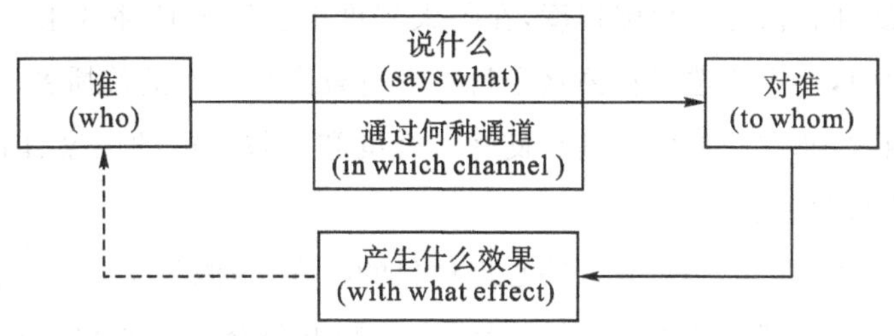

图 5-1 传播的 5W 模式图

从单向传播的角度看,这个传播过程就形成了一个相对完整的链条:传播主体根据传播需要,对要传播的内容进行编码,以便形成可供所选渠道传递的符号,并通过该渠道将信息(符号)传递给传播对象,经过传播对象的接收、理解产生影响传播对象知识(信息)、信念(态度)、意愿(行为意愿)和行为(行动)的“效果”。从双向沟通的角度看,传播对象在接收到信息后,会产生一定“反应”,并通过类似的过程,将组织好的信息通过一定渠道反馈给上一信息的发出者。以此类推,就形成了双方的互动过程。

五、公共关系传播的要素

根据传播的要素和 5W 模式,传播应包括信源(传播主体)、信宿(传播对象)、信息(传播内容)、信道(传播渠道)、信效(传播效果)五个基本要素。而根据这个五个要素,也就形成了公共关系传播研究的五个基本领域:控制分析(control analysis,侧重研究传播主体及其控制)、内容分析(content analysis,主要研究传播内容及其组织)、媒介分析(media analysis,主要研究传播渠道、传播媒介及其选择)、受众分析(audience analysis,主要研究传播对象及其特点)、效果分析(effect analysis,主要关注传播效果及其评估)。

(一)信源

1. 信源的定义

信源就是传播的主体(也称为传播者),是信息的发出者、提供者。信源可以是个人也可以是组织,在公共关系传播中社会组织经常扮演信源的角色。

2. 信源的要求

在传播过程中,传播者处于相对主动、积极的地位,可以选择所要传播的信息,选择传播的形式、方法,针对传播对象及所用信道的特点来组织传播。因此,传播者的素质及传播经验是决定传播能否取得预期效果的首要因素。

从影响传播效果的角度看,信源特别需要注意如下三点:

(1)信源的可靠性。信源的可靠程度,是由信源的长期传播活动给公众留下的信誉所决定的。因此,组织必须万分珍惜自身传播信誉,慎重、负责地为公众提供各种信息,从而建立起值得信赖的形象,更好地保证传播的效果。

(2)信源的权威性。信源的权威程度,在很大程度上会影响传播效果。因此,在开展公共关系传播活动过程中,一定要选择在公众心目中具有较高权威性的传播者。比如,组织面临产品质量"谣言"影响时,通常需要借助具有良好信誉度和高权威度的国家、国际质量检测机构、科研机构等作为信源发布信息。

(3)信源的接近性。由于相似假定等心理现象的存在,信源与受众的文化、政治观念、地缘等因素上的接近程度,特别是地缘上的接近性,直接影响公众的关心程度和兴趣。因此,组织要尽量选择具有"相似性"的信息传播者。

(二)信宿

1.信宿的定义

信宿就是传播对象(也称为受众、受传者),指传播过程中信息到达的地方或信息的接收者。公共关系传播作为一种有意识的传播,总是希望对受传者产生最大的影响,也就是希望受传者接收的信息量尽可能大。但是,信息的接收不仅存在有意识地接收信息,也存在无意识地接收信息,也就是出乎预料之外而获得信息。而要成为有意识的受传者,则主要取决于需要、可能两个条件。其中,可能强调的是对信息的辨识能力,也就是人们从同样一则消息获得较大信息量的能力。

2.信宿的选择性

研究发现,传播对受众产生的效果是"有限的""适度的",受众往往会带着自己的需要、知识、能力、态度、经验、体验等参与公共关系传播活动,对传播者提供的大量信息进行选择。公众的选择性,主要表现为选择性注意、选择性理解、选择性记忆、选择性接受等四个方面,也就自然而然地导致选择性行动。因此,在公共关系传播活动中,组织必须要研究公众的选择性,根据公众的选择不断调整自身的传播内容和形式。

(1)选择性注意。选择性注意是指在信息接收过程中,人们的感觉器官虽然受到诸多信息的刺激,但是不可能对所有的信息做出反应,只能有选择地加以注意。因此,必须要注意信息的对比、强度、位置、重复、变化等,提高信息的竞争能力。

(2)选择性理解。选择性理解是指不同的人对同一信息提出不同的意义解释和理解。其影响因素包括需要、态度和情绪三个方面。因此,在传播过程中必须要提前预判、密切关注受众的需要、态度与情绪及其变化。

(3)选择性记忆。选择性记忆是指人们只记忆对自己有利的信息,或只记自己愿意记忆的信息,而忘却其余信息。它可以分为输入、存储、输出三个阶段。

(4)选择性接受。人们更倾向于接受那些与自己固有观念一致的,或自己需要的、关心的、有利的信息,而回避那些与自己固有观念相龃龉的或者自己不感兴趣、不利的信息。

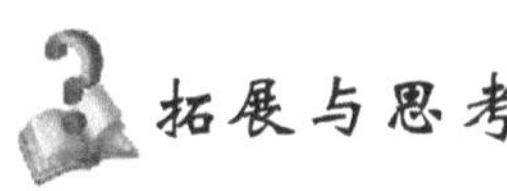

拓展与思考

"上海女孩逃离江西农村"事件——自媒体时代公共关系传播的挑战

案情:2016 年 2 月 6 日,有网友在篱笆网发了一篇网帖——《有点想分手了……》。笔主称自己是一位家境殷实的"上海女孩",春节前去"男朋友"家乡江西农村过年,被男友家的第一顿饭吓得逃离江西,还附上了一张饭菜的照片。恰逢春节期间,该网帖一经传播就得到了大量的评论和转载,许多新媒体的公众号开始跟着争相转发。该帖文及其衍生出的话题、文章在各个媒体平台的点击量达到 1.1 亿次。2 月 21 日,剧情出现反转。澎湃新闻推文称"上海女孩逃离江西农村"事件从头至尾均为虚假内容。假新闻事件被爆出之后,引发众多网友们的一片唏嘘。

点评:自媒体时代舆论传播更具有自发性、多元性、盲目性和信息传播速度更快等特点,而当前仍存在"把关人"缺失、难以达成"共识"、舆论"燃点"过低等问题。因此,企业在公共关系传播中面临的环境更加不可控、信息更加不对称,而且媒介环境发生了重大变化,热门话题的形成在一定程度上由网民的偏好决定。

思考:面对新媒体时代的众多新特点、新问题和困境,企业在公共关系传播中应该如何选择传播方式、策略?大学生应如何提高自己的网络信息素养?

(三)信息

1. 信息的定义

信息就是传播的内容,是为了满足用户需要而经过加工处理的数据。在传播学视域中,信息往往以一定符号为载体,如有声语言、书面语言、体态语言等。

2. 信息的类别

信息可以按不同的标准,从不同的侧面进行分类(见表 5-1),而不同信息具有不同的特点,对受众、传播者和传播媒介有着不同的要求。因此,在选择传播主体、对象和媒介时,必须考虑与信息类别的匹配。

表 5-1　信息的常见分类方式

分类标准	主要类别
信息价值	有用信息、无害信息、有害信息
信息时间性	历史信息、现时信息、预测信息
信息的载体	文字信息、声像信息、实物信息
信息的性质	语法信息、语义信息、语用信息
信息获取途径与信息主体关系	直接信息、间接信息
信息随时间变化情况	动态信息、静态信息
信息传播的载体	大众传播信息、人际传播信息

(四)信效

1.信效的含义

信效就是信息传播的效果。不同学者对传播效果有很多不同的分类。例如,麦奎尔认为媒介的传播效果分为媒介的效果(传播产生的直接结果,不论是否符合传播者预期)、媒介的效能(媒介有关预期目标的效能)、媒介的效力(媒介在给定条件下可能发挥的影响或可能产生的间接效应)三个层次,也有学者认为媒介的效果可以体现为心理(传播内容影响受众情绪、认知和行为)、经济(传播内容带来的经济指标变化)、社会(传播活动造成的社会效果,如舆论导向等)三个层面。目前,公共关系学中的传播效果的研究主要集中在心理效果层面,即本书所界定的狭义传播效果,就是传播对人的行为产生的有效结果,也就是受传者接收信息后,在知识、情感、态度、行为等方面发生的变化。这种变化的大小,意味着传播活动在多大程度上实现了传播者的意图或目的。有时,反馈也被看作是信效的典型表现。所谓反馈,就是传播者对受传者的影响以及受传者对信息所做的反应。一定程度上,反馈既是信效的重要表现,是信息传递的重要目的,也是检验传播过程是否是双向的重要标准。

2.信效的层次

信息传播的效果可以分为以下三个层次。

(1)认知层。信息作用于人的知觉、记忆系统,引起人们知识量的增加和知识结构的变化,进而产生认知层面上的传播效果。这是仅作用于受传者感觉、知觉等浅层次的传播效果。通常,可以使用“知晓度”作为其核心测度指标,并可以具体表现为点击率、接触率、收听率、收视率、浏览率、阅读率、注目率、细听率、细看率、细读率、回忆率、复述率等具体衡量指标。

(2)态度层。信息作用于人们的观念或价值体系,从而引起清晰、情感的变化,进而产生心理和态度层面上的传播效果。这是不仅作用于受众感知,还进一步易感其思维、情感的中层次的传播效果。这种层次的效果,通常是在知晓度基础上,采用理解度、赞同度等作为测度指标,并通过对传播内容的清楚度、对主旨与本意等的把握度、对相关概念和观点的认同度,以及对传播内容的满足度、信任度、喜好度等指标来衡量。

(3)行为层。信息作用于人们的观点、价值体系而引起的情绪、情感变化通过人们的言行等表现出来。从知识到态度再到行为,是一个传播效果累积、审核、扩大的过程。通常,行为层效果通过支持度指标衡量,包括受众的欲望程度等。

(五)信道

1.信道与媒介的定义

信道就是信息传递的途径、渠道,如声波、电波、电子、光缆、激光等。通常,信息都是记录、保存在一定载体中的。这种载体被称为传播媒介（传播的中介和途径），更容易看得见、摸得着、体会得到。媒介是指用以记录和保存信息并实现信息重现的载体。传播媒介可以分为人体媒介、符号媒介和实物媒介三类。其中，符号媒介又分为有声语言媒介、无声语言媒介、有声非语言媒介和无声非语言媒介四类。公共关系传播中使用频率较高的大众媒介则属于符号媒介。这种大众媒介通常又可以分为印刷媒介（报纸、杂志、传单等）和电子媒介（广播、电视、电影、网络等）两类。

2.常见传播媒介的特点

按照不同的标准，传播媒介可以划分为不同的类型。如根据媒介出现的先后顺序，可分为早期符号媒介、语言媒介、文字媒介、印刷媒介、电子媒介和网络媒介；从传播对象来看，可为分个人传播媒介和大众传播媒介；依据媒介所作用的人的感官的不同，可分为听觉媒介、视觉媒介和视听媒介；按照媒介的传播方式，可分为直接媒介和间接媒介；按照媒介进行传播的目的，可分为公益性媒介和营利性媒介。通常，公共关系传播媒介主要包括语言媒介、印刷媒介、影视媒介和网络媒介。

(1)语言媒介。语言媒介是公共关系传播中的重要一环，主要包括人际传播或群体传播中面对面的语言交谈、口头沟通以及新闻媒介中的广播语言。人际传播中的口头沟通，面对面地交换意见、看法，不仅可以传递信息，而且可以进行思想、情感、态度、观点方面的交流。而广播语言的快速性、直接性和不分文化程度的普遍性，使语言媒介的传播上了一个新的档次。语言媒介的特点之一是，在表达和接受过程中由于人们的文化背景、生活经验和价值观念等的不同，效果也会有明显的差异。因此，公关人员要提高语言修养，掌握语言的表达技巧，提高表达艺术。

(2)印刷媒介。印刷媒介是指通过印刷文字将信息和意见传递给公众的一种传播手段，包括书籍、报纸、杂志、企业内部刊物、简报和其他宣传品等。印刷媒介具有传播面广、传播内容详细深入、便于公众自由选读和重复查阅、易保存等特点。但是，不同印刷媒介的特点也有不同，对其传播方式和内容也应区别运用。如针对报纸、杂志等大众传播媒介，公共关系传播的侧重点在于向他们提供有关组织的新闻线索，沟通组织与大众传播的关系，以策动传播。而简报、内部刊物等属于组织的宣传品，则要注意统一部署，相互协调，力求最大限度最有效地传播组织信息，树立组织形象。

(3)影视媒介。影视媒介主要是指电视媒介。它具有传播速度快、传播面大、可视性强、生动形象、现场感强等特点，对人类社会和公共关系传播有强大的促进作用，成为公众最喜爱的传播媒介之一。但是，它也具有受播放时间和设备限制、制作成本高等缺点。因此，选择合适的内容，并进行合理编排，以便通过电视媒介呈现就显得格外重要。

(4)网络媒介。这可以算是最新兴的一种传播媒介。目前网络传播和网上公共关系成了国际公共关系界的一个新的热门话题。网络媒介的最大特征是几乎消除了时空限制，并很好地把文字、语言、影视媒介进行了结合。因此，它吸引了越来越多的公众，成为最有前景的传播媒介，但是也面临着“信息冗余”“信息安全”等新问题。

3.传播媒介的选择

不同的媒介有不同的特点，社会组织要根据自身的公共关系目标需要，来选择一定的媒介来传播，或者综合运用几种媒介来进行整合传播。媒介的选择直接关系到组织目标传播的效果以及经济投入、人力投入等事项，因而对媒介的选择绝对不能盲目。总体而言，媒介选择的基本原则有以下几点：

(1)联系目标原则。根据公共关系工作的目标、要求去选择传播沟通媒介。特定的媒介有其特定的功能和特定的覆盖面，要借助各种媒介为公共关系目标服务，就要根据工作目标的具体要求进行媒介选择。想要提高组织的知名度，一般需要利用大众传播媒介；想要提高组织产品的美誉度，则选择展销会形式的群体传播可能更有效；与社会名流交往，可采用招待会和宴会等形式；协调内部关系，常用的是座谈会或个别谈心等。

(2)适应对象原则。根据公共关系工作对象的特征选择传播沟通媒介。不同的公众对象接触的信息媒介不同，如知识分子接触报纸、杂志等印刷媒介较多，而城乡一般居民则接触电视较为频繁，年轻一代则对网络媒介最为青睐。同时，要注意到各种不同的对象也处在不断的变化之中，要注意分析和判断。如在网络飞速发展的今天，农村网络的普及率也相当高了，在选择公共关系对象进行目标传播时，就要充分考虑到这个因素。同时还应注意到，不同的公众对同一种媒介，其感兴趣的栏目和节目也不同，因此，在进行媒介选择时，应对传播对象的职业特点、文化程度、分布地区的生活习惯等有所了解。

(3)区别内容原则。根据传播的内容特点来选择传播沟通媒介。公共关系因目标和工作要求的不同，需要传递的信息内容也不同。各传播媒介在传递不同的信息内容时，各自有着特定的优势和劣势。例如，传播的内容简单，要求给公众具体、生动、亲切印象的，就要通过电视或广播；而传播的内容复杂、技术性强，要经过反复思考才能理解的，则需要选择印刷媒介或印刷媒介与人际传播相结合，进行现场讲解等。

(4)合乎经济原则。根据组织的具体经济条件来选择传播沟通媒介。在公共关系传播中，使用任何媒介，都离不了一定的经费支出。如能动用所有的传播媒介来为公共关系传播服务，当然是最好的选择，但也必须考虑到经济负担问题和投入产出问题。根据组织经济实力和状况的不同，公共关系目标的不同，传播区域的不同，在众多的媒介中选择既经济又有效的传播媒介，就是公关人员应掌握的基本知识。比如，要对某市的市民传递本组织有关的信息，就不要考虑中央电视台、人民日报等全国范围内的媒介，而只需要本市的相关媒介就可以了，因为它们之间的投入费用是不能同日而语的。

任务二 公共关系传播的模式

传播模式是指研究传播过程、性质、效果的公式。20 世纪 20 年代以来，西方传播学研究中出现了反映不同观点和不同研究方法的多种模式，但没有一个被普遍接受的模式。

一、单向传播模式

单向传播模式，也称为传统线性模式。

(一)5W 模式

1. 主要内容

1948 年，拉斯威尔在《传播在社会中的结构与功能》中，首次提出了构成传播过程的五种基本要素，并按照一定结构顺序将它们排列，形成了“5W 模式”或“拉斯威尔公式”(5W 及其解释见上文)，后广为引用。

2. 模式评价

西方学者认为 5W 模式概括性强，率先开启了传播学模式研究的先河，对大众传播的研究起了很大的推动作用。但是，它也存在一定缺点：忽略“反馈”传播因素，是一种单向传播模式；没有重视为什么或动机的问题；重视传播者地位，忽视甚至剥夺受传者的参与性。

(二)7W 模式

1. 主要内容

1958 年，布雷多克在《“拉斯维尔公式”的扩展》一文中提出 7W 模式。该模式在 5W 模式的基础上，增加了两个 W：in which circumstances(在什么情况下，侧重分析传播的环境条件与因素)，with which aim(为了什么目的，强调传播的目的)。

2. 模式评价

该模式比 5W 更前进了一步，特别是关注到了环境因素的影响以及把传播目的贯穿到整个传播过程中。但是，该模式也忽略了反馈要素。

(三)香农-韦弗模式

1. 主要内容

香农-韦弗模式又称传播的数学模式，由美国数学家香农和韦弗提出。该模式运用通信电路原理对人类传播进行探讨，将人际传播过程看作单向的机械系统，并详细展示了四个要完成的正功能和一个负功能的因素，如图 5 - 2 所示。

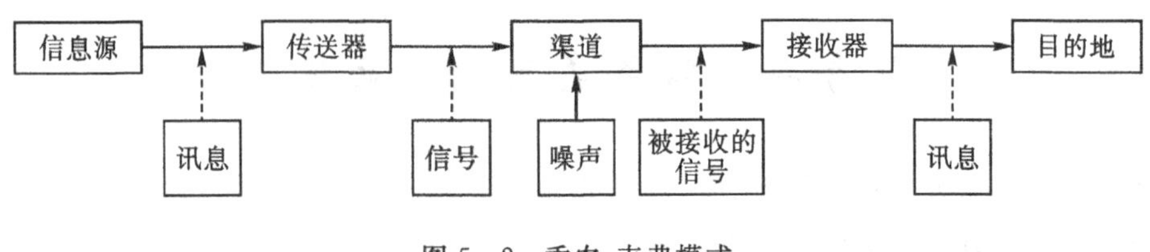

图 5-2　香农-韦弗模式

2. 模式评价

此模式开拓了传播研究的视野，特别是“噪声”概念的提出，表明了传播过程的复杂性，使人们受到了启迪，为精确研究传播过程提供了有力的手段。但是，该模式没有涉及人的功能性因素，把传播看成了单向传播。

（四）SMCR 模式

1. 主要内容

SMCR 模式也叫贝罗模式，是 1960 年贝罗提出的一个线性模型。该模式综合了哲学、心理学、语言学、人类学、大众传播学、行为科学等新理论，去解释在传播过程中的各个不同要素。这一模式把传播过程分解为四个基本要素：信源、信息、通道和受传者，每个要素又各含有几个因素。贝罗模式明确而形象地说明了影响信源、受传者和信息传播的条件。信息传播可以通过不同的方式和渠道，其最终效果不是由传播过程中某一部分决定的，而是由组成传播过程的信源、信息、通道和受传者四部分以及它们之间的关系共同决定的，传播过程中每一组成部分又受其自身因素的制约。简言之，在传播过程中，影响传播效率和效果的因素是很多的、复杂的，各因素间又是相互制约的，要提高传播效果，必须综合研究和考虑各方面的因素。

2. 模式评价

该模式解释了教育传播的规律，特别是把人的注意力从“物”引向人，从信源引向受传者，起到了很好的引导作用。但是，该模式仍是单向、线性的模式，缺少反馈环节。

二、双向传播模式

维纳在《控制论》中用自动控制度观点研究信号被噪声干扰时的信号处理问题，形成信息控制模式：施控者—控制信息—受控者—反馈信息—施控者。维纳种种揭示信息传播双向性特质的尝试，不仅第一次明确提出了信息传播中的“控制”与“反馈”的概念，也对双向传播模式的提出起到了很好的启发作用。

（一）双行为模式

1. 主要观点

奥斯古德在充分认识到香农-韦弗模式的“非人类”的缺点后，采用了其中的合理内容，提出了传播的双行为模式（或称为双重行为模式）。他解释道：“每一个合适的模式至少要包括两个传播单位，一个是来源单位（说话的人），一个是目的地单位（听话的人）。”连接两个单位的是讯息。在传播活动中，每个人既是发送者，又是接收者，既编码又译码，都具有双重行为。这种双向互动的情形，“既可以是直接的，也可以是间接的。一般在面对面交谈中是直接的，在大众传播（音乐、录音、艺术等）中则是间接的”。

2. 模式评价

该模式较好地反映了人际传播的情况。但是，该模式所暗含的传授两者的平等、等量的传播模观念，在大众传播中是找不到的，所以不太适合大众传播。

（二）施拉姆模式（循环模式）

1. 主要内容

1954 年，美国传播学者施拉姆在《传播是怎样进行的》一文中提出较为流行的人际传播模式，如图 5－3 所示。此模式强调传播者和受传者的同一性及其处理信息的过程，揭示了符号互动在传播中的作用。图 5－3 中的“信息反馈”，表明传播是一个双向循环的过程。

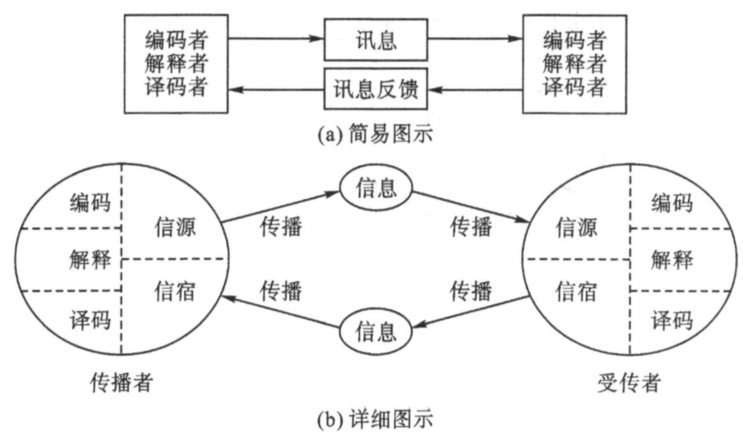

图 5－3　施拉姆模式

2. 模式评价

循环模式首先与单向传播模式划清了界限，该模式与直线模式有明显的不同。一方面，这里没有传播者和受传者的概念，传播双方都是传播行为的主体，通过信息的授受处于你来我往的相互作用、往复循环、持续不断之中。另一方面，该模式的重点不在于分析传播渠道中的各个环节，而在于解析传播双方的角色功能。参加传播过程的每一方在不同阶段都依次扮演着译码者（执行接收和符号解读功能）、解释者（执行解释意义功能）和编码者（执行符号化和传达功能）的角色，并相互交替着这些角色。

循环模式强调社会传播的互动性，把传播双方都看作是传播行为主体，但它也有其本身缺陷：一是它把传播双方放在完全对等或平等的关系中，这与社会传播的现实情况不符；二是这个模式能够体现人际传播特别是面对面传播的特点（等量、平等），却不能适用于大众传播过程。

(三)德弗勒模式(环形模式)

1. 主要观点

1960 年,梅尔文·德弗勒在《大众传播理论》一书中提出了传播的环形模式。环形模式是在香农-韦弗模式的基础上发展而来的。德弗勒认为,在传播过程中,人们将“含义”变换为“信息”,发射器又将信息转化为信号传送,接收器收到信号后再还原为信息,信息被信宿(人)接收又内化为含义。在这种情况下,如果发出的信息与接收的信息在含义上是一致的,那么就是传通。相反,若两者含义截然不同,即等于没有传通。然而,含义上的差异性是常见的,完全的一致性却是罕见的。在闭路循环传播系统中,受传者既是信息的接收者,也是信息的传送者,噪声可以出现于传播过程中的各个环节。此模式突出双向性,被认为是描绘大众传播过程的一个比较完整的模式,如图 5-4 所示。

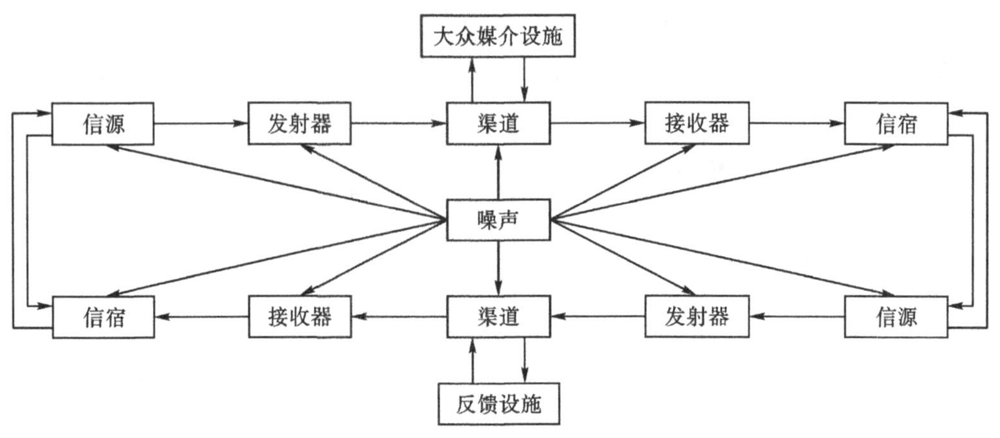

图 5-4　德弗勒模式

2. 模式评价

环形模式的优点具体如下:①它以双向的环形结构真实地呈现了信息交流的复杂性,较全面地反映了传播的主要过程;②它增加了另一组要素,以显示信源获得反馈有多种途径(大众媒介设施和反馈设施),而反馈则使信源有可能不断改进传播方式以更有效地适应信宿,从而增加两种含义之间达到一致或同型的可能性;③拓展了噪声的概念,认为噪声不仅对信息而且对传达和反馈过程中的任何一个环节或要素都会发生影响,这一点加深了对噪声所起作用的认识;④这个模式的适用范围也比较普遍,包括大众传播在内的各种类型的社会传播过程,都可以通过这个模式得到一定程度的说明。

环形模式的缺点主要体现在:一是对人类,特别是报纸、广播、电视等媒介为主的大众传播过程要素的众多性和复杂性反映不够,有简单化的倾向;二是对人类传播的新媒介和新技术未能足够重视,甚至“往往低估新的传播技术的效果”。

三、互动传播模式

（一）辐合传播模式

1981 年罗杰斯和金凯德提出了辐合传播模式。他们认为，互动传播是一种循环过程。通过这个过程，参与双方(A 和 B)一起创造和分享信息，赋予信息意义，以便相互理解。AB 重叠部分是指两人相互理解的程序。“辐合”是二人或更多的人向同一点移动，或一人向他人靠近，并在共同兴趣或焦点下结合的一种倾向。

辐合传播模式再现了以电脑为媒介的参与者双方创造和分享信息的动态过程和结构形态。它的提出不仅可以引导传播学者将审视、分析的目光转向一个前景广阔的领域——互动(网络)传播，而且直接指引人们去追踪传播系统中某一特殊信息的流动与演变，探寻人类在认识上靠近与离散的原因与背景。但这一模式较适合用来解释两人互动传播和几个人网络传播，不太适合用来分析“虚拟巨网传播”的现象。

（二）阳光模式

阳光模式是指以宏观的整体的眼光所抽象出来的，通过信息交换中心(如电信局或网站等)连接各大信息系统进行信息创造、分享、互动的结构形式。它包括六大要素和四项因素。六大要素为终端机、信息交换设备、信息库、大众媒介、信息源、社会服务，四项因素是指网络传播中的经验因素、环境因素、价值因素和规范因素。连接成网络的电缆传输通道也很重要，但用无线取代光缆光纤是一个趋势。

四、两级传播与把关人模式

（一）两级传播模式

1940 年，美国社会学家拉扎斯菲尔德等人通过伊里调查发现，信息从大众媒介到受众，经过了两个阶段，首先从大众传播到舆论领袖，然后从舆论领袖到社会公众，如图 5－5 所示。据此，他们提出的理论称为两级传播论：信息的传递是按照“媒介—舆论领袖—受众”这两种传播的模式进行的。该模式强调“舆论领袖”的作用。该模式实际上是有限效果理论的典型代表理论之一，对早期“魔弹论”产生了强大冲击。

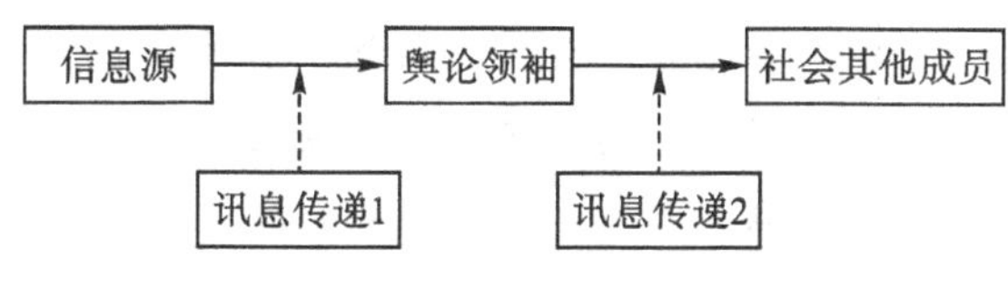

图 5－5 两级传播模式

西方认为，两级传播模式综合了大众传播和人际传播，但夸大了“舆论领袖”的作用及其对大众传播媒介的依赖性，把传播过程简单化了；将受众截然分为主动和被动、活跃和不活跃两部分，不符合传播的现实情况。

该理论自从问世就不断受到批评和修正，并突出集中在两级传播中的信息不对称问题，伪舆论领袖（比如网络达人、网络舆论领袖、五毛党）的问题，以及大众传播强势发展给舆论领袖带来了巨大挑战。此外，此模式之后演变为多层次的 N 级传播模式。

（二）把关人理论

传播学先驱之一，美国学者库尔特·卢因在 1947 年发表的关于如何决定家庭食物购买的《群体生活的渠道》一文中最早提出了“把关人”（gatekeeper）这一概念。所谓把关人，是指信息传播过程中的信息控制者，尤其是在大众传播的媒介组织内承担信息采集、选择和加工等各个环节的制作者和传播者，包括从普通记者、编辑到总编辑以及电视节目制作人等。卢因认为在群体传播过程中存在着一些把关人，只有符合群体规范或把关人价值标准的信息内容才能进入传播的管道。

20 世纪 50 年代，传播学者怀特将这一概念应用于新闻研究，提出了新闻传播的“把关”过程模式。怀特认为，新闻媒介的报道活动不是“有闻必录”，而是对众多的新闻素材进行取舍选择和加工的过程。在这个过程中，传播媒介形成一道关口，通过这个关口传达给受众的新闻或信息只是少数。怀特的“把关”模式的不足在于没有意识到把关是一种组织行为，而认为它主要是新闻编辑基于个人主观判断的取舍选择活动；此外这个模式没有说明新闻把关的标准。

在媒介中，把关人按其所处的生产流程分为新闻采集者（news gatherers）和新闻加工者（news processors）。他们的工作分别形成两类不同的把关行为，第一类大致属于记者搜集“原始信息”的过程，第二类大致属于编辑对信息进行选择与进一步加工的过程。无论“采集”还是“编辑”，所有的把关人的工作实质上都是通过选择性的控制来“制造新闻”，由此，他们的不同工作就形成一个个“门区”，每一个“门区”都只对部分信息“打开大门”，而对更多的其他信息则“关上大门”。

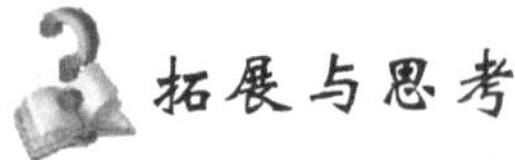

拓展与思考

网络时代“把关人”模式面临的挑战

（1）把关人的角色被弱化。网络是一种“去中心化”的“新型互动媒介”，在网络传播中并不存在着一个固定的传播者的概念，传播者和受传者的区别在减小。网络传播使昔日的把关人失去了信息传播中的特权，“把关人”这一传统角色在逐渐弱化。

（2）把关的可行性降低。网络传播信息的迅捷性和无障碍性大大降低了“把关”的可行性。网络论坛的网民可以自由地发布信息，导致无数个体化的传播主体浮出水面，无数个信息发布点在世界范围开放。由于传播的迅速、信息海量，把关人可能根本来不及做出反应，把关难度也在不断加大。

（3）把关权的分化。网络是一种没有中心的“蜘蛛网”，传播者和受众都是这个网上的一个个节点。也就是说，网络论坛中，传播权几乎已经完全被大众所分享，传统意义上的把关人在网络论坛中就分解为网民个人、网站编辑、版主角色、媒体外部组织及环境等几个层面。特别是媒介制度等外部环境虽然不居于“把关”工作的“第一线”，却是最后也是最强有力的一道关卡。

思考：运用公共关系传播学的相关知识，针对上述材料中提及的网络时代“把关人”模式面临的挑战，提出有效的解决方案。

五、其他传播模式

（一）韦斯特利-麦克莱恩模式

韦斯特利-麦克莱恩模式是韦斯特利与麦克莱恩在 1957 年提出的一种供大众传播研究的模式。该模式认为传播行为应是有目的、有计划进行的，如图 5-6 所示。图中，X 表示周围的信息（X_1、X_2、X_3 等分别是事物 1、2、3 等所产生并被传播者识别到的信息），是社会环境中的任何事件或事物，A 表示信息传播者（信源），C 表示传播路线上的把关人，B 表示受传者，F 表示反馈（F_{BA}表示受传者向传播者反馈，F_{BC}表示受传者向把关人反馈，F_{CA}表示把关人向传播者反馈）。该模式强调传播过程中把关人和反馈的作用，各种信息要经过把关人的过滤，才传给受传者（X′、X″分别是经传播者、把关人过滤后传送给把关人、受传者的信息）；受传者的反馈是多方面的，可以反馈给把关人，由把关人反馈给传播者，也可以直接反馈给传播者。

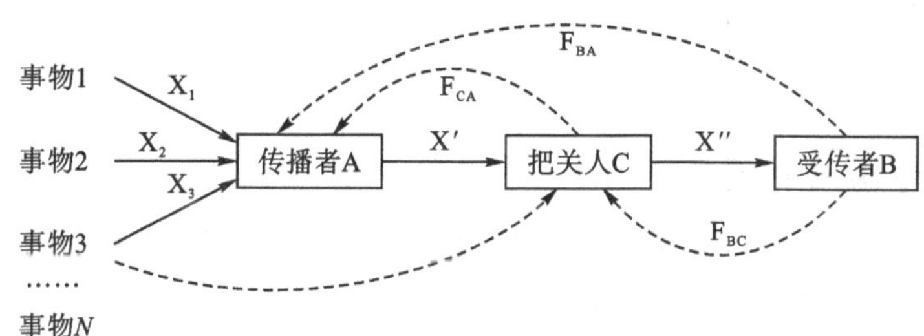

图 5-6　韦斯特利-麦克莱恩式传播模式简图

（二）波纹中心模式

波纹中心模式由美国传播学者希伯特等在 20 世纪 70 年代中期提出。该模式认为大众传播过程犹如投石于水池中产生的现象——石子击起波纹，波纹向外扩展到池边时又朝中心反向波动；在扩展和回弹的过程中，波纹（即信息）受到许多因素的影响。此模式强调大众传播同社会、文化等的关系，显示了传播过程的复杂性和动态性。如图 5-7 所示，图中“代码”指文字符号系统，“调节者”指政府、团体、消费者，“过滤器”指文化和社会系统，“信息放大”兼有空间和心理的含义。

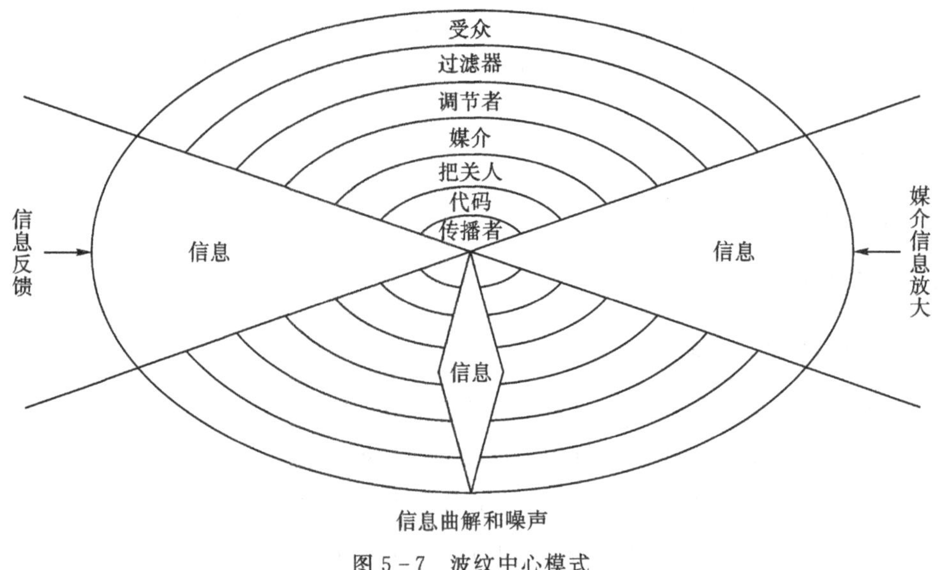

图 5－7　波纹中心模式

任务三　公共关系传播的类型

公共关系传播是组织借助一定媒介与公众进行沟通的过程。根据传播要素的差异，公共关系传播可以划分为大众传播、组织传播、群体传播、人际传播等多种不同的类型。

一、大众传播

（一）大众传播的概念

现代公共关系与大众传播是密不可分的，公共关系的迅速发展有赖于各种大众传播手段的发展和完善。由传统的农业社会过渡到工业社会、信息社会的一个显著特点，就是人们交流思想的大众传播手段的高度发展和完善。19 世纪 30 年代到 70 年代，电报、电话相继发明，20 世纪 20 年代后，随着科学技术的进步和经济的繁荣，报纸、杂志、广播、电视、传真等大众传播手段迅速发展。到今天，互联网更是将世界紧密联系在一起，使人类信息传播的速度更加迅猛，范围更加广泛，内容更加丰富，影响更加深入。大众传播手段的发展，使现代人生活在一个由媒介构筑的信息社会里。社会组织的公共关系工作，就是要用大众传播去影响社会公众，使他们产生有利于组织的态度和行为。

大众传播是指职业传播者或机构通过专业传媒向社会公众传播信息的活动。大众传播媒介可分为印刷品媒介和电子媒介。印刷品媒介主要指报纸、杂志、书籍等，电子媒介主要包括广播、电视、电影、互联网等。

（二）大众传播的特点

（1）传播者是专业性传播机构，具有高度的组织化、专业化。

（2）传播对象众多，覆盖面广。

(3)传播手段现代化、技术化。

(4)信息公开化、社会化,影响面大而深,但反馈比较缓慢、间接。

(5)有特定的程序,传播周期长。

(6)费用大,成本高。

二、组织传播

(一)组织传播的概念

组织传播是指社会组织如政党、政府、团体、企业、军队等固定组织通过媒介与公众展开的信息交流活动。组织传播的对象是群体或组织。它主要运用组织的媒介进行固定传播。公共关系中的组织传播,往往采用展览、庆典、广告、文体活动和具体宣传来开展。

(二)组织传播的特点

(1)传播的主体是组织而不是个人。

(2)传播的对象十分广泛、复杂,既有内部的沟通对象,又有外部的公众环境;既有近距离的沟通,又有远距离的沟通;无论哪一种沟通,无论规模有多大,都在组织目标制约下有选择地作用于对象。

(3)组织内部传播具有双重性,存在着正式的组织传播和非正式的人际沟通。

(4)组织对外传播的公众性和大众性。面对众多的、不同类型的外部公众,可综合运用多种传播方式,集中各种媒介的优势,广泛地开展传播。

(5)传播有明确的目的性和可控性。组织传播是组织围绕着公共关系目标来有的放矢地开展的。

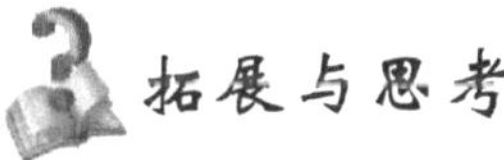

拓展与思考

抖音短视频传播的快速发展

今日头条旗下的一款叫作抖音的短视频 App,2016 年 9 月上线,仅仅半年的时间,抖音上面的日活跃用户达到了数百万,抖音短视频每日平均的播放量已经超过 11 亿。目前,抖音日活跃用户高达 8 亿人。由于抖音自身的优势和恰当的传播方式使得它在短时间内迅速走红。互联网的发展颠覆了传统的内容生产方式和传播方式,受众的角色发生改变,以往传与受的角色变得模糊,受众已作为内容生产者、传播者、消费者的身份参与到内容的生产与传播过程中,抖音等移动短视频应用因其简单便捷的操作,受到越来越多普通大众的欢迎,用户在移动短视频应用的内容生产与传播中的作用越来越重要。

思考:抖音的快速发展壮大体现了怎样的公关传播思维?你是如何看待抖音等短视频的成功的?

三、群体传播

群体传播是发生在自然社会群体中的一种自发的传播活动。它主要包括小团体传播、公共传播和实物传播媒介三种类型。

（一）小团体传播

小团体传播也称小组传播，主要是介于人际传播和组织传播之间的一种传播形式。它一般是在小规模的群体内（如6～10人）进行的信息交流活动，如小组讨论、小组座谈、小组谈天和总结等。这种传播一般采用民主的方式，没有约束和强制性质。

（二）公共传播

公共传播也称公众传播，一般是指一个人对多数人的传播，也称为公开传播，如演讲会、报告会、新闻发布会、展览、大型演出活动等。这种传播通常是一方发出信息、多方接收信息的传播过程。公众传播的对象是一个相对比较集中的公众群体。在传播时可以采用多种方式，如口号、文字、图片、音响、幻灯片、影像、实物展示、模拟表演等。传播的内容一般是一些需要及时公布和公开的公共信息。这种传播形式的信息传播速度快，范围广，反馈较直接；同时，又能树立良好的形象，扩大组织的知名度。

（三）实物传播

实物传播媒介是指传递语言和非语言符号的物体，主要包括产品、样品、企业建筑缩微模型、公关礼品等。其特点是直观明确，可信度高，容易引起公众反应。这些用于特殊场合的样品、模型、象征物上凝聚着组织的各类信息，展现着产品和组织的形象，它们实际上充当了组织对外传递信息、沟通与公众联系的特殊媒介。

四、人际传播

（一）人际传播的概念

人际传播是指在人际交往过程中的个人之间，通过语言或非语言的媒介，进行直接的信息或情感的交流活动。它是最常见、最广泛的一种传播方式。人际传播无须借助大众传播媒介，可以在人与人之间直接进行信息的传递和交换，其表现形式可以是面对面的交流，也可以是非面对面的交流。前者一般通过语言、动作和表情等进行交流，后者则通过电话、电报和书信等进行交流。

（二）人际传播的特点

(1)信息反馈及时，角色可以经常互换。在面对面的情况下，传播者和受传者之间的空间距离小，信息交换速度快，也易于传递。同时，传播者和受传者能立即从对方的反应中调整自己的态度和交流的内容。

(2)交流是人对人的，具有私人性、个人性的特性。

(3)交流形式多样,既可以是语言、动作、表情,也可以是电话、电报、书信、传真等。

(4)由于是人与人直接的交流,其信息传播成本高,传播速度慢,范围小。

(三)人际传播的方式

1.语言传播

语言,既包括书面的文字,也包括口语。语言既是人际传播的主要信息载体,如写信使用文字,面对面的交谈、打电话使用口语,也是人类信息、情感交流、实现交际目标的最基本工具。公关活动中公关人员的大量日常和专业的工作都离不开语言的运用。能够开口说话不等于会说话。在人际传播中,要实现交际目标,达到与公众的有效沟通,首先要学会倾听、观察、感受,然后才是表达,把自己的想法以公众想听的、最容易接受的方式传播给他们。同时,在运用语言进行口头传播时应做到:表情亲切自然,态度热情真诚,语言规范准确,意思明确完整;语气诚恳,音量适度,语速适中,口齿清晰;内容客观,表述言简意赅。

2.非语言传播

非语言传播,又称作无声语言传播,主要是借助非有声语言来传递信息、表达感情、参与交际活动的一种不出声的伴随语言。在日常的人际传播中,非语言传播占有十分重要的地位。据统计,大多数人实际上每天讲话的时间大约只有10～11分钟。在一般的两人会话中,语言所表达的社会意义平均不到35%,其余65%是用非语言符号传递的。我们在与他人沟通时获得的信息,有很大一部分来自暗示,而不是来自字句。

我们常见的非语言媒介主要是肢体语言和服饰。①肢体语言。肢体语言是以人的动作、姿势、体态、表情等来传递信息的一种无声伴随语言。肢体语言在公共关系的人际传播中运用非常广泛,公关人员如果能够熟练地掌握和运用,不仅可以恰到好处地传达公共关系信息,而且能够准确地理解公众的反馈信息,使交往更有效、关系更融洽、工作更顺利,同时还能改善社会组织与公众的关系。肢体语言在公共关系的人际传播中所起到的作用主要是对语言媒介的替代作用、辅佐作用。②服饰。人类最早的服饰只有两种功能,一是遮盖,二是保暖。在漫长的历史发展过程中,服饰具备了传递信息的功能,它的质料、款式、颜色都能传达出国民气质、时代风俗、文化特色、组织理念以及个人的文化素质、社会地位。因此,公关人员在一般社交场合下,应注意服饰与大众的协调,以增强亲切感、认同感。

项目小结

本项目的主要目的是引导学生正确认识公共关系传播的功能及其一般过程、主要模式、主要类型。在对传播定义进行梳理基础上,明确形成公共关系传播的定义及其功能、特征与一般过程,特别需要注意公共关系传播与一般意义上的传播(沟通)的差异。公共关系的传播模式分为单向传播、双向传播、互动传播、两级传播和把关人等模式,要科学理解不同模式的形成背景及其优劣。公共关系传播主要包括大众传播、组织传播、群体传播、人际传播等不同类型,在不同类型中使用不同的传播媒介。在学习中，学生不仅要能够辨识不同传播类型，还要能根据传播目的、内容等要求选择合适的传播媒介。

课程思政综合案例

中美史克康泰克PPA事件——公司应当履行社会责任

1. 案例思维引导

公共关系传播是发挥公共关系职能的重要手段。所以，公共关系传播首先需要遵守公共关系的基本原则，如求真务实、平等互惠等。此外，公共关系传播是一个信息传递的过程，在这个过程中需要结合传播者、传播对象（受众）、传播内容等选择合适的传播渠道、媒介与时机。在分析这个案例过程中，可以着重从公共关系传播的原则、过程、要素及传播模式、类型、策略等角度进行评述。

2. 案例内容描述

中美史克康泰克PPA事件

苯丙醇胺（phenylpropanolamine，PPA）属于拟交感神经胺类药物，具有收缩鼻黏膜血管的作用，且对中枢神经、血压、支气管平滑肌的影响比麻黄素小得多。它的盐酸和部分制剂品种已经正式收入美国药典和英国药典，被广泛用作治疗感冒、鼻炎、过敏症状药物制剂的主要成分。此外，因为它有抑制食欲的功效，也被广泛地用作减肥药的成分。

2000年10月，美国耶鲁大学“出血性中风课题”调查发现，4%的脑出血患者在中风前曾服用含PPA的药品；过量服用PPA会使患者血压升高、肾功能衰竭、心律失常，严重的可能导致因中风、心脏病而丧生。因此负责该项研究的霍尔维兹向美国食品药品监督管理局（FDA）提出了禁止使用PPA的建议。在霍尔维兹提出建议的第二天，美国各大制药公司迅速采取行动并发表声明，宣称已经开始采取措施，寻找PPA的代用品；“迪米塔普”“康特里克斯”等著名制药公司于2000年10月20日开始推销不含PPA的治疗感冒、咳嗽类药品。

出于谨慎的考虑，2000年11月16日，中国国家药品监督管理局发布《关于暂停使用和销售含苯丙醇胺的药品制剂的通知》，宣布暂停销售含有苯丙醇胺（PPA）的15种药品，同时暂停国内含有PPA的新药、仿制药、进口药审批工作。而中美史克公司的两个主打产品康泰克（复方盐酸苯丙醇胺缓释胶囊）和康得（复方氨酚美沙芬片）正含有这种成分，名字赫然在列。当时，一并暂停销售的总共有15种药品，而康泰克由于名声太响，当上了背黑锅的老大，被人口诛笔伐，几乎成了PPA的代名词。康泰克一下子被推到了浪尖，几乎所有人把目光一起投向了康泰克的生产制造商中美史克公司。

对中美史克公司的关注度如此之高不是没有原因，康泰克曾被认为是在中国销量最大的两种西药制品之一。在事前的11年间，康泰克销量达到了51亿粒，占据感冒药非处方药（OTC）市场的40%。业内人士对这样的一个比例和销量都习惯于用“不可思议、不可撼动”来表达。

11月16日，接到天津市卫生局暂停通知后，该公司立即成立危机管理小组，由十余名工作人员负责协调、跟进。领导小组通过对国家政策、中国消费市场及消费心理等竞争情报分析，明确立场基调，统一口径，协调各小组活动；沟通小组负责信息发布和外部信息沟通，是所有信息的发布者；市场小组负责加快新产品开发；生产小组组织调整生产并处理正在生产线上的中间产品。

11月16日上午，危机管理小组快速制订并发布了危机公关纲领：向政府部门表态，坚决执行政府暂停令；通知经销商、客户立即停止康泰克、康得的销售，取消相关合同；停止广告宣传和市场推广活动。

11月17日中午，召开全体员工大会，总经理向员工通报事情来龙去脉，表示了不会裁员的决心，并开诚布公告诉员工公司出了什么问题、打算怎么解决、希望员工扮演什么角色等，并用全体员工合唱《团结就是力量》结束员工大会。

11月17日，公司将全国各地50多位销售经理召回天津总部，危机管理小组深入其中做思想工作，统一思想，确保危机处理措施有效执行。第二天，销售经理们带着中美史克《给医院的信》《给客户的信》回归各销售区域，按部就班落实应急行动纲领。

公司专门培训了数十名专职接线员，负责接听来自客户、消费者的问询电话，做出准确专业回答以打消其疑虑。11月21日，危机公关发生的第6天，15条消费者热线全面开通。

针对群众对PPA等的一些误解，公司总经理及医药部经理通过各种途径介绍康泰克的药理药效、康泰克PPA的含量、PPA与出血性脑中风的关联等，暗示康泰克的危险性有待更进一步的证实。

面对危机初期一些媒体的不公正宣传，中美史克没有做过多追究，而是通过召开新闻恳谈会等形式，尽力通过正面宣传维护企业形象。如11月21日的媒体恳谈会上，总经理通过媒介告诉公众，PPA暂停后如何，还要等待国家结论。同时，还特别指出：PPA不等于康泰克，而只是康泰克成分之一；康泰克也不等于中美史克，只是公司主打产品之一，此外还有芬必得、肠虫清等。

为了说服公司大股东恢复对公司的信心，公司高层把股东请到生产地点，让他们看到员工的高昂士气；从美国、英国研究总部调来专家论证新的抗感新药可行性；提出一套完整解决方案，让总部知道公司如何处理这些棘手问题，需要总部提供什么资源支持等，得到总部认可，同意继续追加投资。

危机过后，中美史克推出新康泰克，立刻获得了消费者的认同和响应。

3.案例德育价值

坚持公众利益至上。公司充分考虑了政府、员工、股东、消费者、媒介等众多群体的利益，通过针对性举措，重新赢得公众认可。

坚持科学传播策略。针对不同的公众，深入分析其需求，了解其需求、痛点，采取了不同的针对性措施，取得了理想结果。

项目实践训练

传播类型与媒介的辨识与选择

训练目的

1.理解不同传播类型的特点。

2.学会根据不同传播媒介的优劣势选择合适媒介。

3.训练在传播中如何坚持公共关系的基本原则。

训练内容

核心目的:为某中医药院校××周年校庆设计公共关系传播方案。

主要要求:

(1)从我国现有的中医药院校中进行选择,每个小组选择一个中医药院校为研究对象,系统搜集该院校及相关省份、我国乃至世界中医药发展相关资料。

(2)明确该传播方案的基本目标、定位与基本策略。

(3)阐释该传播方案的具体表现,特别是传播文案的整体设计、时间安排、传播方式的选择、传播媒介的使用等。

(4)分析该传播方案的创意及能取得成功的理由。

(5)限制条件:由于院校经费限制,该传播方案总经费控制在80万元人民币以内。

训练步骤

1.教师安排训练任务,提出目标与要求;每个班级分成若干小组,从传播策略及传播类型、媒介等角度理解与分析。

2.学生根据事件提示,收集资料与文献等进行学习。

3.小组进行讨论,交流学习成果。

4.以小组为单位,形成学习小结报告。

训练作业

1.以小组为单位提交学习小结报告。

2.小组以PPT形式汇报学习成果。

考核评价

评价标准	分数
每个小组提交的学习小结报告质量	60分
PPT汇报质量	40分

项目六 公共关系工作程序

学习目标

★知识与能力

1. 了解公共关系的一般工作过程。
2. 理解公共关系策划的程序、技巧和公共关系评估。
3. 掌握公共关系调查的内容和方法及公共关系策划书的撰写方法。

★情感与价值

1. 在公共关系调查中遵循基本礼仪，尊重被调查对象。
2. 理解公共关系策划需要有职业操守，坚守职业道德。
3. 善于同各类公众进行有效沟通。

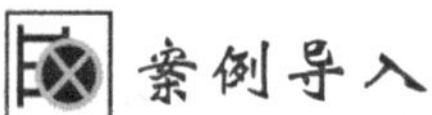

鲁南制药公司公关案例

2019年11月29日，第十五届中国最佳公共关系案例大赛颁奖典礼在北京举行。鲁南制药凭借创意短片《不负此生》荣获企业文化与内部传播奖。此次，创意短片《不负此生》斩获企业文化与内部传播奖，是中国公共关系协会与各位评委对鲁南制药的肯定与认可，是鲁南制药企业文化建设的有力见证。短片《不负此生》，根据三个真实故事改编，讲述了三个主人公为了梦想、为了不负此生而做出的勇敢抉择。短片抓住当下人们对人生迷茫的痛点，以简单而深刻的故事，引发人们对自己一生应如何度过的反思与共鸣。《不负此生》一经发布，就引起了广大网友的共鸣。五天话题实现2000多万人次传播影响力；全网实现3100多万次的播放量；人民日报、共青团中央官媒微博直发，引爆各地方政府、共青团账号好评推荐；荣获2019金鼠标“数字营销最具创新精神品牌”、“内容营销”实战金案和“整合营销”实战金案、梅花创新奖等奖项。

经过此次策划和传播，《不负此生》不仅强化了员工对鲁南制药的认同感，还使鲁南制药的企业价值得到更为广泛的传播，健康世界的企业理念被大众认可，树立了良好的企业形象。

公共关系工作的基本内容是公共关系主体在遵照和外化自身运营文化和理念的基础上，遵循公共关系学的科学理念和基本规律，通过采取科学确切的措施和手段妥善应对解决各类公共关系问题，有效开展公共关系工作，推动社会组织与公众之间实现扩大共识、耦合互动、互利共赢的实践过程。1952 年，卡特利普和森特提出了公共关系的“四步工作法”，即：公共关系调查、公共关系策划、公共关系实施和公共关系评估，从而确立了公共关系工作程序的基本范式。这四个环节既相互独立又相互衔接，构成了一个完整的公共关系工作周期。

任务一 公共关系调查

公共关系调查是指具体的社会组织根据公共关系管理的需要收集信息和处理信息，依据对信息的研究发现问题，确立公共关系目标并提出实现目标的措施这样一个完整的工作程序。公共关系调查也是一种社会实践活动，是公共关系业务的一项专门技术，是公共关系工作程序的第一步，也是开展其他公共关系活动的必要前提。美国公共关系专家西蒙曾经说过：“如果把公共关系活动视为一个‘车轮’，调查研究便是这个车轮的‘轴’。”

一、公共关系调查的原则

（一）客观性原则

客观性原则是公共关系调查的首要原则。首先，要坚持调查内容的客观性，必须始终坚持从客观事实出发，尤其应注意甄别公众的客观态度和主观臆想。其次，要坚持调查人员的客观性。公共关系调查人员在调查过程中，切忌主观性，既不可随意主观推断客观事实，又不可以主观猜测替代客观事实，要始终坚持从客观事实出发，不回避、不掩盖事实。最后，要坚持调查过程的客观性。公共关系调查过程中对象的选取、数据的采集、信息的处理等各个环节必须始终按照科学的方法和程序来进行，只有这样，才能确保最终调查结果的信度和效度。

（二）全面性原则

全面性原则主要具有两层含义：其一是公共关系调查的对象必须具有公众的代表性；其二是指调查的资料必须全面，既要包含正面的、有利的因素，又要包含负面的、不利的因素。公共关系调查的全面性原则要求，公共关系调查中既要反映调查对象的正反两方面意见，又要涵盖各方公众的意见。公共关系调查切忌一叶障目、顾此失彼、以偏概全。

（三）时效性原则

公共关系调查的时效性原则包含了两层含义：首先，公共关系调查只能了解调查对象在某一确定时段内的有关信息，一定时期内公共关系调查的结果会随着时间的变化而不断发生变化。公共关系调查人员既要准确把握有关信息发展变化的趋势和规律、及时形成有效的调查

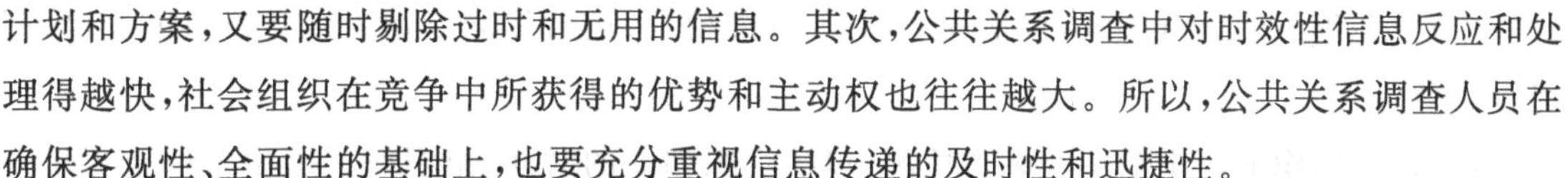

计划和方案，又要随时剔除过时和无用的信息。其次，公共关系调查中对时效性信息反应和处理得越快，社会组织在竞争中所获得的优势和主动权也往往越大。所以，公共关系调查人员在确保客观性、全面性的基础上，也要充分重视信息传递的及时性和迅捷性。

（四）计划性原则

公共关系调查必须坚持计划性原则。首先，公共关系调查作为社会组织公共关系工作中的重要组成部分，必须列入组织的整体发展规划中，实现制度化、规范化。制度化、规范化可以增强公共关系调查的反应性和系统性，使组织不仅能够适时得到有价值的信息，而且能不断地总结调查的经验，提高公共关系调查工作的质量。其次，对一项具体公共关系调查而言，确立了完整、严密、务实的调查计划，合理规划好公共关系调查中所需的人力物力，对可能遇见的各类问题及其对策都提前做好预案，能够从根本上避免公共关系调查失败的风险，能够切实保证公共关系调查的顺利推进，降低公共关系调查的成本，提高公共关系调查的效率，并且能够更好地衔接公共关系调查同公共关系其他工作环节之间的关系。

（五）伦理性原则

公共关系调查人员在实际工作中应始终坚守伦理底线并努力同公众扩大伦理共识。公共关系调查人员应尊重调查对象的人格尊严和人身权利，在真实、公开、坦诚的友好氛围中获取公众的信任和支持。公共关系调查人员既要确保调查的科学性，又要使其调查行为符合伦理道德规范。在公共关系调查过程中，不能使调查对象受到任何伤害，不能对调查对象采取任何形式的欺诈或胁迫，不能使调查对象处于某种心理压力之下，在任何情况下都不得以牺牲伦理原则作为代价来获取某种有价值的资料。在进行信息处理时，也不能片面地引用调查事实，否则也被认为是违反伦理原则的行为。

二、公共关系调查的内容

公共关系调查主要包括对社会组织的基本情况、社会组织的形象、公众的状况和组织社会环境状况等方面的调查。

（一）调查社会组织的基本情况

社会组织作为公共关系工作的主体，自身的基本状况从根本上影响和制约着一切公共关系工作的开展，因此，社会组织的基本情况是公共关系人员必须首先熟悉和掌握的。社会组织的基本情况可以分为社会组织的基础性要素和社会组织的发展性要素。

1. 社会组织的基础性要素

社会组织的基础性要素是指组织内部的各种因素，主要是指有关社会组织基本构成的关键性要素以及具有相对稳定性的因素，主要包括以下几个方面：

（1）社会组织的总体情况，包括组织的性质、任务、类型、规模，组织的管理体制、机构设置、主管部门等；

(2)社会组织的运营模式,包括发展目标、发展模式、运营战略以及为社会提供的产品、服务及特色等;

(3)社会组织的历史沿革及荣誉情况,包括组织创立的时间、组织发展历史上的重大事件及其影响、组织对社会的贡献、组织获得的各种奖励与特殊荣誉等情况;

(4)社会组织的文化和理念,包括组织的理念、精神、道德规范、文化传统以及特有文化标识的含义等。

2.社会组织的发展性要素

社会组织的发展性要素主要是指社会组织运营发展中能够创造经济效益和社会效益的物质基础和技术力量,主要包括以下几个方面:

(1)社会组织的既有物质基础,如用于生产经营的区域条件、生产经营设备、信息化支持技术及各种附属设施等;

(2)社会组织的技术能力,如所拥有技术人员的数量和知识结构、科研支撑能力、关键技术的领先程度等;

(3)社会组织的财务情况,如社会组织的固定资产和资产总额、现金流、平均利润率等;

(4)社会组织成员的待遇情况,如工资、奖金、福利的水平及住房面积、健康维护情况等。

(二)调查社会组织的形象

社会组织的形象是社会组织在公众心目中的总体印象。社会组织的形象调查主要是通过各种方法获知社会组织在公众当中的知名度和美誉度。

1.知名度

知名度是衡量社会组织及其产品在社会公众当中影响力的大小,表明公众对社会组织的知晓乃至熟悉的程度。知晓度调查侧重调查一个社会组织为社会公众所知晓的情况,主要内容包括知晓公众的总体数量、基本特点、区域分布情况及局部区域内知晓公众的比重等。熟悉度调查侧重反映社会公众对社会组织的认识达到熟悉程度,主要内容包括熟悉公众在公众中所占的比重、区域分布、类型划分以及对其他公众的影响力等。

2.美誉度

美誉度是衡量社会组织的公众当中,在充分认知、熟悉的基础上进一步产生情感趋同,对社会组织及其产品欢迎、喜爱、信赖、赞赏的人数比例的指标。美誉度是衡量社会组织与公众关系的一个关键性指标。获得美誉度的程度,实际上决定着社会组织与公众关系的性质和水平。

良好的组织形象应该是既有知名度又有美誉度。有知名度不一定有美誉度,有美誉度也不一定有知名度。组织知名度高,其美誉度不一定高。组织知名度低,其美誉度不一定低。有知名度而无美誉度是一个不好的公关状态,有美誉度无知名度也将失去很好的市场机会。

（三）调查公众的状况

调查公众的状况主要包括调查公众构成情况、公众需求情况和公众评价情况三个方面。

1. 公众构成情况

公众构成情况主要包括内部公众构成情况和外部公众构成情况。内部公众构成情况包括内部公众的数量结构、职称职务构成、态度劳动构成、思想素质构成等。外部公众构成情况包括外部公众的数量构成、空间构成、特征构成、需求构成、观念构成、与组织的结构状态构成、对组织的重要性构成、对组织的依赖性构成等。

2. 公众需求情况

社会组织服务公众的本质即是有效恰当地满足公众的需要。公众需求情况调查主要可以从公众的物质需求和精神需求两个方面来进行。第一，公众的物质需求情况。如公众对改善物质生活环境的需求，公众对获得优质物质产品的需求，公众对获得各种有形服务的需求。第二，公众的精神需求情况。如公众对组织接纳的需求，公众对合法权益的需求，公众对获得满意服务的需求，公众对获得重要信息的需求，公众对获得组织重视的需求等。

3. 公众评价情况

任何公共关系工作的开展，必须基于对组织实际社会形象的清楚认识。社会组织开展公共关系调查，必须着重收集公众对组织的评价性信息。公众对组织的评价主要包括对组织产品的评价、对组织服务质量的评价、对组织管理水平的评价、对组织人员素质的评价和对组织外向活动的评价。第一，对组织产品的评价。如对产品质量、产品外形、产品价值的评价等。第二，对组织服务质量的评价。如公众对组织服务项目、服务方式、服务措施、服务水平的评价等。第三，对组织管理水平的评价。如公众对组织管理机构办事效率的评价，对组织经营创新和管理革新的评价，对组织管理效益的评价等。第四，对组织人员素质的评价。如公众对组织领导人、中层管理人员、专业技术人员、一般员工、公共关系人员及特殊人物的评价等。第五，对组织外向活动的评价。如公众对组织公关宣传活动、对外形象展示、慈善项目的评价等。

（四）调查组织社会环境状况

组织社会环境状况是指对组织生产经营活动产生影响的各种自然条件、社会条件及其相关因素的总称。调查组织社会环境状况是指搜集一切与组织有关的社会环境资料，从而找出影响组织发展的主要因素，预测其变化规律，为组织的发展决策提供依据。其内容主要如下。

1. 政治法律环境

政治法律环境是指一个国家或地区的政治制度、政治形象、方针政策、法律法令等。凡同组织活动特别是同公共关系有关的政策法规都应纳入调研的内容，例如合同法、环境保护法、劳动法、广告法、商标法及有关内容都可列为专题进行追踪研究。

2. 经济环境

经济环境是指一个国家或地区的经济制度、经济结构、物质资源、经济发展水平、消费结构和消费水平，以及未来的发展趋势等状况。经济环境的变化，影响和制约着组织公共关系的开展。只有把握国际国内经济形势，才能做出正确的经营决策，从而保证组织在错综复杂的经济环境中求得生存和发展。

3. 市场环境

市场环境情况主要包括市场需求情况、消费者情况以及市场竞争情况。只有把握好了市场环境情况，才能使组织的一些经营决策等适应市场需求的发展。

4. 人文环境

人文环境是指一个国家或地区的人口结构、家庭状况、文化教育水平、生活习俗、社会规范和文化观念等。社会上的重大事件、重大问题、社会思潮，都可能对员工产生影响，对组织的前途命运发生作用，这些问题应在决策方案中加以考虑。

拓展与思考

中国出台反外国制裁法

2020 年 11 月，习近平总书记在中央全面依法治国工作会议上发表重要讲话，强调指出："要强化法治思维，运用法治方式，有效应对挑战、防范风险，综合利用立法、执法、司法等手段开展斗争，坚决维护国家主权、尊严和核心利益。"2021 年全国"两会"前后，一些全国人大代表、全国政协委员和社会各界人士提出意见建议，认为国家有必要制定一部专门的反外国制裁法，为我国依法反制外国歧视性措施提供有力的法治支撑和法治保障。2021 年 3 月，十三届全国人大四次会议审议并批准了《全国人民代表大会常务委员会工作报告》，报告在"今后一年的主要任务"中明确提出，围绕反制裁、反干涉、反制长臂管辖等，充实应对挑战、防范风险的法律"工具箱"。2021 年 6 月 10 日，十三届全国人大常委会第二十九次会议通过《中华人民共和国反外国制裁法》。全国人大常委会适应加快推进涉外立法的要求，在较短的时间里，起草、审议并通过了反外国制裁法，这是反击某些西方国家霸权主义和强权政治的迫切需要，是维护国家主权、安全、发展利益的迫切需要，是统筹推进国内法治和涉外法治的迫切需要，具有重要现实意义和长远意义。法律的出台和实施，将有利于依法反制一些外国国家和组织对我国的遏制打压，有力打击境外反华势力和敌对势力的嚣张行径，有效提升我国应对外部风险挑战的法治能力，加快形成系统完备的涉外法律法规体系。

思考：根据上述案例，你会如何开展以"中国出台反外国制裁法"为专题的追踪调查研究？

三、公共关系调查的方法

公共关系调查的方法，是指为了达到公共关系调查目的而采取的调查方式、途径、手段、措施以及基本技巧等。公共关系调查的方法主要有观察法、询访调查法、问卷调查法、量表测量法、文献信息法等几种类型。

(一)观察法

观察法是由调查人员深入调查现场,以公开的身份或隐蔽的身份观察调查对象的态度、行为等情况,并形成记录资料的一种收集信息的方法。观察法是最为常用的一种调查方法,它要求观察者应具备较高的素质,有敏锐的观察力,能够洞察事物的本质,迅速捕捉到常人注意不到的问题并做出正确判断。观察法还可以运用一些现代化的技术手段,如拍摄、录音、照相等,把观察对象的声音和行动等情况保存下来,特别是照相技术和录像技术,使调查对象的表情、神态、动作与相关背景等可以真实地保存下来,便于调查者深入细致的研究。观察法也有局限性,主要表现为对观察目标所处的环境无法控制,各种干扰因素可能会影响到观察的效果,而且观察者的主观因素也会不可避免地影响观察结果。

(二)询访调查法

询访调查法是公共关系调查中常用的信息资料收集方法之一。它是指公共关系调查者根据一定的调查目的和调查任务的要求,通过向调查对象提问,与调查对象交谈而收集所需的公共关系信息资料的调查方法。询访调查法按其所采用的信息媒介与手段区分,可分为面谈询访、书面询访、电话询访、电子邮件询访等。各种询访方法各有长短,各具利弊,有一定的适用范围。如面谈询访方法主要适用于较为复杂的信息收集,可对各种相关因素做细致的了解,但这种方法花费时间多,对询访者的语言表达能力和综合分析能力要求高,还需要询访者具有一定的临场经验和丰富的相关知识。因此,究竟采用哪种方法,应根据具体情况确定。一般来说,收集简单的、时间性强的信息资料,以电话询访为好;收集涉及面广、深度要求高的信息,则以面谈询访为佳;涉及不便当面谈的内容信息,则以书面询访为宜。

(三)问卷调查法

问卷调查法是民意调查法中一种最常用的方法。它是以书面形式或网络形式向被调查者提问,让他们填写问卷,然后对回答结果进行分析的方法。问卷调查法是目前国内外社会调查中普遍运用的一种方法。问卷依其问题的构成特点可分为封闭式问卷和开放式问卷两种。封闭式问卷的提问在提出问题的同时,还给出若干个备选方案,要求被调查者选择其中一个或几个作为回答;开放式问卷的提问只提出问题,不提供具体答案,而由调查者自由填答。

问卷调查法是现代公共关系调查的一种科学规范的调查方法。其优点为:可以节省时间、经费和人力;具有较好的匿名性,有利于收集真实的信息;所获得的信息资料便于定量处理和分析;可以较好地避免调查者的主观偏差,减少人为误差。其缺点为:回收率一般较低;不适于对文化水平低的人做调查;由于被调查者填写问卷时调查者一般不在场,因而所获得的信息资料的质量往往难以保证。

(四)量表测量法

量表测量法是指公共关系调查者根据一定的调查目的和调查任务的要求,借由测量量表对调查对象的主观态度和潜在特征进行测量,以收集公共关系信息资料的调查方法。量表是适用于较精确地调查人们主观态度和潜在特征的调查工具。它由一组精心设计的问题构成，用以间接测量人们对某一事物的态度、观念和某一方面的潜在特征。

（五）文献信息法

文献信息法是利用文献资料来收集、考察、分析和研究公共关系现象及状态的调查方法。它不是通过实际调查获取第一手资料的方法，所以又称间接调查法。它是利用社会组织内部和外部现有的各种文字信息、情报资料、媒体的宣传报道和历史资料，对公共关系现象和状态进行分析研究的一种调查方法，在公共关系调查中经常使用。

四、公共关系调查的程序

公共关系调查的一般程序可以分为调查准备、资料收集、整理分析、报告写作、总结评价五个阶段。

（一）调查准备阶段

调查准备阶段是公共关系调查的基础阶段和首要环节。公共关系调查能否达到满足公共关系工作所需公共关系信息的要求，在很大程度上取决于调查准备阶段的工作内容与工作质量。调查准备阶段的工作内容主要包括三项。

1. 确立调查任务

公共关系调查者要通过对社会组织面临的现实的公共关系问题探讨，根据社会组织公共关系工作对公共关系信息的实际需要，确立具体、实在的公共关系调查任务，使公共关系调查真正做到有的放矢。

2. 开展调查设计

要有效地完成公共关系调查的任务，首先必须进行周密的公共关系调查设计，而不是急于到社会环境中去收集资料。公共关系调查设计的任务较多，主要包括调查课题设计、调查指标设计、调查样本设计、调查问卷设计、调查过程设计、调查方案设计等。

3. 准备调查条件

调查条件主要涉及三个方面：一是人员条件。公共关系调查的人员条件不仅包括数量要求，而且包括知识、能力、素质等方面的质量要求，社会组织要根据公共关系调查的需要，有针对性地开展调查人员的培训工作。二是经费条件。公共关系调查要努力确保经费充足和及时到位。三是物质技术条件。公共关系调查往往需要一些物质技术手段的支持，如计算机、录音机、摄像机、无人机等。

（二）资料收集阶段

资料收集阶段也称为具体调查阶段，是整个公共关系调查过程中最为重要的阶段。公共关系调查中所要收集的资料可以分为两种，一是原始资料，二是现成资料。原始资料也称为第一手资料，即调查者深入现场实地调查所收集的资料，它是公共关系资料收集的重点。现成资料也称第二手资料，即经过他人收集、记录或已经整理的资料。无论是原始资料还是现成资料，都应以资料的真实、准确、全面、丰富为原则。

（三）整理分析阶段

整理分析阶段也称研究阶段，是运用科学的方法，对收集得来的公众调查资料进行提纯、整序，并加以分析、研究的信息处理过程。整理分析阶段主要有以下两个方面的任务：①整理调查资料。公共关系调查资料整理的工作内容主要包括：第一，按照真实性、准确性、完整性、标准性的要求对调查资料进行审核；第二，按照科学性、实用性、渐进性、相斥性的原则对调查资料进行分类；第三，按照条理化、系统化、精练化、规范化的要求对调查资料进行加工。②分析调查资料。公共关系调查资料的分析是指调查者运用一定的科学分析法，对公共关系调查资料的内容进行深度加工的过程。调查者要根据调查目的对信息资料进行分类，形成总卷档案，便于下一步分析研究和对资料的开发利用。这一过程所运用的分析方法很多，一般可以概括为定性分析方法和定量分析方法两类。

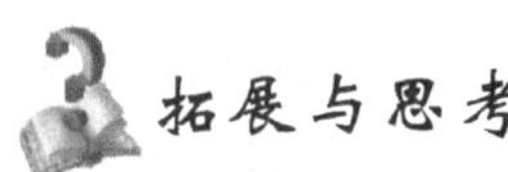

拓展与思考

定性分析法和定量分析法

定性分析就是对研究对象进行“质”的方面的分析。具体地说是运用归纳和演绎、分析与综合以及抽象与概括等方法，对获得的各种材料进行思维加工，从而能去粗取精、去伪存真、由此及彼、由表及里，达到认识事物本质、揭示内在规律的目的。

定量分析是对社会现象的数量特征、数量关系与数量变化的分析。其功能在于揭示和描述社会现象的相互作用和发展趋势。

定性分析与定量分析是相互补充的，定性分析是定量分析的基本前提，定量分析使之定性更加科学、准确，它可以促使定性分析得出广泛而深入的结论。在进行调查的时候，必须将两者有机结合起来，这样才能对所调查的问题进行一个比较系统的分析，才能得出一个比较正确的结论。

思考：定性分析和定量分析在公共关系调查中发挥了怎样的作用？

（四）报告写作阶段

在完成了调查资料的整理分析后，要写调查报告。调查报告是指用以反映调查所获得的主要信息成果或初步认识成果的一种书面报告，有基本文本格式、写作内容方面的要求。调查报告一般分为标题、导言、正文、结尾、署名、附录等几个部分，在具体的写作过程中可针对具体情况，灵活安排写作结构。通过调查报告，调查者可以将调查过程中获得的信息成果和认识成果集中体现出来，以方便社会组织的领导者或公共关系部门的负责人参考利用，有利于将公共关系调查成果尽快地应用于公共关系科学运作过程中，求得公共关系科学运作的良好收效。

(五)总结评价阶段

总结评价阶段是公共关系调查的最后阶段,主要包括两项工作。

1. 评估调查成果

评估调查成果主要是指评估调查成果的价值。评估调查成果的价值一般通过两个指标来进行:一是调查成果的学术价值。主要应对公共关系调查所提供的事实资料和数据资料的完整性、真实性、可靠性等做出客观的评价,以及对所提出的理论观点和研究结论的科学性、合理性、创新性等做出客观的评价。二是调查成果的应用价值。一般要根据公共关系调查成果被采用情况、公共关系调查成果对公共关系科学运作的实际指导作用和所取得的实际效益来做出具体的评价、成果应用者评估、同行专家评估、组织领导评估。

2. 总结调查工作

总结调查工作实际上是对整个公共关系调查活动的工作过程和有关情况进行回顾检讨。其内容主要包括:第一,公共关系调查工作的完成情况。如是否按时完成了调查任务,是否真正达到了调查目的,是否需要补充调查或重新调查等。第二,公共关系调查所取得的经验教训。如本次公共关系调查的成功之处和不足之处有哪些,公共关系调查各阶段取得的工作成绩和具体收获有哪些,公共关系调查的条件、方法、手段是否合理等。

任务二　公共关系策划

公共关系策划,是指公关人员根据组织形象的现状和目标要求,分析现有宏观和微观的条件,谋划、设计出相应的公关战略、专题活动和具体公关活动的最佳行动方案的过程。公共关系策划具有战略性、策略性和创造性,是一门科学,也是一门艺术。

一、公共关系策划的意义

美国策划大师柯维认为:如果把公关活动比作演戏,策划就是创作剧本,一个出色的剧本很容易在演出时获得成功,吸引公众;相反,一个平庸的剧本,无论导演和演员如何尽力,也很难化腐朽为神奇。公共关系策划具有很强的现实意义。

(一)有利于加强组织公关工作的整体性

公共关系策划是指导公关活动的纲领性文件,能使公关活动有明确的目标和具体的实施办法,使公关目标与组织的性质、目标、任务密切配合起来,从而使组织的政策和各部门的活动统一到树立良好组织形象、提高组织整体效益和社会效益上来,使公关工作最终取得最佳的整体效果。

(二)有利于提高组织公关工作的可控性

通过公共关系策划,组织可形成一种长期与短期结合、创新与维持组织形象相结合的公关目标体系，并以此为基础，妥善安排日常工作、定期活动和专门活动的内容和项目，编制恰当的预算和工作程序计划表。组织还可以此作为控制公关工作、检查评价公关效果的依据，从而使公关工作在目标和计划的控制下稳步开展，取得预期的效果。

（三）有利于提升组织公共关系竞争能力

公共关系策划在组织中居于非常重要的地位，是关系到社会组织公共关系全局性的工作。现代企业的竞争已经从产品竞争阶段转入企业竞争阶段。这就需要企业从组织的长远目标出发，策划出具有创意和审美情趣的活动方案，吸引公众的注意，赢得公众的信任和支持，以最少的投入，获得最大的效果。

二、公共关系策划的原则

公共关系策划是社会组织公共关系工作的中心环节，公共关系工作是否有效，在很大程度上取决于策划的成败，因此，公共关系人员在进行公共关系策划时，不可随心所欲，应遵循公共关系策划的基本原则。

（一）公众利益优先原则

任何组织的生存与发展，都离不开公众的支持，如果公共关系策划只追求经济效益，只顾自身利益而不顾公众利益、社会效益，就失去了组织与公众沟通并获得社会认可和支持的基础，最终将会为社会所不容。所以成功的策划应是以组织利益和社会利益的统一为宗旨，尤其应该把公众利益放到优先地位，只有如此，才能得到公众的信任，才能赢得公众，也才能最终实现组织的目标，获得组织利益。

（二）尊重客观事实原则

公共关系策划必须坚持以客观事实为依据，做到客观、真实、全面、公正。所谓客观，就是反映事物的本来面貌，不以推断和想象代替事实，更不能有意识地“造假”；所谓真实，就是直面事实，既不夸大，也不缩小；所谓全面，就是充分掌握事物的全貌，反映、传播需要公开的事实的全部材料，决不以点带面，以偏概全，更不能有意地掩盖事实真相；所谓公正，就是以公正的态度对待事实，站在公众能够接受的立场上处理问题，不护短，不推诿，不文过饰非。尊重客观事实原则，要求组织必须经过周密细致的公关调查，制定切实可行的公关目标，排除来自各种虚假因素的干扰，坚持公共关系策划的真实性，在充分掌握客观事实的基础上，策划出公众可接受的方案。

（三）创造性与务实性相统一原则

一次成功的公共关系策划必须是一次创造性劳动，是对公共关系理论创造性地加以应用，以公共关系策划的新颖、独特的内容吸引公众。公共关系策划要根据组织环境和社会公众各个方面的发展变化状况，以及组织内部的条件，提出富有独创性的公关方案，这样才能使公关活动标新立异，收到更好的效果。但在实践中，有些具有新意的策划方案，因受多种因素的制约,并不一定都能实施。在进行公共关系策划时,组织的需要和实现的可能二者必须统一,对公共关系策划者来说,既要考虑社会组织所要达到的公共关系目的,也要考虑外部环境和内部条件,使得公共关系策划方案的目标是可实现的,程序是可行的,范围是力所能及的,手段和方法是可利用的,为公共关系活动的有效开展奠定基础。

(四)计划性与灵活性相统一原则

经过策划所形成的行动方案,涉及组织各方面工作的协调,涉及人、财、物的配备,具有较强的计划性。所以行动方案一旦确定,应尽量保持其稳定性,保证整个行动方案的贯彻实施。但是,公共关系策划所制订的计划方案不是僵死的和一成不变的,应具有一定的弹性和灵活性。组织的主观条件和外部环境随时都在发生变化,因此公共关系策划所制订和实施的方案,应具有充分的回旋余地和灵活的补救措施,尤其是当环境的变化对目标的影响很明显时,应及时适当地调整公共关系策划的活动,或者适度地调整公共关系目标。只有把计划性和灵活性有机地统一起来,才能保证公共关系工作达到更好的效果。

(五)与社会组织整体目标相一致原则

公共关系策划是在组织总体发展目标约束下进行的。在进行公共关系策划时,必须把这种策划所达到的目标看作是组织整体目标的一个部分或一个方面,与组织的整体目标统一起来。无论是专业性的公共关系公司,还是组织内部的公共关系部,在公共关系策划时,都要认真研究现阶段、现时期组织的目标是什么。策划必须根据组织的特定目标来设定策划方案的目标,否则,与组织的发展目标相悖,再好的行动方案,也只能是一种不切实际的空想。

三、公共关系策划的程序

公共关系策划的具体步骤是根据社会组织内在的和外在的客观状况以及公共关系策划的具体内容而定的。一般说来,它大致可以分为九个步骤。

(一)分析整理资料

分析整理资料是公共关系人员对调查得来的资料进行分析和整理,从中去粗取精,冷静思考,客观地评价当前局势,准确预测未来定势。通过对资料的分析,要明确五方面的问题。

1. 分析环境

环境包括社会组织面对的外部与内部环境、宏观与微观环境。公共关系人员要分析出当前环境对公共关系活动的利弊。

2. 判断危机

在公共关系策划中,公共关系人员一定要具备危机意识。只有充分认识到可能面临的各种问题,才能临危不乱。

3. 预见变化

变化会贯穿于整个公共关系活动的始终，公共关系人员要具备预见变化的能力，寻找变化，加以调整。

4. 鉴定偏差

公共关系人员在整理分析资料中应找出公共关系目标与现实情况之间的矛盾。

5. 借鉴经验

公共关系人员应认真学习，善于借鉴他人的宝贵经验，为组织公共关系活动的开展奠定基础。

（二）确定目标

确定公共关系目标是公共关系策划的一个重要环节，必须建立在公共关系调查的基础上，必须立足于公共关系调查中的问题，以公共关系调查中发现的问题作为策划公共关系目标的出发点，才能解决问题，使目标符合实际。确定公共关系目标思路可以简单地概括为这样一个过程：①通过上一阶段的公共关系调研分析，找出组织公共关系存在的问题；②根据问题的轻重缓急，排出解决问题的先后次序，并提出和界定首要问题；③对这一问题产生的原因进行探索，找出问题的症结所在；④根据组织的需要和现有条件，最后确定组织公共关系策划的目标。

在确定组织公共关系活动的目标时，不能好高骛远，要切实可行；不能模棱两可，要具体明确；不能空中楼阁，要行之有效；不能死板教条，要适应变化。

（三）界定公众

界定公众有利于明确公共关系活动目的，设计公共关系活动主题，组织公共关系活动队伍，选择传播媒介。公共关系活动的目标公众，是需要根据公共关系活动的内容、目的及公众状况来确定的。公共关系人员针对发现并要解决的问题，根据收集的信息反映出的特定公众情况，通过信息分析，对公众加以界定，确定目标公众，以便为正式策划做好准备，才能确保组织的公共关系活动的成效。

（四）设计主题

公共关系活动主题是联结所有公共关系活动项目的核心，是统领整个活动、连接各项目和各步骤的纽带。公共关系策划设计的主题，应当是该项公共关系活动内容的高度概括，因此一般用提纲挈领式的语言来表达。主题的表达方式多种多样，它可以是一句口号，也可以是一句陈述或者一段表白。当然，要想使设计出的主题既切合公共关系活动内容又高度概括，并令人耳目一新、过目不忘，能够给公众留下深刻印象，是件非常不容易的事。因此在设计主题时必须认真思考，反复推敲，精心遣词造句，争取使主题简洁、明了、准确，富有意蕴和韵味，并能够充分体现活动宗旨，对公众具有较强的感召力。

（五）选择媒介

传播媒介种类繁多，各种传媒都有自己的特定功能和优势，也有各自的公众层面，因此公共关系策划要针对所策划的公共关系活动特点选择传媒。公共关系通常采用的传播媒介包括人际传播媒介、群体传播媒介和大众传播媒介。人际传播媒介主要包括个人之间面对面交谈、书信来往、电话联系。群体传播媒介包括各种座谈会、新闻发布会、联谊会以及一般性的会议等。大众传播媒介主要包括报纸、杂志、广播、电视、网络、各种展览会及宣传材料等。

(六)确定公共关系活动的时间与空间

1.确定时间

确定时间是要确定公共关系活动在何时开展、开展多久。确定时间时需要注意:一是合理安排工作的时间,做到既不冲突,也不拖沓。二是抓住时机。三是时间安排要留有余地。公共关系策划的执行是一个动态过程,在执行中很可能会发生变动,所以要使之保持弹性,留一些余地。

2.确定空间

确定空间是要确定公共关系活动在哪里开展,开展范围多大。确定空间时需要注意:一是地点选择要灵活。现在许多公共关系活动开展的地点多种多样,不再局限于室内,策划者可根据公共关系内容、目标和效果自由选择。二是要根据自身的经济情况合理选择。三是要考虑突发状况,在安排地点时应当考虑周全,如在户外活动时要注意天气,安排场地要有预备方案等。

(七)公共关系活动的经费预算

开展公共关系活动,必须考虑成本与效益,即投入与收益的关系问题。公共关系活动需要一定的物质基础,也就是说,公共关系策划方案必须建立在一定的物质条件基础之上才有可能实现。

经费预算项目可以分为行政开支和项目开支两大类。

行政开支=劳动成本费用+日常行政费用+设施材料费用

项目开支=已经进行的项目费用+计划进行的项目费用+预测可能进行的项目费用

(八)审定方案

拟订出来的公共关系活动方案,仅仅是关于如何开展公共关系活动的基本构想,为了使其更加科学、更加完善,还必须对它加以审定。审定方案一般是指由有关领导、专家、具体工作人员参加的方案审定委员会(审定小组、工作小组)或专门会议,对方案进行讨论、评估、选择、优化、论证。方案审定一般应该考虑以下问题。

1.目标的合理性

在目标的合理性方面,主要考察公共关系目标是否明确、目的性是否很强;下级的公共关系目标能否支持上级公共关系目标,是否能够为组织总体目标服务。

2.方案的可行性

公共关系行动方案不仅要有利于达成公共关系目标，而且要考察行动时是否可行，如对资金、时间、人力及传播渠道等进行再分析。公共关系方案的可行性还表现在方案本身是否可行，即公共关系活动是否能达到公共关系目标，包括公共关系活动的规模是否创新、是否能很好地抓住公众的兴趣和需要等，都会影响到公共关系方案的有效性。

3.费用的合理性

公共关系费用一般与公共关系效果成正比，组织相同的公共关系投入未必可以达到相同的产出，因此，公共关系人员在策划活动中，还要对策划方案的成本与可能的效果进行比较，以达到优选的目的。

4.风险的防范性

任何一个公共关系活动方案在实施过程中都有可能会出现问题，因此，公共关系人员在方案审定过程中，还应从多种角度分析方案实施过程中可能遇到的各种潜在风险，并提出相应的预防和补救措施。

(九)撰写公共关系策划书

公共关系策划书是一份完整的公共关系策划方案的书面报告，是公共关系策划工作的最后一个程序。

撰写策划书，是为了对策划过程中各个环节和形成的初步文件进行整理、加工，使之系统化、规范化、完善化。一份规范的公共关系策划书，应该由封面、提要、目录、前言、正文、附录或说明、署名等部分构成。封面应该标明策划项目的名称、策划主体的名称、完成策划的日期、策划书的分类和编号等。提要应该简明扼要地表述该项公共关系策划的核心内容。目录应该列出策划书正文的篇、章、节等，如果有附件也须在目录中注录。前言就是策划书的序言，交代该项策划的宗旨、背景、意义、基本方法等。正文一般包括标题、公共关系主题、公共关系目标、公共关系项目、传播方式、时间地点、费用估算、实施程序等。

四、公共关系策划的方法和技巧

(一)公共关系策划的方法

1.选择公关主题

没有公关价值的公关主题难以引起公众的注意，有时甚至因为虚张声势而招致公众的反感。选择公关主题应从以下几方面着手：①是否符合公众的利益，为公众提供了信息、知识、思想服务；②是否符合组织机构的总体目标和自身利益，与组织机构的工作有关而不牵强附会；③是否具有新闻价值，是否能引起媒体的关注与报道。

2.选择公关时机

社会组织可以运用各种固定的特殊机会来开展公关活动，常见的有：①公众关注的重大事件，如奥运会、世界杯足球赛等。②公众关注的重大节日，如中国的春节、国庆节，西方的圣诞节、情人节等。③重大纪念日，如国家、企业的周年纪念日，伟人的诞辰、纪念日等。④其他有规律的假日和时机，如学校的开学日、假日，少数民族的节日，地方盛会等。

运用这些固定特殊时机时要注意：要使某一计划的内容同公共关系活动直接或间接地联系起来；要使内容具有新闻价值或有公益性；形式上不落俗套，富于创新。

（二）公共关系策划的技巧

1. 量化目标

公关活动特别是大型公关活动往往耗费很多人力、物力、财力资源，因此，社会组织没有目标而耗费巨资做公关活动是不可取的，目标不明确是不值得的。只有量化目标，公关活动策划与实施才能够明确方向，才会少走弯路。有的企业做公关活动，设定了不少目标，比如，提高知名度、美誉度，促进销售等，但是没有量化（提高知名度、美誉度的百分比，促进销售的货币额度），方向模糊，错把目的当目标，最终使得活动效果不尽如人意，所以，目标一定要量化。

2. 集中传播

公关活动是展示企业品牌形象的平台，不是一般的促销活动，所以一定要确定活动主题，并以此作为策划的依据和主线。只有创造公关活动的“焦点”并集中传播，才能把有关资源整合起来，从而完成活动目标。当然，集中传播，并不是只传播一条信息，而是把活动目标和目标公众两项因素结合起来，重点突出一个中心，从而提高活动的有效性。

3. 公众调查

做公关活动时不能省略公众调查这一重要工作环节，只有了解公众心理与需求，掌握竞争对手的市场动态，进行综合分析与预测，才能扬长避短，调整自身公关策略，赢得公关活动的成功。

任务三　公共关系实施

一、公共关系实施的意义

组织只有通过把优秀的公共关系策划方案付诸实施，才能为组织塑造良好的社会形象、影响公众舆论，以优化组织环境。公共关系实施是整个公共关系活动的中心环节。

（一）是解决问题的中心环节

公共关系的最终目的不是研究问题而是解决问题，而公共关系策划方案的制订是研究问题的开始，方案的实施才是直接的、具体的解决问题的过程。再好的计划如果制订出来之后就束之高阁，不去实施，那只能是毫无价值的“纸上谈兵”，没有任何实践层面的意义。

(二)决定着公共关系策划实现的程度和范围

公共关系实施并非只是被动实施,而是一个创造性的过程。在这个过程中,公共关系人员不仅要圆满地完成公共关系计划的目标和任务,还要富有独创性的工作能力,以弥补公共关系策划方案的不足,取得意想不到的效果;而公共关系人员在工作方法上缺乏创新,又可能使整个公共关系活动不能吸引公众的注意,甚至背道而驰,使策划想要解决的问题更加恶化。因此,公共关系实施不仅决定了策划能否实现,而且决定了策划实现的效果。

(三)为制订后续方案提供依据

公共关系策划方案的实施过程不论成功与否,它都会在社会上造成一定的影响和后果,而后续方案的制订必须以前一项公共关系实施的结果为基础,吸取成功的经验和失败的教训。

二、公共关系实施的特点

公共关系策划方案的实施过程是个完整统一的过程。它具有以下几个特点。

(一)实施过程的动态性

一份公共关系策划方案无论制订得多么周密、具体和细致,总不可能与实际情况完全相吻合,总存在一定的差异;随着时间的推移、环境的变化,实施过程中总会出现一些新情况或新问题。所以考虑这些动态性因素,在实施过程中就要不断地改变、修正原定的实施方案、方法与程序等。但动态性要与主观随意性区别开来,不能动辄以一些局部细小的变化为借口去任意变动方案。

(二)实施主体的创造性

策划方案的实施过程是一个动态过程,实施人员要考虑社会环境、自然环境等一系列因素去确定具体的实施策略,如准确地选择适当的传播媒介、传播时机及灵活地调整实施步骤,以补充策划的不足。从这个意义上讲,公共关系策划方案的实施过程是实施人员充分发挥自己的主动性、创造性的过程,也是公关人员不断增长实践经验的过程。当然,这里说的创造性是在不违背实施方案原则的前提下进行的;否则,任意篡改方案,会造成严重的后果。

(三)实施影响的广泛性

一份公共关系策划方案涉及很多的因素和变量,它所产生的影响只有在实施后才能真正显现出来。公共关系策划方案实施所产生的广泛影响首先表现在对众多目标公众产生深刻的影响。另外公共关系策划方案的实施有时还会深刻地影响到整个社会的文化、习俗甚至改变某些观念,从而对整个社会的进步产生推动作用。

三、公共关系实施的原则

(一)目标导向原则

所谓"目标导向"是指在公共关系策划实施的过程中,保证公共关系实施活动不偏离公共关系策划目标的原则。实施人员可利用目标对整个实施活动进行引导、制约和促进,以把握实施活动的进程和方向。

(二)控制进度原则

所谓“控制进度”是指根据公共关系策划目标的需要，按照一定的程序掌握工作进度，以避免不协调的现象。因此，在公共关系实施过程中，公共关系人员需要经常检查各方面工作的实施，及时发现超前或滞后的情况并加以调整，以求在公共关系目标指导下，使各方面工作达到同步和平衡发展。

(三)整体协调原则

所谓“整体协调”是指在策划实施过程中，使工作涉及的各方面达到合理互补、配合协调、和谐统一状态的原则。协调强调实施过程中的各个环节之间、部门之间及实施主体与其公众之间互相配合，减少摩擦，当矛盾产生时也能加以化解。协调的目的是使全体公共关系实施人员在认识和行动上取得一致，以保证实施活动的同步与和谐，提高工作效率，减少人财物的浪费。

(四)反馈调整原则

所谓“反馈调整”是指将取得的有关信息反馈到组织的相关部门，让它们迅速做出调整，循环反复地做这样的工作，以便取得很好的绩效。

(五)选择时机原则

在公共关系策划实施过程中，时机选择正确与否对公共关系策划实施效果影响很大。例如，要注意避开或者利用重大节日。凡是和重大节日没有任何联系的活动都应避开节日，以免被节日活动冲淡；凡是和重大节日有直接或间接联系的公关活动方案，则可考虑利用节日烘托气氛，扩大公关活动的影响。要注意避开或利用国内外重大事件。凡是需要广为宣传的公关活动都应避开国内外重大事件，以免被重大事件所冲淡；凡是需要为公众所知，又希望减少震动的活动则可选择重大事件发生之时。还需要注意的是不宜在同一天或同一段时间内同时开展两项重大的公共关系活动，以免其效果相互抵消。

除此之外，在实施公共关系活动的过程中还要注意采用一定的方式，如策划新闻事件、积极主动地向新闻媒体提供有价值的新闻消息、提供新闻宣传品、编辑信息资料、举办专题促销活动和发表演说等。通过这些方式大力宣传组织的公共关系活动，与媒介达成互动，增加组织的曝光率；与公众达成互动，发布公众需求的信息。这样，才能收到预期的效果。

四、公共关系活动实施的障碍

影响公共关系策划实施的因素很多，但从具体实施这一行动上看，实施中的主要障碍还是传播沟通障碍，因此有必要对传播沟通障碍中的几种主要障碍进行分析。

(一)语言障碍

语言与人的思维紧密相连，人们只有借助语言才能更方便地向外界传播一定的信息，也可以收到一定信息。所以在传播沟通时，一定要强调语言的运用技巧，如修辞、比喻、音调等，否则会对某些特定的接受对象造成语言方面的沟通障碍。如一位医生用大量医学术语与患者沟通，就难以形成有效的医患沟通，甚至可能会引起某些纠葛。而存在于公共关系策划实施过程中的语言沟通障碍常会造成公共关系工作的被动局面。

（二）风俗习惯障碍

所谓风俗习惯，是指在一定的文化历史背景下形成的具有固定特点的调整人际关系的社会因素，如道德习惯、礼节礼貌、审美传统等。不仅不同国家、不同民族的风俗习惯不同，有时在同一国家、同一民族内因居住地区的距离远近不同也会形成不同的习俗。社会组织在实施公共关系时绝对不能违反相应的道德、礼仪、传统与风俗。

（三）观念障碍

所谓观念是指在一定的社会条件下人们接受、信奉并用以指导自己行动的理论和观点。观念对沟通起着巨大的作用，有的观念会极大地促进沟通的顺利进行并取得好的沟通效果，而有的观念会成为沟通的障碍，如保守落后、封建迷信、短浅片面等观念，都会成为公共关系实施的巨大障碍。

（四）心理障碍

心理障碍是指人的认识、情感、态度等心理因素对沟通造成的障碍。公众心理的复杂性与多变性，要求信息传播必须符合公众的心理特征，如果不能达到与公众心理的有机融合，必然造成公众的抵制和排斥心理，或出现理解偏差、信息阻塞。

除以上四种主要传播障碍外，还有由组织机构臃肿、信息传递层次过多造成的沟通缓慢、信息失真等组织沟通障碍，以及一些由于政治、生理方面的原因或技术、方法不当所造成的障碍。

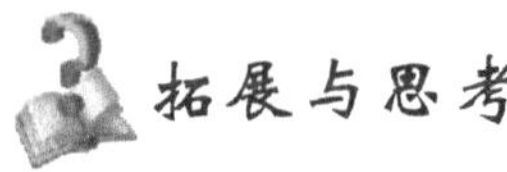

拓展与思考

医患沟通障碍

医患沟通是医生和患者之间的一种特殊形式的人际沟通。近年来医患纠纷越来越受到社会的关注。由于医患纠纷而导致的伤害事件，也使得越来越多医患之间的关系受到了前所未有的考验。通过总结分析可以把医患沟通障碍的因素，归结于以下几个方面：

第一，医务人员对医患沟通的重要性认识不足。在诊疗活动中，部分医务人员对待患者态度冷漠的现象客观存在。

第二，医务人员沟通技巧不足。部分医务人员在与患者沟通时，不善于准确地运用语言和非语言行为，选择沟通的时机不合适，会使有效沟通产生其他的障碍。

第三，患者对医务人员不信任引发沟通障碍信任危机的产生。这使得医患关系互动产生摩擦，进而影响了医患沟通的有效性。

思考：运用公共关系学的相关知识如何有效解决医患沟通障碍？

五、公共关系活动实施障碍的排除

公共关系活动在具体实施过程中不可能是一帆风顺的。由于主观或客观的原因，又由于情况是在不断变化的，因此，实施起来肯定会遇到不少障碍。这就需要不断地排除在实施过程中出现的障碍，顺利地达到预期的目标。

（一）沟通障碍的排除

在排除传播沟通障碍时，社会组织要努力注意以下两个方面的问题。

1. 要切实了解和掌握公众的优势需要

在现实生活中，公众的行为往往受多种需要的支配。在一定的条件下，多种需要中，总有一种是最为迫切并起主要支配作用的优势需要，而优势需要决定着人们的行为。只有切实了解和掌握公众的优势需要，在实施过程中，才有可能与公众产生共鸣，才能进行有效的双向沟通。

2. 要选择和运用好恰当的传播媒介和沟通方法

面对众多的传播媒介，应该如何选择和应用，才更加有效和更加经济；面对繁多的沟通方法，应该如何选择和应用才能使公众更乐意参与和更乐意接受。这些是社会组织必须要考虑的。成功的传播沟通应该是在最经济的条件下，去争取尽可能大的社会传播效应。

（二）组织管理障碍的排除

社会组织在公共关系实施过程中发现组织管理方面存在问题、出现障碍，必须及时采取有效措施，排除障碍。具体排除障碍的措施有以下几点。

1. 精简机构

针对组织机构重叠的现象，要精简机构。精简机构的要义并不在“减”，而在于“精”，在于强有力地发挥出组织管理的职能。这样可以减少传播层次，减少不必要的环节，保证信息沟通的及时性和准确性。

2. 完善规章

针对组织机构分工混乱现象，要制定相应的规章制度，并严格按照规章制度办事；要着力健全各种信息传播渠道，并使之畅通无阻。

3. 内部公关

针对组织机构内部协调不够的现象，要加强内部公关，增强内部员工的凝聚力和向心力，增强员工的荣誉感和责任心。

六、公共关系实施的基本要求

（一）以公众需求为出发点

公共关系工作自始至终不能脱离公众，否则就没有公共关系工作可言了。公共关系实施过程中，以公众的需求为出发点要特别注意两个方面。

1.要选择公众所喜欢的传播媒介或渠道

公共关系活动实质上是针对公众而进行的信息传播活动。要想使这种传播活动取得良好的效果，必须使发出去的信息被公众所接受，这就需要选用公众所习惯使用的传播媒介或渠道来传播信息。社会组织可以根据公众的人员情况、年龄结构、职业状况、受教育程度、兴趣爱好、习惯的行为方式等特征来选定他们所喜欢的传播媒介或渠道。

2.要考虑公众的特点和兴趣

公关人员一定要充分考虑在调查研究和制订方案过程中所了解到的公众的文化、社会、心理等方面的特点，并参照这些特点，编写出适合公众口味的新闻稿件、广告词、展览说明、宣传小册子等，这样才能引起公众的兴趣，才能使传播取得良好的效果。

（二）选择最佳的活动时机

在公共关系活动中，各项活动的实施都要选择适当的时机才能取得最佳的效果。选择以下几种时机开展公共关系活动，可以收到事半功倍的效果。

1.在组织开业或更名时隆重“亮相”

首因效应很重要，抓住社会组织开业或更名的大好时机开展各种刻意创新的公共关系活动，将社会组织的宗旨、经营方针、业务范围、技术力量、产品质量等向公众做详细介绍，这样做既显得十分自然，又能从一开始就给公众留下深刻的印象。

2.在组织转产或开拓新产品、新业务时推销形象

社会组织改变经营方向，开拓新的业务，推出新的产品，在市场经济条件下是屡见不鲜的。这正是开展公共关系活动的大好时机。社会组织在向公众大力介绍新的经营项目、新的产品、新的业务的同时也提高了社会组织的形象，让新的经营项目、新的产品、新的业务和社会组织一起在公众脑海里留下深刻的记忆和美好的印象。

3.在组织知名度不高或下降时加强组织形象的宣扬

如果一个社会组织的知名度不高或下降时，其产品的销售量和经济效益也会不高或下降。常有这样的情况，企业原有生产规模小，不为人所知，或原来的产品质量有某些问题，美誉度不高，后来通过努力，在规模、产量、质量等方面都有了大幅度的进步，但公众并不知情，还是以原来的老眼光看待这家企业的形象和产品。在这种情况下，组织必须抓住时机，开展有效的公关活动，制造轰动的新闻事件，以创造良好的社会效应，提高组织的知名度，使公众对企业刮目相看。

4.在组织出现失误或被公众误解时维护形象

突发的危机事件对社会组织是一个沉重的打击，将使社会组织的形象受到严重损害，甚至有可能危及社会组织的生存和发展。对此，社会组织不能消极对待，必须积极主动地采取措施进行矫正性公关活动，以挽回声誉，重塑形象。

（三）在实施计划的过程中实行计划控制

所谓计划控制，就是社会组织在实施计划的过程中，根据出现的新问题、新情况，及时纠正计划中所出现的偏差，或者根据信息反馈的结果，对原有的计划进行适当的调整和修正。没有计划就没有控制；反之没有控制或者控制不好，计划就不能顺利地实施。计划是控制的基础，控制是实现计划的保证，两者从计划实施开始直至终结，始终联系在一起。两者关系处理得好，实施计划的结果就必然良好。计划控制的程序主要有：设定控制标准；将计划实施情况与控制标准进行比较；发现偏差，分析原因；采取纠偏措施，保证计划的顺利实施和公共关系目标的顺利实现。

任务四　公共关系评估

所谓公共关系评估就是根据特定的标准，对公共关系策划实施及效果进行检查、评估，从中发现问题，判断其优劣，及时修订，进一步调整和完善组织形象的过程。

一、公共关系评估的意义

公共关系评估是公关活动的最后一个程序。它在整个公共关系策划实施过程中都具有重要作用，主要体现在以下几方面。

（一）是改进公关工作的重要环节

通过公共关系评估，公关人员可以收集大量的信息，通过对这些信息的分析，可以总结经验教训，为进一步改进公共关系工作提供依据。

（二）是后续公共关系工作的必要前提

从公共关系工作的连续性来看，任何一项新的公共关系计划的制订与实施都不是孤立存在和产生的，它总是以原来的公共关系工作及其效果为背景的。制订新的公共关系工作计划，要对前一项公共关系工作从计划的制订到实施、从效果到环境变迁进行系统评估分析。前后两项公共关系工作不能截然分开。前一项公共关系评估是后一项公共关系工作决策的主要依据。

（三）是有效提高公共关系部门效率的手段

加强公共关系部门的管理工作，可使公共关系机构正常运转，各项工作都处于不断改进的优化状态中，使每个公关人员都有高度的积极性。要做到这一点，公共关系机构要加强对公关人员的考核、奖惩，而这些离不开公共关系评估。公共关系评估可以促进公关人员提高工作效率，完成组织目标。

(四)能够鼓舞士气、激励员工

掌握专家和社会舆论对公共关系成果的评估，尤其是比较好的一些认可，对组织成员来说可以达到鼓舞士气、激励员工、增强全体员工的公共关系意识和组织的凝聚力的作用。

二、公共关系评估的内容

公共关系评估工作贯穿于公共关系实践的三个阶段——准备阶段、实施阶段及影响效果的分析阶段，评估工作在其中发挥着不可低估的作用。

公共关系评估是指对公共关系工作各个步骤的合理性做出客观的评价。公共关系评估是一个连续不断的活动，一旦进入公共关系工作过程，评估活动也就开始了。公共关系评估可以根据对象的不同进行不同的分类，比如对公共关系活动的评估、对公共关系状态的评估、对公共关系机构工作绩效的评估等。

(一)准备过程的评估

1.背景材料的充分性

评估的主要任务是检验前几个程序中是否充分占用资料和分析判断的准确性，重点是及时发现在环境分析中被遗漏的对项目有影响的因素。

2.信息的组织与项目战略的合理性

整个评估过程要紧紧围绕公共关系活动是否适应形势要求而展开，分析公共关系活动中准备的信息资料是否符合问题本身、目标及媒介的要求，沟通活动是否在时间、地点、方式上符合目标公众的要求，有没有对沟通信息和活动的对抗性行为，有没有制造事件或其他行动配合这次公共关系活动，人员与预算资金是否充分等。

3.信息和项目的有效性

评估可检验有关信息传递资料及宣传品设计是否合理、新颖，是否能达到引人注目。其具体包括文字语言的运用、图表设计、图片及展示方式的选择等。这是对公共关系活动组织者专业技能的检验，会受到主观因素的影响。

(二)活动实施过程的评估

活动实施过程的评估包括检查发送信息的数量，信息被传播媒介所采用的数量，接收到信息的目标公众的数量，注意到该信息的公众数量。

(三)活动影响效果的评估

活动影响效果的评估包括评估了解信息内容的公众数量，改变观点、态度的公众数量，发生期望行为和重复期望行为的公众数量，达到的目标和解决的问题。

三、公共关系评估的程序

(一)明确评估标准,并进行全面检查

只有明确评估标准才能够对组织各项活动做出客观评估。评估标准不能拔高或降低,必须要进行全面细致的检查。

(二)依据评估标准,对公共关系工作进行评估分析

组织开展公共关系活动,必须广泛地收集组织内部和社会公众方面发生变化的各种信息,运用评估的各种方法对资料进行比较分析,看看计划实施前后公共关系工作是否改进,哪些达到甚至超过预期的标准,哪些还没有达到预期的目标。

(三)向组织的决策者和最高领导层汇报评估结果

在评估分析的基础上,提出计划实施中存在的问题,并分析原因,写出书面报告,及时如实地向有关部门反映,以便为下次决策提供参考,做好公共关系工作。

(四)评估结果的运行

评估的最终目的就是在公共关系工作中应用它。评估结果将对下一步的公共关系工作起定向作用,公共关系评估结果可以经过抽象化分析,得出对指导公共关系活动有普遍意义的思想、方法与原则,这些对社会也有一定的利用价值,并进一步丰富公共关系专业知识。

四、公共关系评估的标准

公共关系评估的依据是标准,评估必须有标准。确定什么样的标准和将用什么样的评估方法,决定了评估结果是否科学,是否符合实际。公共关系评估的标准主要有以下四方面。

(一)检查了解信息内容的公众数量

公共关系活动的目的是增加公众对组织的认识、了解和理解。公众没有了解或没有完全了解有关组织的情况,会影响到他们对组织的看法和行为。评估公众从公共关系活动中了解到了什么,或者他们所掌握的有关组织的情况是否通过企业开展的活动得到了补充,就要对开展公共关系活动前后公众对组织的认识、了解和理解等变量进行比较。

(二)掌握改变观点、态度的公众数量

公众观点和态度的形成与改变,涉及范围很广,内容丰富而复杂,其变化可能随知识与观点的变化而变化。因而,把它作为评估的标准,是对公共关系活动的更高层次的检测。

(三)达到的目标与解决的问题

这个标准是公共关系活动效果评估的最高标准。公共关系方案目标的实现,可以表现为销售额的增加、公众认可组织的数量和程度的增加以及吸引投资和人才达到了预期目标等。

(四)对经济与文化发展产生的影响

任何一个社会组织的任何一项公共关系活动的实施将在不同程度、不同角度对社会经济与文化发展产生不同的影响。评价公共关系活动是否对社会经济与文化发展产生一定的积极的影响,也是公共关系效果评估的一项指标。

五、公共关系评估的方法

(一)自我评定法

自我评定法就是公共关系活动主体通过自己的亲身感受和体验而对公共关系活动给予评估的方法。当某一项公共关系活动结束后,社会组织应组织参与本次公共关系活动的有关公关人员对本次的公共关系活动进行自我评估,总结一下做得怎么样,是否达到预期的效果,自己所扮演的"公关"角色在公共关系活动中是否得体,还存在哪些不足,这些不足造成了哪些损失。公关人员是公共关系活动的直接组织者和参与者,他们处于公共关系活动的第一线,对整个活动的过程最了解,体验也最深刻。正是这个原因,决定了当事人对评估结果的理解更具独特性,这也是其他评估所不能替代的。而且公共关系机构和公关人员的自我评定,有利于公关人员直接总结经验教训。当然,不可否认,这种评估往往带有公共关系人员的主观色彩,容易出现"自我感觉良好"和"报喜不报忧"的现象,与实际情况有差距。这就要求社会组织和公关人员在自我评估时要坚持实事求是原则,从客观实际出发,力求做到全面、公正、合理。

(二)专家意见法

专家意见法也叫德尔菲法,即聘请那些公共关系知识丰富并有公共关系实践经验的专家,就事先拟订的公共关系计划、计划实施时采取的措施及实施的范围等,以匿名的方式独自就各项内容发表意见和建议,然后由公关人员将第一轮的全体专家意见汇集整理,反馈给每一位专家,请他们再次发表意见,直至意见趋于一致,经过整理分析得出代表大多数专家意见的评判。

(三)公众意见征询法

公众意见征询法是指公关人员通过与公众代表的对话,征询广大公众意见和观点的方法。这种方法又可分为公众代表座谈会和公众询问法两种。前者可以制度化,并有效地控制与会者的代表性;后者则以口头、电话等方式,就固定问题随机地向被询问者提问,然后将公众意见汇集、整理,形成综合意见。

(四)新闻媒介评估法

新闻媒介评估法是通过新闻媒介的报道和传播情况来间接评估组织公共关系活动的效果的评估方法。它包括:统计新闻报道的数量,评估新闻界对本组织的重视程度;分析新闻媒体的级别层次,评估本组织的影响范围;研究新闻报道的方法,评估所产生的社会效果;了解新闻报道后的反响程度和方向,评估组织在各类公众中的知名度和美誉度的升降变化。

（五）其他评估方法

除了上述按照测评参与者的身份来划分测评方法之外，还可以按照评估目的、内容、手段、具体做法等来区分评估方法。上述按评估参与者身份分列的评估方法中，具体的测评办法从其他角度分析也可独立看作一种评估方法。因此，从不同的角度、不同的切入点、使用不同的标准分析，评估方法还可以分列出许多许多种来。我们不再一一列出，只重点介绍目标对照法和形象比较法。

1. 目标对照法

所谓“目标对照法”，就是社会组织在某一项公共关系活动实施以后，将测量到的结果与原定的目标进行对照，以此来衡量和评估公共关系活动成果的方法。采用这种方法，社会组织应在制订计划时就要考虑到评估效果的测评，在确立公共关系活动目标时，最好能把目标具体化，用可以度量的方式明确规定下来，形成一个参考系。有了参考系，才能通过对比、衡量的方法，评估公共关系计划和实施的好、坏、优、劣。

2. 形象比较法

形象比较法即社会组织选定若干个竞争对手，进行形象比较调查的方法。调查者一般不暴露出自己的组织身份，回答者要对若干个对象（包括本组织）的知名度、美誉度、产品价格、产品质量、售后服务、经营特点等若干个项目进行比较评价，由此可以比较客观地了解到社会组织在同行中的形象地位。

采用什么方法进行公共关系的评估，要依据评估的目标、条件、内容、时间要求、预算经费等方方面面的具体情况而定。可以针对这一项评估，使用这一种方法，针对另一项评估，使用另一种方法；也可以几种方法综合运用。组织必须因时制宜、因地制宜地灵活运用评估方法，更要与时俱进地创新评估方法。

项目小结

公共关系工作程序包括公共关系调查、公共关系策划、公共关系实施和公共关系评估四个环节。公共关系调查主要是为公共关系工作提供客观依据，调查的内容包括社会组织的基本情况调查、社会组织的形象调查、公众的状况调查、社会环境状况调查，调查的方法有观察法、询访调查法、问卷调查法、量表调查法和文献信息法等；公共关系策划是为公共关系工作构思、计划、设计实施方案的环节，最终要制订科学可行的公关策划书；公共关系实施过程中应严格按照公关策划书的要求，逐一消除实施过程中的障碍，保证各项实施目标的实现；公共关系评估是根据特定的标准，对公共关系策划、实施及效果进行衡量、评价和估计，要坚持客观全面的原则，对公共关系工作进行全方位和科学准确的评估。

课程思政综合案例

火锅店“老鼠门”事件——企业做好危机公关的必要性

1. 案例思维引导

互联网的信息非常繁杂，公关人员既需要甄别信息是否有效，还需要剖析信息背后反馈出来的问题。遇到舆情危机时，公关人员要有火眼金睛，能通过现象看本质。20%～50%的人会为口碑买单，公关最终目的还是在公众心中建立起良好的形象和口碑。不管采用何种公关手段，都要和公众“做朋友”而不是“树敌”。H火锅店在“老鼠门”事件的危机公关无疑是成功的。成功的因素有很多值得借鉴的地方，比如反应迅速、四小时内做出反馈、有完整的危机处理方案、管理层主动揽责、安抚员工、引入权威机构等。

2. 案例内容描述

2017年8月25日，《法制晚报》发布了一篇卧底报道——《暗访某火锅店：老鼠爬进食品柜 火锅漏勺掏下水道》。卧底记者拍下了H火锅店后厨老鼠横行、扫垃圾的簸箕放洗碗池中清洗、用火锅漏勺掏下水道等令人发指的行为。文章刊载在各网站及微博、微信客户端。据不完全统计，20分钟内，评论量高达5000余条，转发量累计达到10万。该企业一时间遭遇万夫所指。事件曝光当天H火锅店通过官方微博首先发表道歉信，承认存在的问题，对于此类事件的发生表示十分愧疚，向各位顾客表示诚挚的歉意。紧接着发布了7则处理通报，表明处理问题的决心，态度诚恳，同时公布了整改措施，涉事的两家店停业整改、全面彻查，并排查所有门店，避免类似情况发生。真诚的态度平息了群众的怒火，企业形象也得以维护。

3. 案例德育价值

企业经营行为必须坚守底线思维，要有最基本的职业操守，特别是餐饮企业，更应该把公众健康放在第一位，遵纪守法、诚信经营，践行社会主义核心价值观。

企业的危机处理应坚持公众利益至上的原则，企业应真诚与媒体、公众沟通，勇于承担责任。

项目实践训练

公共关系综合情景模拟

训练目的

1. 帮助学生掌握公共关系四步工作法的基本内容，使其能够有序开展公共关系策划。

2. 使学生树立良好的公共关系意识，提高个人的综合素养，明确公共关系工作程序的规范操作，具备良好的社会交往能力，为今后从事工作奠定实践基础。

训练内容

学生可以自行选择以某一医药企业、医院或其他公共组织所经历的某一事件为背景，为该组织设计一套实施公共关系的策划书，用于处理事件或恢复事情发生前的状态。策划书主要根据公共关系的工作程序来撰写，包括公共关系活动目标、公共关系活动主题、公共关系活动具体实施安排等内容。同时，需要根据策划书内容制作 PPT，每组选派一名代表进行 PPT 汇报。

训练要求

1. 学生自行分组完成实践训练。在人员分工上要合理，每一小组人数以 5～8 人为宜。

2. 小组要进行充分的讨论，确定好调查方法、调查对象和调查内容。

3. 小组做好前期准备工作后，需完成 1000 字以上的公关策划书和 5 分钟左右的 PPT 汇报。

考核评价

评价标准	分数
每个小组提交的公关策划书质量	60 分
PPT 汇报质量	40 分

项目七

公共关系专题活动

学习目标

★知识与能力

1. 掌握新闻发布会的特点、程序和注意事项，以及庆典活动的类型和仪式过程。

2. 熟悉会展活动的实施过程，以及赞助活动的类型、步骤和注意事项。

3. 学会策划模拟举办新闻发布会等公共关系专题活动。

★情感与价值

1. 正确认识公共关系专题活动可以作为传递社会主义核心价值观、传承和弘扬爱国主义的载体。

2. 增强社会责任意识，学会通过组织公共关系专题活动，有效激发人们心理共鸣、唤起集体记忆、传播主流价值。

案例导入

龙口市政府新闻办公室召开新闻发布会介绍市检验检测中心工作开展情况

2023 年 9 月 11 日，龙口市政府新闻办公室举行专题新闻发布会，市检验检测中心介绍了本单位的基本情况及 2023 年以来的特色工作开展情况，并就相关问题回答记者提问。

市检验检测中心主要职能包括：负责全市工业产(商)品、食品、农产品、水产品等方面的检验检测工作；负责执行全市计量器具(衡器)的强制检定及校准工作，开展商品量计量检验工作等。检验项目涵盖了食品、建筑密封材料、建材、电器、轻工、化工等 6 个领域，检验检测能力每年 6000 多个批次。

2023 年以来，市检验检测中心持续秉持“为全市质量决策做好参谋，为部门质量监管做好支持，为企业质量提升做好帮扶，为群众质量安全把好关口”的工作理念，开拓创新，挖潜增效，完善质量手册和程序文件，规范管理制度和考核体系，积极配合监管部门开展质量检测，服务企业抓好质量提升，发挥计量基础保障职能。

同时，市检验检测中心也推出了多项特色亮点工作：一是积极在各领域开展资质扩项工作，未来将更好地为老百姓舌尖上的安全和产品质量安全保驾护航；二是积极开展“一机一码”

智慧计量信息平台推广工作，共计完成全市周期检定加油站77个，加油机(枪)766台，已录入信息766条；三是积极开展山东省质量基础设施“一站式”服务平台推广工作，为中小微企业提供线上线下一体化、一站式服务的解决方案。

发布会上，相关负责同志围绕记者提问的“加油站室内有关加油机检测情况的二维码相关情况”“蔬果中农药残留超标的原因及预防”等问题进行了现场回答。

任务一　新闻发布会

新闻发布会又称记者招待会，是社会组织为公布重大新闻或解释重要方针政策而邀请新闻记者参加的一种公共关系专题活动。它是组织与新闻界建立和保持联系的一种较正规的形式。任何社会组织如政府、企业、社会团体都可以举行新闻发布会。例如，西方国家政府新闻普遍采用新闻发布会的形式发布。

由组织举办的新闻发布会，一般由组织负责人或公关部负责人直接向新闻界发布有关本组织的重要信息，然后通过新闻界把消息传递给公众。新闻发布会是公关人员用来广泛宣传某一消息的最好工具之一。

一、新闻发布会的特点

新闻发布会是一种两级传播模式，组织先将信息告知记者，再通过记者所属的大众传播媒介告知公众。它一般具有以下特点。

(一)形式正规

新闻发布会形式正规，档次较高，地点精心安排，邀请记者、新闻界(媒体)负责人、行业部门主管、各协作单位代表及政府官员参加。

(二)双向沟通

在新闻发布会上，记者可根据自己感兴趣的方面进行提问，以便能更好地发掘消息并充分地采访组织，同时使组织也更深入地了解新闻界。这种形式下的双向沟通，在深度上和广度上都较其他形式更为优越。

(三)成本较高

新闻发布会往往会占用记者和组织者较多的时间，经费支出也较多，因此，成本较高。

(四)积极应对

新闻发布会对于组织的发言人和会议主持人要求很高，如发言人和主持人需要十分敏感、善于应对、反应迅速等。

(五)传播迅速

新闻发布会沟通活跃，双向互动，组织先发布新闻，后请记者提问，组织再回答。新闻发布会的新闻传播面广(报刊、电视、广播、网站)，发布集中(时间集中、人员集中、媒体集中)，能够迅速扩散到公众。

二、新闻发布会前的准备

(一)确定举行新闻发布会的必要性

组织根据新闻发布会的特点,在新闻发布会举行之前必须对所要发布的消息是否重要、是否具有广泛传播的新闻价值及所发布新闻的紧迫性与最佳发布时机进行分析和研究。只有在确认召开的必要性和可能性后,才可决定召开新闻发布会。一般来说,社会组织举行新闻发布会的原因,有以下几方面:①出现紧急情况,如爆炸事件、起火事件等;②对社会产生重大影响的新政策的提出;③企业的新技术、新产品的开发和投产;④组织对社会做出重大贡献或善事;⑤推出影响社会的新措施;⑥企业的开张、关闭、合并转产;⑦组织的重大庆典。

(二)确定邀请的范围

应邀者的范围应视问题涉及的范围或事件发生的地点而定。如事件在某城市发生,一般就请当地的新闻记者到会。邀请的记者应该有较大的覆盖面,既要有报纸、杂志方面的记者,也要有广播、电视、网站方面的记者;既要有文字方面的记者,也要有摄影方面的记者。

(三)资料准备

新闻发布会需要的资料主要有两种:一是发言人的发言提纲和报道提纲;二是有关的辅助材料。前者应在会前根据会议主题,组织熟悉情况的人成立专门的小组负责起草。其内容要求全面、准确、简明扼要、主题突出。发言人的发言提纲和报道提纲的内容在组织内部应先通报一下,从而统一口径,以免引起记者猜疑。

辅助材料的准备,应围绕会议主题,尽量做到全面、详细、具体和形象。它可以包括发给与会者的文字资料以及布置于会场内外的图片、实物、模型,也包括将在会议中播放的音像资料等。

(四)选择地点和时间

在地点选择上主要考虑要给记者创造各种方便采访的条件。例如:是否具备录像、拍摄的辅助灯光,视听辅助工具,幻灯片、电影的播放设备等;会场的对外通信联络条件如何,交通是否便利;会场是否安全舒适,不受干扰;会场内的桌椅设置是否方便记者们提问和记录;等等。

新闻发布会的日期,应尽量避开节假日和有重大社会活动的日子,以免记者不能参加新闻发布会,影响新闻发布会的效果。

(五)确定主持人和发言人

由于记者的职业要求和习惯,他们常常在会上提出一些尖锐深刻甚至很棘手的问题,这就对主持人和发言人提出很高的要求。主持人要思维敏捷,反应机敏,口齿伶俐,有较高的文化修养和专业水平。会议的主持人一般可由具有较高公关专业能力的人来担任。会议的发言人应由组织的高级领导来担任,因为高级领导清楚组织的整体情况,掌握组织的方针、政策和计划，回答问题具有权威性。若高级领导尚不能胜任，需要在会前进行必要的训练和准备，以达到在会上应付自如。

（六）组织记者参观的准备

在新闻发布会的前后，可以配合会议主题组织记者进行参观活动，给记者创造实地采访、拍摄、录像等机会，增加记者对会议主题的感性认知；应在将要参观的地方派专人接待，介绍情况。

（七）小型宴请的安排

为了使新闻发布会收到最佳的实效，在法律、纪律及组织财力允许的情况下，可以安排小型宴会或工作餐。这也是一种相互沟通的机会，可以利用这种场合融洽与新闻界的关系，及时收集反馈信息，进一步联络感情。

（八）其他工作

其他工作如应根据会议的规模和规格做出费用预算。费用项目一般有场租、会场布置、印刷品、茶点、礼品、文书用具、音响器材、邮费、电话费、交通费等。在发出邀请信后，开会前应再电话落实。此外还应安排接待人员，布置会场，准备音响器材和签到名册等。

三、新闻发布会中的注意事项

（一）会议发言人和主持人应相互配合

新闻发布会在进行过程中，应始终围绕会议主题进行。这就需要会议的发言人和主持人配合一致，相互呼应。如当记者的提问离开主题太远时，主持人要能巧妙地将话题引向主题，发言人通过回答问题将话题引到会议的主题上来。

（二）灵活处理不愿发表和透露的问题

对于不愿发表和透露的内容，应委婉地向记者做出解释，记者一般会尊重东道主的意见，不能以“我不清楚”或“这是保密的问题”来简单处理。

（三）巧妙应对突发情况

遇到回答不了的问题时，应告诉记者如何去获得圆满答案的途径，不可不计后果随意说“无可奉告”或“没什么好解释的”，这会引起记者的不满和反感。

（四）不随便打断和阻止记者的发言和提问

即使记者带有很强的偏见或进行挑衅性发言，也不要显出激动和失态，说话应有涵养，切不可拍案而起，针锋相对地进行反驳。

（五）注意对待记者的态度

接待质量如何将直接关系到发布消息的成败。与新闻界合作应以“真诚、主动”为方针，切不可因为自己的组织在社会上有了一定的声誉就趾高气扬，认为记者有求于己。对记者的接待，不论以何种方式，公关人员都必须时刻牢记记者的双重性。作为人，他希望接待人员对他尊重、热情，并了解他的姓名、供职的单位、专业甚至他的作品；更重要的是，记者是专业人员，他希望给他提供工作之便，如一条有发表价值的消息、一个能拍到新奇照片的机会、一个电视导演感兴趣的生动场面、一条电台记者希望采访到的重要消息等。

四、新闻发布会后的工作

新闻发布会结束之后，组织要及时检验会议是否达到了预定的效果，所以，会后工作主要有如下内容。

（一）核查预定目标

收集到会记者在报刊、电台等媒体上的报道，并进行归类分析，检查是否达到了举办新闻发布会的预定目标，是否由于工作失误造成消极影响。对检查出的问题，应分析原因，设法弥补损失。

（二）监控媒体信息

监控媒体发布情况，整理发布会音像资料，收集会议剪报，制作发布会成果资料集（包括来宾名单、联系方式整理，发布会各媒体报道资料集，发布会总结报告等），并作为企业市场部资料保存，还可在此基础上制作相应的宣传资料。同时仔细对照会议签到簿，看与会记者是否都发了稿件，并对稿件的内容及倾向做出分析，以此作为以后举行新闻发布会时选定与会者的参考依据。

（三）收集反馈意见

收集与会记者及其他代表对会议的反应，检查新闻发布会在接待、安排、提供方便等方面的工作是否有欠妥之处，以利改进今后工作。

（四）整理归档资料

整理出会议的记录材料，对新闻发布会的组织、布置、主持和回答问题等方面的工作做一总结，从中认真吸取教训，并将总结材料归档备查。

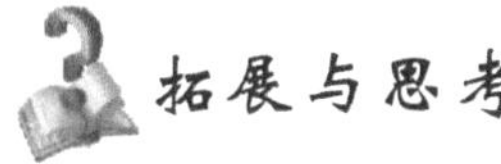

拓展与思考

讲好中国故事，传播好中国声音

2021 年 5 月 31 日，习近平总书记在主持十九届中央政治局第三十次集体学习时强调："讲好中国故事，传播好中国声音，展示真实、立体、全面的中国，是加强我国国际传播能力建设的重要任务。"

☆加快构建中国话语和中国叙事体系

用中国理论阐释中国实践，用中国实践升华中国理论，打造融通中外的新概念、新范畴、新表述，更加充分、更加鲜明地展现中国故事及其背后的思想力量和精神力量。要更好推动中华文化走出去，以文载道、以文传声、以文化人，向世界阐释推介更多具有中国特色、体现中国精神、蕴藏中国智慧的优秀文化。注重把握好基调，既开放自信也谦逊谦和，努力塑造可信、可爱、可敬的中国形象。

☆广泛宣介中国主张、中国智慧、中国方案

要高举人类命运共同体大旗，依托我国发展的生动实践，立足五千多年中华文明，全面阐述我国的发展观、文明观、安全观、人权观、生态观、国际秩序观和全球治理观。要倡导多边主义，反对单边主义、霸权主义，引导国际社会共同塑造更加公正合理的国际新秩序，建设新型国际关系。要善于运用各种生动感人的事例，说明中国发展本身就是对世界的最大贡献、为解决人类问题贡献了智慧。

☆全面提升国际传播效能

要加强国际传播的理论研究，掌握国际传播的规律，构建对外话语体系，提高传播艺术。要采用贴近不同区域、不同国家、不同群体受众的精准传播方式，推进中国故事和中国声音的全球化表达、区域化表达、分众化表达，增强国际传播的亲和力和实效性。

思考：如何在新闻发布会中融入中国故事，传播好中国声音？

任务二　庆典活动

庆典活动是社会组织为庆祝某一重大事件而举行的一种公共关系专题活动。社会组织一般会在内部发生值得庆祝的重要事件时，在人们共同庆祝的重大节日里举行隆重的庆典活动。这种庆典活动实际也是一种展示组织形象、提高社会知名度的公关活动。组织的庆典活动形式是多种多样的，它包括纪念活动、剪彩仪式、颁奖仪式等，一般在组织建立的周年纪念日、工程开工和奠基、纪念碑揭幕、工厂落成、商店开业、给员工或外界人士颁奖等时机举行。由于举办庆典活动可以向社会宣传组织，为组织创造良好的形象，因此，许多组织都非常重视这一活动。

一、庆典活动的类型

（一）开业典礼

为了引起人们的注意，很多商场、公司、酒店等在开张之时都要举行隆重的庆典活动，这便是开业典礼。成功的开业典礼活动既可以树立良好的组织形象，又能在公众心目中留下美好的印象。

开业典礼是社会组织第一次向公众“亮相”，也是社会组织提高知名度、树立良好形象的极好机会。要使这种第一次的“亮相”在公众心目中留下美好深刻的印象，举行开业典礼就应该遵循庄重、热烈的原则。由于开业典礼既是社会组织的第一次“亮相”，又是一种很容易雷同的常见活动，因此，举办开业典礼既要精心策划，又要力求创新。

在举办开业典礼之前，公关人员需要做好充分的准备。公关人员要做好宣传，通过电视台、报纸、电台等各种新闻媒体，将组织将要开业的信息向社会进行广泛的传播，为开业庆典活动制造一种气氛；同时，还要确定好出席典礼的宾客名单、剪彩人及致辞人名单，安排好接待事宜、典礼程序及助兴的节目等。

公关人员在策划开业典礼活动时，对所要举行的开业典礼活动要有一个恰当的定位，以新颖的创意、完整的程序、丰富的内涵来吸引公众的注意；要使开业庆典办得既隆重热烈又富有情趣，把组织的重要日子变成社区公众共同参与的节日活动。

（二）周年纪念庆典

社会组织利用本单位的周年纪念日，尤其是逢 5 年、10 年的纪念日举行庆典活动，既可以对外宣传本单位的成就，扩大社会影响，又可以对内展望未来的远景，鼓舞士气，凝聚人心。从这个意义上说，周年纪念庆典也是一种很好的公关活动。

与一般的庆典不同的是，周年纪念庆典一般都备有纪念册，通过文字、图片、图表等，全面介绍该组织的成就、现状和远景。例如，某家企业在百年纪念时印制了一本精美的画册，把创办以后所用的广告汇集起来，从中可以看到它的发展过程。在举行周年纪念庆典活动时，还可以专门制作有纪念意义的纪念章以及印有本单位庆典活动字样的茶杯、毛巾、T 恤衫、提包等。把这样的纪念册、纪念章和纪念品作为礼品送给来宾与记者，有助于树立组织形象，扩大社会影响。也可以把一些纪念品发给员工，可以使员工感到一种主人翁的自豪感，起到鼓舞士气的作用。另外，在举行周年纪念庆典活动的同时，组织还可以举办到该年为止的成就展览，利用实物、文字、图片、录像等传播媒介，集中展示、宣传本单位所得到的成就。

（三）剪彩仪式

通常，在开业、展览时，或在具有较大意义的工程项目开工与竣工时，一般都会举行一个剪彩仪式。

剪彩仪式的准备工作，与开业典礼准备工作的内容大致相同，所不同的是要注意对剪彩者的特别邀请和对礼仪小姐的训练。剪彩者一般是上级领导、主管部门负责人或某一方面的知名人士，因此应当发出郑重邀请，可由主办单位领导亲自出面或委派代表专程前往邀请。若是请几位剪彩者同时剪彩，要事先征得每位剪彩者的同意，否则就是对剪彩者的失礼。剪彩礼仪小姐，是剪彩时扯彩带、递剪刀、接彩球的服务人员，是剪彩仪式中的重要角色，可以从本企业挑选，也可到有关单位去聘请。礼仪小姐一般要仪容、仪表、仪态文雅，大方、庄重、优美。人员确定后，要经过必要的分工和演练。剪彩者是剪彩仪式的主角，一般具有较高的社会威望，深受大家的尊重和信任，剪彩者的礼仪直接关系到剪彩仪式的效果。在剪彩的过程中，剪彩者应该始终保持一种庄重的姿态：当走向剪彩的绸带时，要不慌不忙，步履稳健，面带微笑；当礼仪小姐用托盘呈上剪彩用的剪刀时，要点头微笑表示谢意；剪彩之时，要全神贯注，张开剪刀，对准绸带，干净利索地将它剪断；剪彩完毕，放下剪刀，要面向公众鼓掌致意。

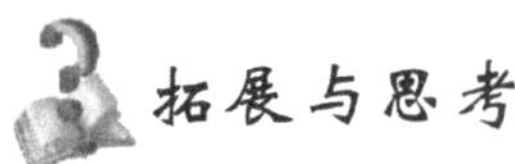
拓展与思考

奇特的剪彩

剪彩仪式起源于商店开张。据说，美国人做生意保留着一种习俗，即一清早必须把店门打开。为了使人们知道这是一家新开张的店铺，还要特地在门前横系一条布带。因为这样做既可以防止店铺未开张前闯进闲人，又可起到引人注目、标新立异的作用。等店铺正式开张时才将布带取走。

1912年，美国圣安东尼奥市的华耿密镇上有一家大百货公司将要开张，老板威尔斯严格按照当地的风俗办事，在早早开着的店门前横系一条布带。万事俱备，只等开张。不曾想，威尔斯10岁的女儿牵着一只哈巴狗从店里匆匆跑出来，无意中碰断了这条布带。这时在门外等候的顾客及行人以为百货公司正式开张营业了，便蜂拥而入，争先恐后地购买货物，一派生意兴隆的景象。

不久，当威尔斯的一个分公司又要开张时，他想起了第一次开张时的盛况，便如法炮制。这次他有意让小女儿把布带碰断，果然财运又不错。于是，人们认为让女孩碰断布带的做法是一个极好的兆头，因而争相效仿。此后，凡是新开张的商店都要邀请年轻的姑娘来碰断布带。

后来，人们又用彩带取代色彩单调的布带，并用剪刀剪带代替碰断彩带，有更讲究的还使用金剪刀。这样一来，人们就给这种做法正式取名叫“剪彩”。

为了提高剪彩仪式的档次，人们还请来一些德高望重的社会名流进行剪彩。

思考：从剪彩的来源看，剪彩的意义在哪里？如果你有一家网店，你会如何利用互联网策划剪彩方式？

二、庆典活动的策划与实施

虽然庆典活动在日常生活中很常见，但要把庆典活动办得圆满成功不是那么容易的。尤其是大型的庆典活动，牵涉面广，工作具体且复杂，公关人员一定要精心策划，周密实施。具体地说，要办好一次庆典活动必须认真做好以下工作。

（一）确定邀请宾客的名单

邀请的宾客应包括政府有关部门负责人、社区负责人、知名人士、社团代表、同行业代表、新闻记者、公众代表等。请柬应尽可能早地寄出，以便被邀请者安排时间，按时出席庆典活动。

（二）制定典礼程序表

庆典活动的一般程序为：宣布典礼或仪式开始，宣读重要来宾名单；剪彩或授旗、授勋、签字与互换文本；致辞。程序表要提前印制好，在宾客到来之前分发到每个座位上，也可以在签到时发给宾客。

(三)确定致辞人员名单

确定致辞人员名单，并为本单位负责人拟写演讲稿，如要请贵宾致辞时，应提前通知他们，以便让他们做好充分准备，并在活动开始前逐一落实。

(四)确定剪彩人员或发奖人员名单

剪彩人与发奖人的名单上既要有上级领导、社会知名人士，也要有本单位的负责人。

(五)安排好工作人员与服务人员

应事先确定接待、摄影、录像、播音等有关的工作人员与服务人员，这些人员要在庆典活动开始前和庆典活动过程中在指定岗位上各司其职。

(六)接待好新闻记者

要安排专人接待新闻记者，为他们提供方便。大型的庆典活动最好设立新闻中心，其组织方法与新闻发布会相似。

(七)安排礼仪小姐

如果剪彩，礼仪小姐的人数应比剪彩领导人数多一人。礼仪小姐一般应身着礼服。中国人的传统观念认为红色为吉庆象征，礼仪小姐身着红色旗袍，身披绶带，绶带上要有开业或庆典字样及组织名称等；发式可以是齐耳直发，也可梳典雅的发髻；无论冬夏，只要身着旗袍，脚下就应为瓢鞋，还应穿连裤袜。一般情况下，礼仪小姐要化淡妆。

(八)准备贵宾留言册

贵宾留言手册不要用普通签字本，应用红色或鑫色锦缎面高级留言手册。应准备好毛笔、签字笔，还要准备好来宾签到处和来宾休息室。

(九)准备馈赠礼品

赠送的礼品也是一种宣传性传播媒介，只要准备得当，往往能产生很好的效果。从公共关系的发展考虑，礼品应该具有以下特点。

1. 象征性

所谓象征性，实际包含纪念性。在开业庆典中的礼品应该有纪念意义。人们从礼品的形状及内容上能一目了然地明确它的含义。礼品要讲究“个性”，不搞“大统一”。

2. 纪念性

给人发礼品，是作为纪念，总希望人们能重视它、珍惜它，可以使人不时地想到或向别人提起曾经参加过某个活动、曾经当过某某代表、曾经去过某个地方，使人有一种特殊的荣誉感。

3. 宣传性

组织可使用自家商品作礼品宣传自身，在礼品的包装上印上组织标志、庆典开业日期、服务承诺或产品图案及广告用语或企业宣言。

(十)提前试验音响设备

了解无线麦克风电磁波的方向性、频率高低、音量大小,不要出现"吱吱"的噪声或间断噪声。线路距离与麦克风连线长短要考虑周全,不要使讲话者无法进行必要的移动。有时一个麦克风在讲话者之间传递使用,电线太短不方便,电线太长又显得杂乱。因此,事先应设计好讲话、演示、产品介绍时表演者的路线。如果可能,对移动的演讲者、表演者最好用无线麦克风,或尽可能将线的一部分藏在地毯下面,以免绊倒人。

三、庆典仪式过程

(一)签到

宾客来到后,有专人请他们签到。如组织有关于产品经营项目及公司全方位说明的资料,均可发给宾客,扩大组织的知名度。此外,还可以准备两个盒子或碟子,一个装本单位领导或公关部经理的名片,另一个装来宾的名片,这样便于今后联系或制作通讯录。

(二)接待

宾客签名后,由接待人员引领到备有茶水、饮料的接待室,让他们稍事休息并相互认识。本组织人员应在此陪同宾客进行交流,说些对宾客到来表示感谢的话语。

(三)剪彩

如果是大型工程破土动工奠基仪式、工程竣工仪式、公司成立、商场开业等庆典活动,活动开始时都需要进行剪彩。

(四)致辞

主客双方领导或代表致辞。无论是开幕词、贺词、答谢词均应言简意明、热烈庄重,切忌长篇大论。

(五)节目

典礼完毕,适宜安排些热烈的节目,如敲锣打鼓、舞狮子、播放喜庆音乐等,在允许燃放鞭炮的地区,还可燃放鞭炮、礼花、礼炮等,制造喜庆气氛。此外,还可以请乐队演奏。

(六)参观、座谈或聚会

主持人宣布仪式结束,即可引导客人参观工程或组织内部,可介绍主要设施或特色产品、商品以融洽与同行的关系,也可以举行短时间的座谈或请来宾在留言簿上签字,之后还可以安排舞会、宴会答谢来宾。

(七)赠送纪念品

如果是企业、公司或商场"××周年"庆祝活动,可以准备、制作纪念品赠送给员工和来宾,使员工感到主人翁的优越意识,使来宾们有受到尊重的感觉,以此达到情感的交流;也可以进行职工文艺表演,以示庆祝;还可以举行大型促销活动。

(八)宣布赞助或公益活动

现在一些组织还往往利用庆典的机会宣布一项赞助或公益活动,例如捐助希望工程等。

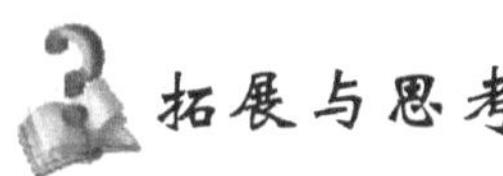

拓展与思考

某铁路公司的"开漆大典"

某铁路公司沿线的车站显得有些陈旧了,公司决定对所有车站重新进行油漆。为了使活动更富有人情味,创造与乘客融洽、和谐的工作气氛,他们决定,车站漆什么颜色,由公众来决定。于是,公司登出广告与启示,要求常坐该公司列车的乘客与铁路沿线的居民来投票,选择理想的车站颜色。有关公众纷纷踊跃响应,来电来函,对车站的颜色发表自己的意见。

这一举措很快引起了新闻界的注意,各新闻媒介纷纷前来采访并进行报道。至此,公司认为时机成熟,便决定在其中心站举行一个隆重而热烈的"开漆大典",当众宣布公众投票选择的结果,并正式开漆。

是日,中心车站万众聚集,政府要员、社区主管、商会理事及工商人士等应邀到场。鼓乐声中,涂有被选定颜色的木板上的帷幕在一片欢呼声中被揭开。接着,一桶这种颜色的油漆被抬出来,当地政府要员第一个拿起漆刷,在中心车站的墙上刷下第一笔,这意味着该铁路公司车站正式开漆。

如此隆重而富有新意的"开漆大典",理所当然地引来了一大批记者,随着他们的报道,公司的名声不胫而走,知名度很快得到了提高。

据报道,该铁路公司原先和乘客关系紧张,一度声誉大降,旅客对公司的服务强烈不满,写来的抱怨信,每周就有200多封。后来,新上任的公司总经理决心"洗心革面",重建信誉。除举办"开漆大典"外,还装修车箱,增设空调车,调整行车时间,以诚实态度对待差错,用出租雨伞等措施方便顾客,以及广邀各界人士参加公司125周年庆典,使公众对他们的态度发生了很大变化。公司还为此荣获《公共关系新闻》杂志颁发的"年度成就奖"。从这个意义上说,它的"开漆大典"对组织形象的建设及改善都有着积极的意义。

思考:该铁路公司的"开漆大典"属于什么类型的庆典活动?企业在庆典活动中处理与目标公众的关系应坚持哪些原则?

任务三　会展活动

会展是指在一定地域空间,许多人聚集在一起形成的、定期或不定期、制度或非制度的传递和交流信息的群众性社会活动。举办会展活动也是社会组织常用的公共关系专题活动方式之一。会展活动是一种通过实物、文字、图表来展示某组织的成果、风貌、特征的宣传形式,对塑造和巩固组织形象起着重要的作用。会展活动主要有以下两大类。

一、展览会

(一)展览会的类型

展览会有各种类型,下面就从展览会的规模、内容、性质、时间、地点等几个方面来进行分类。

1. 按展览会规模分

(1)大型展览会。大型展览会通常是由专门性的组织机构或单位负责筹办,企业应召参加的一种全方位的展示活动。它的规模一般很大,参展项目多,参展内容全面,综合概括性强。像著名的"世界园艺博览会""世界博览会"等,都规模宏大、内容丰富,全面展示世界范围或一个国家和地区的优秀成果。大型展览会的时间一般都较长,影响也相当大,是组织形象宣传的好机会。但由于其形式不拘一格,对主办者和参展者的技术要求很高,故需要充分的准备。这类展览会是综合性的,参展的组织多,展出的项目多,涉及面广,需要有较高的专业技术水平才能办好。

(2)小型展览会。小型展览会规模较小,如"某某绘画作品展"、产品展示等。这类展览会常常由一个组织自己举办,展出的项目比较单一。

(3)微型展览。这是一种最小规模的展览,如商店橱窗的商品展览、某组织的宣传橱窗展示、流动展览车展示等。

2. 按展览会内容分

(1)综合性展览会。综合性展览会综合展示一个国家、一个地区或一个组织的建设成就,既有整体概括,又有具体形象,观众参观后会有一个比较完整的印象。如"庆祝改革开放 40 周年大型展览""世界博览会中国馆"等。

(2)专题性展览会。专题性展览会通常是由企业或行业性组织,围绕某一特定专题而举办的展示活动。与综合性展览会相比,其内容较为单一、规模较小、无综合性,更要求展示的主题鲜明、内容集中而有深度。像"中国酒文化博览会",就专门以展示酒为核心,通常以酒来展示企业文化和中国传统的酒文化。专题性展览会不像综合性展览会那样繁杂,故比较多见。如"中国(北京)国际计算机网络与信息安全展览会""中国医学装备展览会"等,都是以某一专题为主要内容的展示活动。此外,更有一些小型展览会,是由企业自办的,所以灵活性很强。企业自办的小规模新产品展览会、企业产品(样品)陈列、与产品销售相结合的展销(以展为主)和橱窗展示,也都是专题展示活动。

3. 按展览会性质分

(1)贸易性展览会。举办这种展览会的目的是促进商品交易,展出的也是一些实物产品和新技术等。这种展览会有一个最大的特点,那就是商品展览与订货销售融为一体,如我国每年春秋两季在广州举行的"中国进出口商品交易会"等。

(2)宣传性展览会。宣传性展览会通过展品向观众宣传某一思想或观点,或让观众了解某一史实。其特点是重在宣传,没有商业色彩,展品通常是照片、资料、图表及实物等。如"伟大征程——庆祝中国共产党成立100周年特展"。

4.按展览会时间分

(1)长期展览。其展览形式是长期固定的,如故宫博物院、中国国家博物馆等的日常展览。

(2)定期展览。其展出内容定期进行更换,如北京和上海的工业展览会。

(3)短期展览。这是一种展出时间较短,展览结束后即行拆除的展览会,如秋季服装展销会。

5.按展出地点分

(1)室内展览。室内展览在室内举行,不受天气影响,不受时间限制,可展出较为精致、价值很高的展品。如"中国著名书法家作品展""景德镇名瓷艺术展"等。

(2)室外展览。室外展览在室外举行,规模可以很大,布展也比较简单,但会受到天气的影响。如"洛阳牡丹展"。

(3)巡回展览。这是一种流动性的展览,往往利用车辆运往各地巡回展出。如"农业科技书刊巡回展"。

(二)展览会的特点

1.直观性

展览活动是一种非常直观、形象的传播方式。它把实物直接展现在公众面前,并有现场操作表演,给人以"亲眼目睹""眼见为实"的感受。

2.双向性

展览活动不仅可以当面向公众展示自身形象,还可以收集公众反馈意见,有针对性地就个别公众或某种特殊情况进行交谈,做到良性的双向沟通。

3.复合性

展览活动是一种复合性的传播方式,它通常用多种媒介进行交叉混合传播,往往以实物展出为主,配以文字宣传资料、图片、视频等,再加上动人的解说、友好的交谈、优美的音乐、生动的造型艺术,综合了多种媒介的传播优势,具有很强的吸引力。

4.高效性

展览活动可以一次展示许多行业的不同产品,也可以集中同一行业的多种品牌来展示,是一种高度集中和高效率的沟通方式,为参观者提供了更多的机会并节省了大量的时间和费用。

5.多样性

一方面展览会的类型有多种形式,另一方面展览会采用的传播媒介包括声音媒介(如讲解和交谈)、文字媒介(如介绍材料)、图像媒介(如各种照片),所以展览会的沟通效果通常比较令人满意。

6.直接性

展览会能给组织提供与公众直接进行双向沟通的机会。展览会上,一般都有专人回答参观者的问题,并就他们感兴趣的东西进入深入的讨论。这样,参展单位在让公众了解自己的同时,也在了解公众。

(三)展览会的策划与实施

举办展览会是一件比较复杂的工作,需要公关人员用自己的聪明才智对其进行策划与实施。

1.必要性和可行性分析

在举办展览会之前,首先要分析其必要性和可行性。展览会是大型综合性的公共关系专题活动,需投入较多的人力、物力、财力,如不对其必要性和可行性进行科学的分析论证,就有可能造成两个不良后果:一是费用开支过大而得不偿失,二是盲目举办而起不到应有作用。所以,应对展览会的投入与产出(物质的、精神的)算一笔细账。只有经过分析论证,认为有必要举办并且举办方案切实可行,才能举办展览会。

2.会务工作

在确定举办展览会之后,应认真做好各项会务工作。

(1)明确展览会的主题和目的、展览会的传播方式和沟通方式,确定整个展览活动的领导者、策划者、执行者和工作人员。

(2)确定参展单位和参展项目。根据主题和目的组织参展单位和参展项目,可采用广告和发邀请的形式体现展览会的宗旨、项目类型、要求及费用预算等。

(3)有针对性地收集各种参展资料,把所有展品做有机排列、组合,以便使展览会办得井然有序。

(4)指定展览文本的主编。主编要负责设计并确定会标,构思整个展览文本的结构,撰写前言及结束语,并向各分展区(或展板)文本的编辑说明总体布局以及各部门之间的衔接要求。

(5)选择展览场地。首先,要考虑方便参观者,如交通便利、容易前往参观等;其次,要考虑场地的大小、质量、设备等;再次,要考虑场地周围的环境是否与展览会主题相协调;最后,要考虑辅助设施是否容易配备和安置,如停车场地等。

(6)预算展览会的费用开支。一个展览会的费用通常包括场地费用、设计和布置费用、工作人员的费用、联络费及交际费、广告费、印刷品费、运输费、保险费等。根据展览所要达到的效果来考虑花费的标准。

二、展销会

展销会是通过实物、文字和图表以及音像、影视材料等来展销产品的一种促销形式。由于它较为形象、直观,使公众容易信服而接受,因此,展销会是组织促销产品经常采用的形式。

(一)确定时间、地点

展销会时间依据展销内容和规模而确定。展销会地点可以在室内或露天。室内展销显得较为隆重,且不受天气影响,时间相对也不受限制,但布置较为复杂,所需的费用也较高。通常在露天举办展销的可以是大型机械、农产品、花卉等。

(二)确定展销会的内容

展销会可分为综合性产品(商品)和专项产品(商品)展销。综合性产品展销会可容纳多家不同产品同时进行展销。专项展销会是围绕一项专业或一个专题举办的展销,如汽车配件展销会、家具展销会等。

(三)确定展销会工作人员及职责

1. 安排好产品介绍人员

产品介绍人员应对展销产品的性能、构造、使用方法、同类产品的市场价格情况、组织经济实力和产品信誉、组织发展远景等,有较全面的了解,还要有一定的语言表达能力,在服务中应着装整齐、仪容端庄、面带微笑、尊重每一位顾客,可以身着绶带,绶带上印有组织名称,也可佩戴胸卡。

2. 安排团体订货室及工作人员

工作人员应懂得订货知识,并按组织订货的有关规定工作。工作中应热情接待客户,主动介绍订货规定及优惠政策。

3. 安排迎宾礼仪小姐

礼仪小姐既要热情迎客,也要做引导工作。如果是独家举办的展销会,礼仪小姐身上披戴的绶带可以标上组织(企业)名称;如果是多家联合举办,则只写“欢迎光临”即可;如果是由一个单位主办,其他单位参与合办,那么可标主办单位名称。礼仪小姐还可以为展销会的参与部门或主办单位散发产品宣传单。

4. 广告及新闻报道

宣传报道工作人员要安排展销会的广告制作,要策划各种产品及展销会的广告内容及形式,确定新闻发布的内容、时机、范围和形式。

5. 组织机构

展销会组织机构应分工明确、责任到位。

(四)确定展销会的费用预算

展销会组织机构要具体列出展销会的各项费用并进行核算,有计划地分配资金,要做到节省、合理。

(五)公关活动安排

展销会组织机构要运用一些公关技巧,使展销会办得生动活泼、别具一格。举行展销会开幕式,应邀请有关知名人士出席,并为消费者签名,例如“书市开业”时请名人、作者当场签名售书,以吸引更多的群众前往参观,也给记者提供好素材。展销厅最好的位置一般在一楼的入口附近,离入口位置越远,楼层越高,参观、购买的人就越少。展销位置不好的组织应设法以一些新奇事物来吸引客人。例如,有一家小厂参加了一个展销会,分到了展销大楼六楼的一个偏僻角落,第一天始终门庭冷落。他们进行了研究,想出了对策。第二天一早,参观者一进入展销大楼,就发现有塑料圆牌子洒在地上,捡起来一看,上面写着:“请到六楼右角小室去,您会有意外的收获。”好奇的参观者于是纷纷跑到六楼右角的小室,只见室前有一红纸黑字的海报,上面写着:“拾到小牌者,可打八折购买一件本厂产品。”拾到牌子的人都不肯错过八折的机会,纷纷购买自己中意的产品;没拾到牌子的人,由于受到从众心理的影响,亦纷纷跑去凑热闹。又如服装展销会,可当场进行时装模特表演,吸引参观者。

(六)做好展销会的效果测定

为使组织有更好的发展,每举办或参加一次展销会都应做事后效果测定工作,可采取问卷调查、统计参观人数和销售利润、有奖问答等多种方式来进行该项工作。

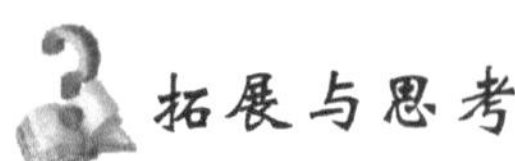

拓展与思考

第二届全国贫困地区优质特色粮油产品展销会

2020 年 10 月 19 日至 21 日,第二届全国贫困地区优质特色粮油产品展销会在福建省福州市举办,展销会统一设计、统一搭建展区展位,为贫困地区提供“免费参展、拎包卖货”一站式便捷服务,安排视频直播带货、产品推介和集中签约等多场活动。展区面积达 11000 平方米,近 700 家合作社和企业参加。同时,71 家中央和国家机关单位的 113 个定点扶贫县开展农副产品产销对接活动。

据了解,全国贫困地区优质特色粮油产品展销会是国家粮食和物资储备局开展消费扶贫行动的重要举措。通过搭建全国性展销平台,让社会各界消费来自贫困地区和贫困人口的产品与服务,更好帮助解决疫情防控期间农产品卖难问题,畅通贫困地区农副产品产销对接“最后一公里”。

本届展销同步在国家粮食电子交易平台设立消费扶贫网上专区,长期免费为全国贫困县扶贫产品进行网上展销,充分发挥 3.6 万余家粮食相关企业会员的资源优势,帮助贫困地区开展产业链上下游对接,促进一二三产业融合发展,打造“不落幕”的展销会,为巩固脱贫成果、助力乡村振兴积极贡献粮食和物资储备力量。

思考:透过这个展销会,你认为展销会对企业和社会会产生什么样的作用?如何更好地运用互联网助力经济不发达地区农产品的销售?

任务四 赞助活动

赞助活动是社会组织无偿提供资金或物质支持某一项社会事业或社会活动，以获得一定形象传播效益的公共关系专题活动。目前，社会组织通过对文体、福利事业和市政建设以及一些社会活动进行赞助，来扩大组织影响、提高美誉度，已成为十分普遍的现象，特别是一些效益比较好的企业，由于具有经济实力，经常被广泛邀请进行赞助。

我们常常可以看到，服装公司为体育代表团赞助服装，饮料厂为体育代表团赞助比赛期间的饮料，社会组织、个人赞助教育事业。对于提供赞助的组织来说，一方面是为了表达爱心，承担社会责任，关心社会公益事业，树立良好的组织形象；另一方面也是一次十分有效的宣传机会，而且这比商业广告更具说服力，是其他广告形式所无可比拟的。

赞助活动是组织为赢得政府、社区及相关公众的支持，创造组织生存和发展的良好环境，出资支持社会福利、社会公益和慈善事业等活动，并以此来证明组织的实力，表明组织承担社会责任，以赢得社会普遍好感的活动。组织应该重视搞好赞助活动。

一、赞助活动的目的

（一）扩大知名度

举办赞助活动并通过新闻媒介的广泛传播可以扩大组织的知名度。

（二）增强信任度

组织通过赞助的手段证明组织的经济实力，赢得社会公众的信任；通过赞助活动做广告，增强广告的说服力和影响力。

（三）提高美誉度

组织通过赞助活动追求社会效益和承担组织的社会责任，关心和支持社会公益事业，表明组织为社会做出了贡献，从而树立良好的组织形象。

二、赞助活动的类型

（一）赞助体育运动

这是组织赞助中最常见的一种形式。随着生活水平和体育运动水平的提高，人们对体育运动越来越感兴趣。因此，企业通过对体育运动的赞助，往往较易于增强对公众施加影响的深度和广度。

（二）赞助文化生活

组织进行文化生活方面的赞助，不仅可以培养与公众的良好感情，而且可以大大提高组织的知名度，创造良好的社会效益。这类赞助有两种形式：一种是对文化活动的赞助，如大型联欢晚会、文艺演出的赞助；另一种是对文化事业的赞助，即定期或不定期对某个文化艺术团体的赞助，通过这个文化艺术团体的活动，扩大组织在社会上的影响力和知名度。

（三）赞助教育事业

组织赞助教育事业，是一举两得的事情：一方面，为组织与有关院校建立良好关系打下基础，有利于组织的人才招聘与培训；另一方面，更为组织树立起关心教育事业的可敬形象。赞助方式可以是赞助学校建图书馆、实验楼，也可以是设置奖学金、助学金和其他有关教育方面的奖金或奖励。对组织而言，这既是一项智力投资，又是一项公关投资，应当给予充分的重视。

（四）赞助社会慈善和福利事业

这是组织和社区、政府搞好关系，扩大组织社会影响的重要途径，是组织对整个社会承担义务和责任的重要手段，也是组织在社会获得知名度、美誉度的重要方面。如捐赠或资助慈善机构，在一些地区或单位遭受灾难时提供资助等。

（五）赞助学术理论研究活动

这是一种高层次的、直接追求组织的社会效益和长远影响的赞助活动。各种学术理论研究活动，有的是直接服务于整个社会的，如医学方面的研究、经济和改革理论的研讨，有的是某些社会生产技术的发展战略研究。组织可以自己设立机构，也可以长期支持某些学术研究机构的研究活动。在我国，这种赞助活动还不太普遍，有待于组织重视和开拓这一领域。

（六）其他赞助活动

其他赞助活动，如赞助建立某一职业奖励基金，赞助各种展览和竞赛活动等。

总之，组织进行赞助的形式很多，公关人员应善于设计出各种新颖的赞助形式，使组织获得最佳的信誉投资。

三、赞助活动的步骤

（一）确定专人负责

组织要指定一个负责赞助的机构，指定负责人，具体负责处理赞助活动的有关事宜。

（二）根据组织情况确定赞助政策

赞助机构首先要根据组织经营管理方针政策，结合组织的公共关系目标、组织的具体情况以及发展趋势，确定组织赞助政策。

（三）前期调查研究

赞助活动是商务公共关系专题活动中不可缺少的重要组成部分，已经越来越多地被组织所认识并加以重视，赞助研究应该从形象战略入手，分析组织的公共关系政策和目标，结合调查制定赞助的方向和政策，以正确指导赞助活动。组织可以主动选择赞助对象，也可以以被赞助者的恰当的请求来确定赞助。但不管赞助谁、赞助形式如何，赞助之前都应做好深入细致的调查研究，调查被赞助者的状况，以及赞助的性质、作用、可能的影响等，在此基础上研究赞助项目的必要性、可行性、有效性，进行赞助的成本和效益分析，以保证组织和社会同时受益，防止各种与组织整体赞助主题偏离太远的现象。

（四）制订赞助计划

在赞助研究的基础上，由公关部制订出赞助计划。虽然计划要有一定的灵活性，但是一定要把好关，不能谁来找就赞助谁，或凭感情、面子、条子、压力进行。赞助计划一般包括赞助对象的范围、费用预算、赞助形式等。赞助计划是赞助研究的具体化，其作用是做到有的放矢，控制赞助范围，防止赞助规模超过组织实力。

（五）审核评定

进行每一次赞助，都应进行详细的分析研究，逐项审核评定，确定可行性、赞助的具体方式和款额以及赞助的时机，以便制订此项赞助的具体实施方案。大型赞助有时必须经过董事会、主管领导审定批准，进行法律咨询、公证证明。

（六）具体实施

组织应派出专门的公关人员负责各项赞助实施方案的具体落实。在实施过程中，应充分运用各种有效的公关技巧，使组织能借助赞助活动扩大其对社会的影响。

（七）效果测定

每次赞助活动完成以后，组织应对照计划，测定其实际效果，加以总结，对活动不理想的应找出原因。赞助活动的效果应由组织自身和专家共同测评，尽可能做到符合客观实际。每次测评都要完成报告，作为资料存档，为以后的赞助活动提供依据和参考。

四、赞助活动应注意的几个问题

（一）积极主动

组织的公关部应随时把握社会赞助的供求状况，积极对各种慈善事业、社会福利事业和活动、公共设施、教育事业进行赞助。这样既是表明组织对社会尽责任和义务，又较容易获得社会各界的普遍好感。

（二）切实可行

组织的赞助活动应以组织和组织所面对的社会环境为出发点，制定出切实可行的公共关系政策、方针和策略，切忌盲目。

（三）保持联系

组织应将公共关系政策公之于众，应保持与被赞助者和需要赞助的活动组织者之间的联系，用财政预算的预捐款项，及时帮助需要赞助的组织或者活动。另外，组织应将赞助计划列入为组织生存和发展创造环境的长期计划，分清所需赞助事业的轻重、缓急，逐步实施。

（四）科学管理

组织对赞助活动应进行科学管理，注意跟踪评估，要保证组织的赞助能给组织带来良好的社会效益。商务公关赞助活动结束之后，公关人员还要注意跟踪调查此项赞助的效果。

拓展与思考

体育星势力 2019 星途之夜颁奖盛典

2019 年 12 月 23 日，由微博与新浪体育共同主办的“体育星势力 2019 星途之夜颁奖盛典”在北京星光视界中心闪耀开启！作为新浪体育星势力独家合伙人，EXEED 星途品牌全程冠名了此次“体育星势力”颁奖盛典。将“敢超越”作为品牌精神的 EXEED 星途品牌，与更高、更快、更强，敢于不断挑战自己，突破极限的体育精神高度契合，也正是基于如此匹配的品牌精神，双方一拍即合，促成了此次跨界强强联手。本次颁奖盛典是全新的中国体育产业荣誉殿堂，从专注中国体育项目的代表典型，到不断拓展传统体育范畴、延伸体育产业链条，通过不同维度和标准的考量，推出各具风尚和特色的专项大奖，结合体育与文娱的跨界赋能，以榜样先锋力量的闪耀星芒，打造中国体坛最具影响力和璀璨价值的辉煌年度盛典。

思考：企业在进行赞助时，如何处理社会效益和组织经济效益两者之间的关系？

项目小结

公共关系专题活动是社会组织以公共关系为主题，有计划地开展的各种有特定目的和内容的社会活动，一般包括新闻发布会、庆典活动、会展活动和赞助活动等。公共关系专题活动能为组织赢得政府、社区及相关公众的支持，创造组织生存和发展的良好环境。无论哪种活动都需要公关部、公关人员的精心计划与组织，在实施过程中要把握要点及注意事项，按照每项活动的具体要求进行。与此同时，公共关系专题活动要整合社会意识，传递正能量。只有这样，才能真正有声有色地搞好公共关系专题活动，才能使公共关系专题活动在实践中真正得到应用，在公共关系工作中起到巨大的推进作用，并传递社会主义核心价值观。

本项目主要讲述了新闻发布会、庆典活动、会展活动、赞助活动的特点、类型、实施过程及注意事项，目的在于通过对公共关系专题活动的选择、前情分析、注意事项的把握的训练，使学生能够着手按程序开展活动，以达到期待的效果。

课程思政综合案例

中华人民共和国成立70周年盛大阅兵式和群众游行

1.案例思维引导

习近平总书记强调："要建立和规范一些礼仪制度，组织开展形式多样的纪念庆典活动，传播主流价值，增强人们的认同感和归属感。"本案例可以从以下三个角度来分析：其一，了解庆典活动的形式是多种多样的。其二，分析庆典活动的效应，比如对公众注意力的吸引、对组织强大实力的展示、对组织内外部公众向心力和凝聚力的增强等。其三，重大庆典活动作为一种内涵丰富的公共仪式，是传递社会主义核心价值观、整合社会思想意识、传承和弘扬爱国主义不可或缺的重要载体。

2.案例内容描述

庆祝中华人民共和国成立70周年系列活动①

2019年是中华人民共和国成立70周年，首都北京举行了隆重热烈的庆祝活动。庆祝活动充分展示中华人民共和国成立70年来的光辉历程、伟大成就和宝贵经验。

一是隆重举行庆祝大会、阅兵和群众游行。10月1日，以中共中央、全国人大常委会、国务院、全国政协、中央军委名义在北京天安门广场隆重举行庆祝中华人民共和国成立70周年大会，中共中央总书记、国家主席、中央军委主席习近平发表重要讲话。庆祝大会后，举行盛大的阅兵式和群众游行。

二是举办首都国庆联欢活动。10月1日晚，在北京天安门广场举办首都国庆联欢活动。党和国家领导人同首都各界代表一起联欢并观看文艺演出和焰火表演。

三是颁授国家勋章和国家荣誉称号。在人民大会堂举行隆重颁授仪式，对在中国特色社会主义建设和保卫国家中做出重大贡献、建立卓越功勋、道德品质高尚、群众公认的杰出人士，在中国社会主义现代化建设和促进中外交流合作、维护世界和平中做出杰出贡献的外国人，在各领域各行业做出重大贡献、享有崇高声誉、道德品质高尚、群众公认的杰出人士，分别授予"共和国勋章"、"友谊勋章"和国家荣誉称号。中华人民共和国主席习近平将亲自颁授勋章、奖章，签发证书。

四是举行向人民英雄敬献花篮仪式。9月30日烈士纪念日，在北京天安门广场人民英雄纪念碑前，举行向人民英雄敬献花篮仪式，缅怀英雄烈士。党和国家领导人和首都各界群众代表参加。

五是举办国庆招待会。以中华人民共和国主席习近平名义，在人民大会堂举办盛大国庆招待会，中共中央总书记、国家主席、中央军委主席习近平发表重要讲话。

六是举办国庆文艺晚会。在人民大会堂举办庆祝中华人民共和国成立70周年文艺晚会，这次晚会将以大型音乐舞蹈史诗形式呈现，名称叫《奋斗吧 中华儿女》。

---

① 资料来源：新闻办就庆祝中华人民共和国成立70周年活动有关情况举行新闻发布会[EB/OL].(2019-08-29)[2023-03-20]. https://www.gov.cn/xinwen/2019-08/29/content_5425581.htm.

七是举办庆祝中华人民共和国成立70周年大型成就展。9月起，在北京展览馆举办庆祝中华人民共和国成立70周年大型成就展。

八是颁发“庆祝中华人民共和国成立70周年”纪念章。以中共中央、国务院、中央军委名义，向中华人民共和国成立前参加工作的、健在的老战士老同志，中华人民共和国成立后获得国家级表彰奖励及以上荣誉并健在的人员，中华人民共和国成立后因参战荣立一等功以上奖励并健在的军队人员（含退役军人）以及为中华人民共和国成立做出杰出贡献的国际友人，颁发“庆祝中华人民共和国成立70周年”纪念章。

九是制作播出大型文献专题片。以中华人民共和国成立70年来取得的辉煌成就为主要内容，制作播出大型文献专题片，国庆前夕在中央电视台一套黄金时间播出。同时，推出一批庆祝中华人民共和国成立70周年、具有较高思想艺术水平的戏剧、音乐、舞蹈、美术等各类优秀文艺作品，展映一批重点主题电影和电视剧，推出一批重点出版物。

十是发行纪念邮票和纪念币。以庆祝中华人民共和国成立70周年为题材，发行一套纪念币和一套纪念邮票。

此外，各地区各部门根据党中央统一部署，组织开展形式多样的庆祝活动。中央宣传部紧紧围绕庆祝中华人民共和国成立70周年这条主线，精心组织开展“壮丽70年·奋斗新时代”大型主题采访活动，“我和我的祖国”群众性主题宣传教育活动、“最美奋斗者”学习宣传活动等，大力唱响礼赞新中国、奋斗新时代的昂扬旋律。

庆祝中华人民共和国成立70周年活动，既要隆重热烈又要务实节俭，严格执行中央八项规定精神，防止形式主义，不搞铺张浪费。

3.案例德育价值

重大庆典活动蕴藏着丰富的思想政治教育资源，是开展爱国主义教育的重要载体。

一系列的重大庆典活动，使得广大人民群众在重温新中国诞生的艰辛历程，中国共产党带领人民开展社会主义建设、实行改革开放的光辉岁月中，体悟到今日国家之富强、人民生活之美好，从而使得广大人民群众的思想得到洗礼、自信得到增强。

重大庆典活动通过一系列生动具体的文化符号和特定的仪式，将爱国主义教育内容渗透到具体仪式与情境之中，有效激发人们心理共鸣、唤起集体记忆、传播主流价值，潜移默化地影响人民群众的历史观、民族观、国家观、文化观，提升人民群众对党和国家的政治认同，不断厚植爱国主义情怀。

项目实践训练

新闻发布会的策划与实施

训练目的

1.通过模拟新闻发布会的召开，让学生了解并掌握新闻发布会的程序。

2.通过策划，训练学生的社会责任意识，正确组织模拟新闻发布会。

训练内容

假设学校遇有重大事件，请策划新闻发布会。

要求：结合正确的社会思想意识，进行新闻发布会策划。

训练步骤

1. 教师说明实训背景。
2. 每小组指定一名负责人。
3. 负责人分配组员工作任务，组员分别准备新闻发布会的资料并汇总整理。
4. 现场模拟新闻发布会。

训练作业

1. 以小组为单位提交新闻发布会策划案。
2. 小组以PPT形式汇报学习成果。

考核评价

考核标准	分数
每个小组提交的新闻发布会策划案质量	60分
PPT汇报质量	40分

项目八 社会组织形象管理

学习目标

★知识与能力

1. 了解社会组织形象塑造的内涵、基本特征和类型，正确理解社会组织形象塑造的意义。
2. 熟悉社会组织形象的设计原则和塑造方法，形成社会组织形象塑造的整体认识。
3. 掌握CIS(企业形象识别系统)的含义、功能、构成要素、导入时机和导入技巧。

★情感与价值

1. 正确认识社会组织形象管理的意义，树立社会组织形象管理意识。
2. 增强社会责任意识，学会正确处理经济效益与社会效益的关系。
3. 在公共关系活动中积极践行社会主义核心价值观。

案例导入

国家电网有限公司的企业形象管理

品牌是企业竞争力的综合体现。多年来，国家电网有限公司牢记国家电网事业是党和人民的事业，坚持“人民电业为人民”，履行政治、经济、社会三大责任，勇做落实新发展理念的排头兵，塑造可持续发展的负责任全球领先品牌形象，助力国家经济社会发展和人民美好生活向往。

减少办电时间、优化办电流程、加快抢修速度，为用电客户提供安全、可靠、便捷的电力服务；在雪域高原架起青藏、川藏电力“天路”，为千家万户送去光明；坚守抗洪抢险、抗震救灾、重大活动保电一线，牢牢守住电网安全生命线和民生用电的底线；在抗击疫情中迎难而上、奋力拼搏，为保供应稳经济贡献力量……

国家电网有限公司始终坚持“人民电业为人民”，全力服务经济社会发展，彰显了责任央企品牌形象。

任务一　塑造组织形象

一、组织形象的内涵与意义

（一）组织形象的内涵

组织形象是指社会公众对组织进行综合评价后所形成的整体印象。组织形象包括的内容很多，如组织精神、价值观念、行为规范、道德准则、经营作风、服务质量、管理水平、人才实力、经济效益、福利待遇等，组织形象是这些要素的综合反映。

（二）组织形象的特征

组织形象是一个社会组织面向社会公众和组织内部构建正面影响的内涵建设，是社会组织树立公众印象、获得社会评价和获得公众利益的标尺，是影响社会组织建设和谋求生存发展的重要手段。组织形象涉及组织内部和外部的方方面面，是组织内部和外部各因素共同作用的结果。任何一个环节出现问题都会影响组织形象的塑造，给组织带来不必要的损失。因此，塑造良好的组织形象，是组织建设的首要任务，也是公共关系工作的主要目标。

组织形象具有以下几个方面的特征。

1. 整体性

组织形象是社会组织整体的外在表现，是组织内外部各个环节有机统一和积极因素共同作用的结果。也就是说，企业的形象塑造不是某一个方面的良好表现对公众的影响，而是要从组织的长远利益来考虑组织形象的塑造，是由组织内外部各个因素有机结合的结果。重视整体形象产生的社会影响和作用是塑造组织形象的关键，对组织形象的塑造具有决定性意义，是组织健康发展的宝贵财富。

2. 主观性

组织形象是公众对组织的印象或看法，带有强烈的主观性色彩。每一个公众对同一事物都有自己的认识和看法，而且有可能是大相径庭的。因为社会公众本身具有差异性，他们的社会地位、文化背景、价值观念、审美标准、认识能力、思维方式、生活经历、兴趣爱好等各不相同，所以他们观察组织的角度、审视组织的时空维度和深度也就不相同。组织应该尽最大的努力去引导公众的统一认识，让公众能够全面认识和了解组织内在的优势和外在的影响力，这对于组织形象的塑造十分重要。

3. 客观性

形象是一种观念，是人们对于事物通过人的大脑和中枢神经系统反应的结果，存在个人主观的愿望和想象，是人的主观意识。但观念的反映对象即组织却是客观的。因为组织形象所赖以形成的物质载体都是客观存在的。比如,企业文化、企业员工、企业标志、企业建筑物和企业的产品都是实实在在存在的事物。所以,组织形象作为客观事物的反映,是不以人的意志为转移的,不能在想象的基础上构筑组织形象,而是通过社会大众对客观存在的事物进行正确的分析、判断和评价形成的结果,这也是公众客观地对待事物的态度。

4.稳定性

组织形象在公众的心目中是一个动态的过程,随着公众需求和兴趣的变化而变化,有一定的周期性和持续性。当社会公众对组织产生一定的认识和看法以后,一般会保持一段时间,而不会轻易改变或消失,这就是组织形象的相对稳定性。组织形象的这种相对稳定性可能会产生两种结果。其一是组织因良好形象被维持而受益,其二是组织因不良形象破坏而受损。所以,组织需要慎重维护组织形象。

(三)组织形象的类型

组织形象是多层次、多维度的,它因组织的重视程度而发生变化,同时也因公众的认知程度而发生变化,但是组织内部影响因素是主要的。因此我们也应该从不同角度来把握组织形象。

1.依据组织的内外在表现来划分,组织形象可分为内在形象和外在形象

(1)外在形象。外在形象是指通过公众的感觉器官直接感觉到的实体对象的综合印象。比如,组织的名称、品牌、口号、商标、建筑、环境和人员等。外在形象是由组织的方方面面的实体组合而形成的外在综合表现形式。比如,产品形象包括产品质量性能、产品外观造型、包装工艺、商标精致程度、价格等,以及员工精神面貌、产品市场影响力、专利技术形象、社会形象等。外在形象是通过组织的经营理念、服务意识、经营成果、经济效益和社会贡献等形象因素体现出来的,又称为实体形象和有形形象。

(2)内在形象。内在形象是指通过公众的抽象思维和逻辑思维而形成的观念形象,是组织的内在品质留给公众的印象。这些印象虽然看不见,但最能体现组织形象的本质,表现组织形象的最高层次。内在形象是所有形象中最为重要的形象,因为它能反映组织形象的本质,提升企业的发展潜力和层次。对企业而言,这种内在形象包括企业经营宗旨、经营方针、服务质量、公德意识、企业经营哲学、企业价值观、企业精神、企业信誉、企业风格、企业文化等。这些都是看不见、摸不着的,是一种内在的形象。这种内在的形象是无形的,往往比有形形象更富有价值。如对众多医药企业而言,如同仁堂、云南白药、三九药业、广州药业、哈药集团、太极集团和扬子江药业等,它们的企业信誉等无形资产比那些机器设备和厂房要重要得多。

2.依据组织形象的实际效果来划分,组织形象可分为真实形象和虚拟形象

(1)真实形象。真实形象是指组织客观存在的一切事物的表现形式,在公众心目中留下的符合组织实际情况的印象。比如,企业的驻地、企业的名称、企业的产品、企业的员工和

企业的厂房等都是企业客观存在的，都代表着组织不同的真实形象，对公众产生不同的影响。

(2)虚拟形象。虚拟形象是指组织并非客观存在的事物的影响，而是一种精神，一种文化内涵，或者说是一种影响力，留给公众的是一种与现实不相符合的印象。这种印象具有正面和负面的两面性特点。虚拟形象形成的原因是多方面的，既有主观臆断的，也有传播失真的，更有对同一事物具有偏见性的。

3.依据组织形象的表现形式来划分，组织形象可分为特殊形象和总体形象

(1)特殊形象。特殊形象是指在某一个方面或少数几个方面给公众留下的独特印象，或者组织在某些特殊公众心中形成的形象。特殊形象是组织塑造组织形象的重要举措。因为公众对社会组织的了解往往是不全面的，是单一的和局部的。组织在公众心目中留下的特殊形象往往就是这种单一的和局部的印象形成的。这部分公众就是因为这些特殊形象而支持组织的，如医药展销会、企业送药下乡、医院到社区义诊等。因此，特殊形象是组织提高形象的突破口。

(2)总体形象。总体形象是指企业各种形象因素所形成的形象的总和，也包括各种特殊形象。特殊形象在整体形象的形成过程中具有特殊地位和作用。两者在实际形成和作用过程中既统一，又独立存在、相互影响，而不是简单的总和。这说明企业对每一名员工的考核和要求都是全面的，重视总体形象的构建。追求总体形象和特殊形象的统一和谐是一个组织形象发展的最终目标。

此外，依据社会公众的评价态度来划分，组织形象可分为正面形象和负面形象。

(四)塑造组织形象的意义

1.良好的组织形象能够增强组织凝聚力

一个具有良好形象的组织，内部必然伴随着和谐的组织氛围。环境对于组织内部员工的心理影响至关重要，和谐的氛围不仅有利于员工身心健康，也可以增强员工的认同感和归属感，提高组织成员的积极性。心理学中定式的影响使人们更容易原谅自己所信任的组织犯过失，因此具有良好形象的组织即使偶尔出现一些小过失也并不会影响内部成员对其的认同感，同时由于成员们处在具有和谐环境的组织中能够深感自豪，顺其自然也会自觉维护组织的形象及口碑，进而大大提升组织的内部凝聚力。

有人假设，如果可口可乐遍布于世界各地的工厂在一夜之间全被大火烧光，那么第二天的头条新闻将是：各国银行巨头争相向可口可乐公司提供贷款。不难发现，正是因为可口可乐公司具有高知名度、高信誉度的良好组织形象，公众才对它充分信任。社会公众自愿充分给予支持，不仅推动了组织的发展，使组织与公众能够共同获得利益，两全其美。

2.良好的组织形象能够提升组织的社会认同感

良好的组织形象是一种无形的资产，在组织获得了非直接经济效应后，良好的形象能够将

其转化为社会效益，引发更多正面的社会舆论，赢得社会各界的支持与帮助，以获得更高的社会声望和社会信誉，为组织创造良好的声誉，向社会展示组织的良好形象，无形之中传输出一种潜移默化的良好信息，长此以往越来越多的社会公众通过与组织的合作使得心理需求被满足，从而推动组织不断发展，提升在社会中的认同感。

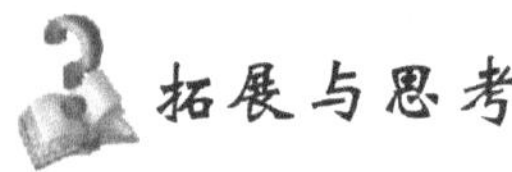

拓展与思考

三只松鼠的品牌形象塑造

如果你问三只松鼠是什么？在吃货嘴里是卖坚果的，但更多人脑海里浮现的一定是这三只萌萌的小松鼠。在店家千千万、品牌万万千的电商平台上，如何让自己的品牌与其他品牌区分开来，带来强有力的辨识度？三只松鼠给我们做了很好的示范。

(1)形象定位：三只松鼠把自己定位于一家真实、有温度的企业，公司全体员工扮演的都是一只萌萌哒的小松鼠，必须以松鼠的口吻来与顾客交流，并称对方为“主人”。

(2)形象包装：三只松鼠把品牌形象塑造成三只可爱的小松鼠，让人一眼就记住，一眼就识得，很容易让人产生联想——松鼠吃坚果，天经地义，或者松鼠都爱吃的坚果。在文案方面，卖萌扮可爱的文风，总能收割满满少女心。

(3)IP(知识产权)传播：三只松鼠在自身形象受到广泛追捧后，便顺势将其打造成 IP，推出各种周边，包含公仔、口罩、抱枕等各种带有三只松鼠形象的产品。

(4)注重细节：顾客收到包裹打开“鼠小箱”后，除了购买的坚果产品本身，还有温馨的“鼠寄语”、一次吃不完防止产品受潮的“鼠小夹”、用来装果壳的“鼠小袋”、吃完擦嘴用的“鼠小巾”等。

三只松鼠深刻理解和把握了以用户为中心的互联网商业本质，从用户体验出发，使顾客从选择产品到接收包裹再到品尝产品的每个环节都能获得惊喜体验，从而迅速占据客户心理，甚至成为坚果类零食产品的代名词。

思考：组织的品牌形象应如何维持？你对品牌形象的塑造有何见解？

二、组织形象的定位与设计

(一)组织形象的定位

1. 组织形象定位的要素

组织形象定位是指组织根据环境变化的要求、本组织的实力和竞争对手的实力，选择自己的经营目标及领域、经营理念，为自己设计出一个理想的、独具个性的形象，实质在于找出本组织形象与其他组织形象的差异性。

组织形象定位的要素包括主体个性、传达方式和公众认知。

(1)主体个性。主体个性是指组织在其品质和价值方式方面的独特风格。任何组织主体都需要售前、售中、售后优良服务，都要生产适销对路的产品，这些都是共同的。但更值得思考的是个性特点，像组织目标定位、组织精神定位、组织风格等。

例如，日本五大电器公司，都是以各自的个性来表现其组织形象定位的：索尼——冒险、创新的精神，东芝——包罗万象的产品，松下——为生产像自来水一样廉价的家电用品而努力，日立——不断改革自身技术，三洋——薄利多销。这些定位都是在不同的角度体现了组织目标、组织精神、组织风格的定位。

(2)传达方式。传达方式指的是把主体个性信息有效准确地传递到公众方面的渠道和措施。传达方式主要指营销方式和广告与公关等宣传方式。例如，“我们不生产水，我们只是大自然的搬运工”，这则农夫山泉宣传广告语的播出立时引起公众的广泛关注和热议，为公司产品热销提供了良好宣传效果。

(3)公众认知。公众在获得组织提供的物质、服务的同时，也要能获得精神上、感受上的满足，才能更易、更深地认识接受组织形象。例如，万宝路香烟，最初是一种女式香烟，由于市场销售不畅，公司决定以新的西部牛仔的粗犷形象定位，最终成功获得公众认知。公众在吸万宝路香烟时，油然而生的是一种冒险、创造、粗犷的感受，这种公众接受、认可的形象，使组织大获成功。

2.组织形象定位的方法

(1)个性张扬的定位方法。个性张扬的定位主要指充分表现组织独特的信仰、精神、目标与价值观等，它不易被人模仿，是自我个性的具体表现。这既是组织形象区别于他人的根本点，又是公众认知的辨识点。因此，组织形象定位时一定要注意把这种具有个性特征的企业哲学思想表现出来。华为技术有限公司就以“聚焦、创新、稳健、和谐，以人为中心”的经营管理理念为个性特点，珠海格力电器股份有限公司是以“忠诚、友善、进取、勤奋”的独特定位表现组织哲学的。这种个性形象可以是整体性的，也可以是局部性的，如组织的人员个性、产品个性、外观个性、规范个性等。像丰田汽车的“车到山前必有路，有路必有丰田车”，就是其局部性产品个性的表现。当然，这种个性也应是组织整体个性的代表性、集中性的表现。

(2)优势表现的定位方法。组织要想在激烈的市场竞争中立于不败之地，除了利用人性的张扬之外，还必须扬其所长避其所短，重视表现组织的优势。公众对组织形象的认识实质上是对其优势性的个性形象的认识。组织给予公众这种优势性形象的定位，才能赢得公众的好感与信赖。因为公众都会不同程度地得益于这种形象定位。当然，组织也同样因这种定位而获得更高的经济效益与社会效益。不同特色的组织有不同特色的优势，只要抓住其特色优势进行定位，就可以很好地发挥作用。如星巴克会在产品设计时结合中国市场特点，将中国传统文化元素融入其中。在端午节时，星巴克会推出独具特色的“星冰粽”，它的外观是透明的冰皮，里面包裹着新式馅料，深受消费者的喜爱。

(3)公众引导的定位方法。公众引导的定位方法是组织通过对公众感性上、理性上、感性与理性结合上的引导来树立组织形象的定位方法。

感性引导定位方法主要是指组织对其公众采取情感性的引导方法，向公众诉之以情，以求消费者能够和组织在情感上产生共鸣，进而获得理性上的共识。海尔集团的“真诚到永远”是以打动人的情感来树立组织形象的。

理性引导定位法主要指对消费者采取理性说服方式，用客观、真实的组织优点或长处，让顾客自己进行判断进而获得理性的共识。苹果电脑那只被挖掉了一块的苹果，让公众清楚地知道公司仍然存在不足，并非完美，但他们会不断努力。这种理性的引导公众的定位更有利于培养起公众对组织的信任。

感性与理性相结合的引导定位综合了感性与理性的双重优势，可以做到“情”与“理”的有机结合。麦当劳以其品质、服务、清洁和物超所值而组成的“开心无价，麦当劳”为其企业形象定位，充分表现了公司愿让每一位顾客都享受到“高兴而来，满意而归”的宗旨。这种既表现出组织的价值观又带有人情味的形象定位，能适应不同消费者心理的多方面需求，更能赢得公众的青睐。

(4)形象层次的定位方法。形象层次的定位方法是根据组织形象表现为表层形象与深层形象来进行定位的方法。表层形象定位是指构成组织形象外部直观部分的定位，比如厂房、设备、环境、厂徽、厂服、厂名、吉祥物、色彩、产品造型等的直接定位。例如可口可乐那鲜红底上潇洒动感的白色标准字就体现出了“世界第一可乐饮料”的大家风范。深层形象定位主要是根据组织内部的信仰、精神、价值观等企业哲学的本质来进行定位的。

(5)对象分类的定位方法。对象分类的定位方法主要是针对内部形象定位和外部形象定位而言的。内部形象定位主要指企业家、管理人员、科技人员以及全体员工的管理水平、管理风格的定位。如喜来登酒店的“在喜来登小事不小”就是其管理风格的真实写照。外部形象定位是指组织外部的经营决策、经营战略策略、经营方式与方法等方面的特点与风格的定位。如长安汽车的“点燃强国动力，承载富民希望”就属于外部形象定位的方式。

企业因其形象定位的不同，采取的方法也是不一样的，但各种方法归纳起来目的都只有一个：在公众心目中留下深刻、清晰的组织形象。

(二)组织形象的设计

在经济全球化的今天，市场经济日益成熟，市场的产品、服务差异日益缩小，组织间的竞争已经发展到了组织形象的竞争。

1. 组织形象的内在基础

组织形象的设计必须首先从它的内在基础开始，这是组织形象相互有所区别的根本，其中主要包括组织事业领域的确定、组织目标的确立和组织理念的确立三个方面。

(1)组织事业领域的确定。事业领域是组织面向未来的总体方向，是组织发展的长远打算。它作为组织行为的总纲领，能够并且应该使每个员工都清楚并参与到以后的组织行动中来，确定各自的责任范围，在工作中获得自我满足、自我的成长机会，并为组织今后的资源分配和利用指明方向。如雅马哈是人们熟知的日本公司，它以生产钢琴为主，后来发展到电子琴、射箭用品、滑雪设备、游船等行业，这实际上就是根据企业的事业定位——娱乐工业而进行开发的。

事业领域的内容主要包括：组织历来的“业务”是什么，组织的总目标是什么，组织在未来该如何，组织怎样才能在不断变化的环境中稳步发展。一般而言，对组织事业领域的表达，包括核心产品或服务、基本市场、主要技术、组织技术等要素，由此为组织发展确定一个基础的范围。

组织在确定事业领域时，必须充分考虑技术发展的未来趋势，使组织的形象定位能为组织的发展提供相当大的空间；同时组织的定位还要充分考虑消费者形态的变化趋势，既要谨慎，保持经营内容的连续性，又不可过于死板，丧失了灵活性和可变性。实际上，组织要繁荣兴旺，就必须对自己的任务进行不断的审查，并在必要时加以改变。

(2)组织目标的确立。组织的事业领域描述的是组织的发展前景、希望，它并不是详细的量化指标，要使其真正实现还必须设定相应的目标。没有组织目标，组织就没有发展方向。组织目标分为总目标和阶段目标。

任何一种目标的确立都必须遵循下列原则：①一致性原则。总目标的确立必须与组织确定的事业领域保持一致，是组织事业领域的量化指标；阶段目标必须与总目标一致，是总目标的分解。②可行性原则。组织确定的目标必须既富于挑战性，又符合客观发展规律，是最终能够实现的。③可衡量性目标。目标必须是明确的，应侧重定量化和便于计量。目标定得越明确具体，越具有可行性。④优先性原则。总目标实现往往要经过相当长的时期，因此，必须根据阶段目标对总目标的重要性进行排序，将其中重要的、具有决定性的阶段目标优先实行，保证其实现。

(3)组织理念的确立。组织理念是组织生命力和创造力的综合的整体反映，是一切组织形象的出发点和归宿点。任何一个组织要想生存，首先就必须有一套完整的信念，作为一切政策和行动的最高准则；其次必须遵守那些信念。在千变万化的世界里，要迎接挑战，就必须自我改变，而唯一不能变的就是组织信念。换句话说，组织的成功主要跟它的基本哲学、精神有关。信念的重要性远远超过技术经济资源、组织机构、创新和时效。

2.组织形象的外在条件

组织形象的设计除了注重内在基础的建立之外，还需要与外在条件相配合，才能使组织形象在市场竞争中保持优胜的状态。组织形象的外在条件可分为市场环境中的条件和未来发展中的条件。

(1)市场环境中的条件。一方面，组织要创造满足公众需求的、具有文化内涵的一流服务。社会进入高度成熟的消费时代后，公众需求的不只是量的满足和质的追求，他们更强调“感性”的需要，也就是说，消费者要求有一种被关心、被理解、被诱惑、被个性化服务的感觉。另一方面，组织形象必须与同行组织之间保持差异性。这种差异性不仅表现在组织的标志、商标、标准色等不同于其他组织，还表现在组织的经营哲学、企业文化、市场定位、销售手段等不同于其他组织。

(2)未来发展中的条件。在进行组织形象设计时,不仅要考虑到现在的定位,而且要考虑到如何在公众心目中立于不败之地,如何继续发展组织形象的问题。注意组织形象的统一性和动态性,对于组织形象在未来的发展起着重要的作用。所谓统一性,就是形成统一的组织形象系统,使组织形象在各个层面上得到有效的统一,各要素之间相互引导、相互照应。所谓动态性,是指组织形象的设计和推广应是一个只有起点而永无终点的螺旋上升过程。

三、组织形象的塑造与推广

(一)组织形象塑造的原则

组织形象塑造是指组织对自身的理念文化、行为方式及视觉识别进行系统的革新、统一的传播,以塑造出富有个性的组织形象,获得内外公众认同。任何组织要想在公众中建立信誉,保持良好的形象,并不是一件容易的事,必须注意遵循以下几条原则。

1. 整体性原则

整体性即树立一种全局观念。对于一个组织来说,建立信誉和树立形象是一项全方位的工作,它不只是靠某一个部门去独立完成。因此,公共关系部门要从全局出发,制定统一的公共关系政策来协调公共关系活动,使之统一化、整体化和科学化,使各个部门的公关工作能相互促进、相辅相成、协调一致,否则会出现相互重复,甚至自相矛盾的不良后果。

2. 长期性原则

建立信誉、树立形象是一项持久性的战略目标。随着社会的不断进步,公众的需求会在许多方面发生相应的变化,因此要不断适应变化着的公众对评价标准的改变,不断改进和更新自己,使得形象总是处于适应社会潮流的比较高的层次上。从这一点上看,树立形象更是一项长期的任务,它要求公关人员不断努力,不可懈怠。

3. 竞争性原则

形象的树立是竞争的结果,同时也是加强竞争力的一个相当重要的手段。所以,建立信誉、树立形象不能靠弄虚作假和排挤对方,而是要看自己的实力,如妥善的经营、优质的服务、得力的宣传方法、真诚的社会交往和良好的职业道德。只有认真了解对手的长处,在不断改变、完善自我的同时,吸收他人的优秀经验,才能在信誉和形象上赶上和超过竞争对手,在竞争中立于不败之地。

(二)组织形象的塑造

组织形象的塑造是一个复杂的工程,一般来说,要塑造良好的组织形象,组织应该做好以下几方面工作。

1. 消除组织形象塑造中的误区,树立正确的组织形象观

企业组织形象的塑造已经成为企业领导层越来越重视的发展内容,并且占据重要地位。然而,在组织形象塑造过程中,一些企业领导因为各种原因,对组织形象塑造的思想认识不足,

严重影响组织形象塑造，存在着组织形象无用论、组织形象万能论、组织形象趋同化和组织形象盲目化等若干误区需要消除。

这些组织形象塑造过程中的误区，无不与企业领导层的个人思想内涵和综合素质紧密联系。所以，在进行形象塑造时，领导层要有正确的组织形象观，从而在领导层的引导下树立全员的组织形象观，尽量避免或消除对组织形象的不正确看法；既不要因看不到组织形象的作用而轻视，也不要因组织形象有作用而人为拔高，同时在组织形象设计和实施过程中要发挥特色，重视针对性和代表性。只有这样才能真正搞好组织形象的塑造工作。

2. 捕捉组织形象塑造的有利时机，以达到事半功倍的效果

机遇对于任何一个社会组织都是均等的，在不同的时期，组织形象塑造的途径和方法会有所不同，周围的环境和国家政策也在随之变化，如果巧妙地把握时机，因势利导，就能收到事半功倍的效果。

(1)组织创立时期。新组织创建开业时，还未能与社会各界建立广泛联系，因而知名度不高。这时组织如能确立正确的经营理念、完善的组织和员工行为规范，设立独特的视觉识别系统以及最佳的传播方式和媒介就能给公众留下美好的第一印象。

(2)组织发展时期。这时应致力于保持和维护组织的形象和声誉，巩固已有成果，再接再厉进一步提高知名度和美誉度，以强化组织在公众心目中的良好形象。

(3)组织逆境时期。组织的发展不可能是一帆风顺的。当组织处于逆境时，公关人员要沉着、冷静，善于捕捉组织中的亮点，然后抓住有利时机采取灵活机动的宣传策略以赢得组织内外公众的支持、理解和合作，帮助组织顺利渡过难关。

(4)组织创新发展时期。组织推出新产品、新服务项目、新的方针政策或经营方式，这时组织面临的最大挑战是如何消除公众的观望与等待的态度。受人们消费惯性的影响，社会公众在组织推出新产品、新服务或新举措时，往往会持观望和等待态度。这表明消费者对这些新产品、新服务、新举措还不了解，还有疑虑，还存有戒备心理。此时，公关部门应主动出击，采取有针对性的措施如现场产品服务、展示、操作示范、广告宣传、顾客承诺等，消除公众的疑虑和摇摆态度，把公众的注意力尽快地吸引到组织上来。

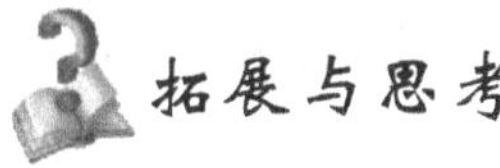

拓展与思考

老凤祥上线创意广告，助力品牌形象年轻化！

说起经典的老品牌，你会想到什么？不够时尚的包装、老旧的柜台，甚至有点俗的画风……这些“老字号”的特点，让年轻人望而生畏，继而逐渐被淡忘出局。老品牌如果想要在互联网时代焕发新生，就必须改变以往的营销观念，去获得当下中国主流消费群体Z世代的喜爱，让品牌年轻化。

新晋网红大白兔、充满时尚气息的百雀羚都是老品牌年轻化后成功出圈的典范。2020年，老凤祥发布了创意宣传短片，塑造的“沙雕风格”非常符合当下年轻人的喜好，这波创意

营销，不但延续了品牌“传承经典、创新时尚”的发展理念，还让大众对品牌有了不一样的认知。

这支片子的创造灵感来源于现实生活，由十个转折性极强的小故事组成，传递出了“老凤祥、新花 young”的主题。近乎秃顶的程序员、“老地方”的聚会、过了 8 秒的毛肚火锅、开着玩具车的“老司机”、热爱摇滚的“后浪”等比较熟悉的现实生活场景，一遍遍地讲述“老凤祥，其实也没那么老”。短片最后说地道上海话的“阿祥”，瞬间触发了一代人的回忆。剧情的巧妙设计，既迎合了他们爱看故事、爱听回忆的需求，也拉近了两者之间的距离感。品牌并不是一味地“讨好”年轻人，年轻化的同时也没有丢掉传统的底蕴，这与年轻群体“无论何时都要有自己的鲜明风格，不会因为外界的需求把自己改变得面目全非”的态度恰好也是契合的，短片的设计精准地击中了消费者的内心。

老凤祥聚焦品牌创新，不断推动业务创新、模式创新、产品创新，助力企业战略发展，聚焦品牌宣传，聚焦品牌保护，维护品牌声誉形象，努力达到社会价值与经济效益的统一。

思考：传统国产品牌的品牌形象年轻化对企业营销有何影响？你觉得国产品牌有必要促进品牌年轻化吗？

3.统筹兼顾，全面安排，保持组织形象的统一性和连续性

在塑造组织形象的过程中，组织要统筹兼顾全面安排，以保证组织形象的统一性和连续性。许多经营不佳、形象不好的企业并不是因为没有去塑造组织形象，而是因为缺乏连贯一致的组织形象。它们今年强调成本低、价廉物美，明年强调服务好、体贴入微，后年又强调革新、创新制胜，不仅内部职工无所适从而且导致外部公众无法对其形成一个稳定的印象。日本松下公司至今所遵循的整体企业精神，仍然是公司创始人松下幸之助拟定的一些信条。可见，保持组织形象的一贯性、连续性，对于一个企业的长远发展至关重要。

（三）组织形象的推广

1.组织形象对内的宣传

（1）注重自上而下的宣传。自上而下的宣传方式具有很强的号召性，一般应用于对内宣传的初期。比如，召集全体员工召开组织形象宣传大会，由董事长宣讲，再由各职能部门主管具体向本部门成员介绍组织理念、行为规范和组织视觉识别系统，并制成说明书，要求全体员工遵照执行。

（2）强调自下而上的反馈。在组织形象的宣传中，仅靠行政手段的强制性是远远不够的，要对员工进行教育、培训，充分发挥全体员工的主观能动性，比如进行员工意向调查、举办演讲会和征文比赛、征求宣传标语等，都是自下而上的信息反馈，都可以调动员工的积极性。

（3）深化横向沟通方式。横向沟通主要通过组织内部召开的各种会议来进行，比如各部门主管的形象讨论会，员工之间开展的相互讨论组织形象的小团体活动。

2.组织形象对外的推广

（1）人际传播。人际传播是指人与人、人与群体之间的直接传播。人际传播是人类社会交

流和传播信息的一种最普遍、最常用、最直接的传播方式。它对于组织形象的推广，特别是组织美誉度、和谐度的建立，具有极大的作用。作为大众传播的补充，人际传播在组织形象的二级传播和多级传播中，是必不可少的。

(2)大众传播。大众传播对组织形象推广主要有两种方式：广告和形象推广活动。广告是完全由组织控制的对形象宣传最直接、最有效的方法。形象推广活动是由组织向各种传媒提供真实的信息以便宣传组织的形象的活动。推广活动是个低投入、高产出的传播方式。

任务二　组织CIS战略

一、CIS战略的起源与发展

CIS战略最早起源于第一次世界大战前德国的AEG公司(德国通用电气公司)。他们在系列电气产品上首先采用了彼得·贝伦斯设计的商标。这一商标成了以后该企业统一视觉形象的雏形。第二次世界大战以后，国际经济复苏，欧美各大企业纷纷导入CI(企业形象识别)。20世纪50年代，美国著名的IBM公司(国际商业机器公司)首开先河，以蓝色为公司形象的标准色，并在各种视觉形象中广泛应用这种“IBM蓝”。形象传播与经营战略的有机结合促进了IBM公司发展成为全世界最大的计算机生产经营企业，企业及其产品的识别标志进入了全世界十大驰名品牌识别标志的行列。

从实际操作而言，欧美的CI设计侧重于VI(视觉识别)部分，强调视觉传达设计的标准化，力求设计要素与传达媒体的统一性，使得企业标志、标准字体、标准色能充分运用在整个企业体中，使美的视觉形象传达企业的整体信息。

二战以后，CI逐渐传到了日本。以中西元男为社长的PAOS公司是日本第一家CI策划公司。1970年，该公司为马自达汽车全面导入CI，使马自达汽车脱颖而出，为日本企业识别系统的建立树立了典范。在日本，美国式的CI被演变成日本式的CI，CI升华为CIS，即“CIS战略”。

二、CIS战略的含义

CIS的英文全称是corporate identity system，中文翻译为企业形象识别系统。CIS是指组织将其理念、行为、视觉形象及一切可感受形象实行的统一化、标准化的科学体系，是公众辨别与评价企业的依据，是企业在经营与竞争中赢得公众认同的有效手段，是社会公众产生认知好感并认同的一种企业形象战略。

CIS战略作为一种着眼于树立良好企业形象的竞争战略，引入中国已达30多年。20世纪90年代，众多公司运用该战略获得了可观的经济效益和社会效益，同时在公众心目中树立了良好的企业形象和品牌形象。但一些企业过于注重企业社会形象，在广告、宣传上的投入大大超出企业正常经营所能承受的范围，忽略了企业自身经营管理水平的建设，因此导致企业经营不善甚至关门倒闭。CIS 战略在随后的一段时间内转入了低潮。进入 21 世纪，CIS 战略被赋予了新的内涵，多学科的交叉使得 CIS 战略重新焕发了生机。导入 CIS 战略的企业也多基于企业自身的需要，盲从跟风的企业越来越少。实施 CIS 战略的企业开始注重由内而外的更新和统一，从企业理念出发，设计企业理念手册、企业行为手册直到企业视觉手册。

三、CIS 战略的功能

CIS 战略是在企业经营环境中设计和塑造企业形象的有力手段，对于企业的发展和影响具有深远的意义。它具有九大功能。

（一）识别功能

企业导入 CIS，能够使企业的产品和其他企业的产品相互区别，拥有自己的知识产权和专利，从而提高产品的竞争力，在激烈的市场竞争中脱颖而出，独树一帜，取得独一无二的市场定位，在顾客心目中建立起良好的形象，争取广泛的顾客群。

（二）管理功能

企业开发和导入 CIS，就是对企业历史、经营状况、技术水平、人员素质的一次全面总结，是对企业价值观念、经营政策、发展战略、管理制度、企业文化和企业道德的一次全面提升。因此企业 CIS 的导入，CIS 手册的确定，就必须将其作为一部企业的内部制度，要求全体人员贯彻执行。因而，CIS 具有管理职能。

（三）导向功能

企业的价值观念和行为规范可以引导、规范员工的言行、态度，使本企业成为形象良好的企业。

（四）传播功能

企业通过 CIS 的导入与开发，使企业对外部传播的信息保持一致性、同一性和持续性，便于社会公众识别和了解企业的情况，提高社会知名度和美誉度，争得大批潜在顾客，占领更大的市场份额。

（五）应变功能

CIS 的导入使企业能够在较短时间内实现扩张，赢得大批经营资金，吸引满意的合作者，从而扩大自己的市场影响力。

（六）激励功能

CIS 中职称晋升、绩效考核、福利待遇、奖励机制等措施能使员工产生荣誉感、成功感和前途感。

(七)教育功能

CIS的导入,在企业内部具有强大的教育功能。企业精神的确立、企业文化的丰富、工作纪律的规定、行为规范的要求,能够激发全体员工的工作积极性,提高工作效率,创造更多的财富。

(八)协调功能

统一的组织形象,使企业内部各个部门之间更加协调,行动更为整齐,从而强化内部管理,构建组织公众关系网,对内有着极大的凝聚力和号召力,对外有极大的辐射、扩散作用。

(九)经济功能

企业导入CIS的最根本目的,就是增加企业的经济实力,让企业获得更多的利益,取得较高的地位。在当今市场竞争激烈的情况下,CIS可以确保企业凝聚力的提高,使企业吸引一流的人才,建立企业智库,提高经济发展效率。

四、CIS战略的构成要素

CIS是一个综合性概念,一般由理念识别系统(mind identity system,MIS)、行为识别系统(behavior identity system,BIS)和视觉识别系统(visual identity system,VIS)三大要素组成。这三大要素构成相互联系的统一整体,共同体现和展示组织的整体形象。

(一)MIS

所谓企业理念,是指企业的发展思想、经营管理措施、员工培养方向和行为规范意识等方面的概括。企业理念是企业的精神和灵魂。理念就是指企业经营管理的观念,是CIS战略的核心。理念识别系统主要体现在企业使命、经营宗旨、企业价值观、经营哲学、经营战略、经营方针等方面。

1. 企业使命

企业使命包括功利和社会责任两层含义,企业必须二者兼顾,舍去任何一个,企业都将无法生存。明确了企业使命,就明确了企业自身存在的意义,找到了企业存在的位置。企业使命是构成企业理念识别系统的最基础性的要素。

2. 经营宗旨

企业经营宗旨就是企业的最高目标。应该说以一定的方式满足顾客的需求从而借此实现自己的利润目标,应是每一个企业的经营宗旨。

3. 经营哲学

企业经营哲学就是企业的指导思想,是指导企业上下决策及活动的工具。“顾客至上”“质量第一”“开拓创新”等,分别是许多企业的经营哲学。企业哲学一旦确定,将成为所有决策与活动的中心,即一切决策及活动将按其要求做。经营哲学是理念识别系统的中心构成要素。

4. 经营战略

经营战略是指企业在对周围环境分析的基础上，所制订的长远目标以及为实现这一目标的方案和措施。经营战略是目标和手段的统一，是带有全局性、长远性、重大性的决策和规划，为企业经营指明了方向。

5. 经营方针

经营方针是指为执行和实现企业经营战略而做的指导性规定，是企业经营哲学的细化，它保证企业以一种什么样的方式或特色要求实现其目标。

6. 企业价值观

企业价值观是指企业及所有员工对其活动意义、作用的认识、判断及由此而决定的行为趋势。它是从每一个人的认识、看法、判断方面对企业经营哲学和行为准则所进行的补充。

(二)BIS

BIS 是企业实现经营理念和创造企业文化的具体行为准则，是企业内在的驱动力。企业的行为识别系统由两部分构成。

1. 企业内部识别系统

企业内部识别系统包括企业组织机构、工作环境、员工培养、奖惩制度、生活福利、职称晋升、开发研究、决策方式、行为规范化、企业内外的人力资源活动等。

2. 企业外部识别系统

企业外部识别系统包括信息传播、客户业务关系、市场调研、服务方式、竞争策略、公共关系、资源分配、促销方略、企业建筑、金融关系、领导形象等。

拓展与思考

国家品牌特性对品牌价值主张的影响

企业品牌文化在内容和表现形式上塑造品牌的主张和观点。对于国家品牌正面特性，企业可以主张一致或不一致的品牌文化；而对于国家品牌负面特性，企业就只能够倡导不一致的品牌文化主张。

香港李锦记集团倡导“思利及人”的品牌价值观，得到了国际市场消费者的认可。“思利及人”的价值主张与中国固有的深厚文化底蕴是相一致的。凡是有中国文化知识的消费者都知道，中国自古以来就讲究“仁爱”，讲究“善小而为”，讲究“老吾老以及人之老，幼吾幼以及人之幼”。这一价值主张与中国著名的饮食文化相结合，使得香港李锦记在世界各地颇受欢迎。

对于著名品牌，企业品牌文化主张同国家品牌正面特性一致性的做法，可以在某种程度上进一步提升品牌在这方面的价值主张，尤其表现在深度上的提升。

思考：你认为企业应如何深度提升品牌价值？在更广的范围上如何提升企业在国家品牌方面的情感价值？

(三)VIS

视觉识别(VIS)是企业理念视觉化传达的载体,承载着 MI(理念识别)、BI(行为识别)的全部内涵,重点在外观。VIS 是 CIS 的视觉冲击力,VIS 设计成功与否,关键在于 VIS 设计是否全面体现组织形象的价值。

企业视觉识别系统由体现企业理念和业务性质、行为特点的各种视觉设计等符号以及各种应用要素所构成。它是对企业理念识别系统和企业行为识别系统在视觉上的具体化、形象化,将企业各种信息有效传递给社会公众,达到树立良好企业形象的目的。

1. VIS 的基本要素

VIS 主要包括企业名称、企业(品牌)标志、企业(品牌)标准字体、企业标准颜色、企业精神标语和口号、企业造型与图案、企业精神标志等。

2. VIS 的应用要素

(1)经营方面,包括企业商标、合同模板、财务单据、公关宣传品、企业橱窗、样品货架、公关纪念品、陈列室、产品说明书、产品目录、企业路牌灯箱、企业广告等。

(2)包装方面,包括胶带、包装纸、包装箱、标贴等。

(3)办公方面,包括印刷字体、电脑、奖牌、便笺、信封、请柬、名片、办公家具、办公室指示牌、文件夹、专用箱包、工作证、介绍信等。

(4)运输方面,包括运输车、船、传送带、集装箱、周转箱、油罐等。

(5)环境方面,包括建筑物与门面装饰、厂区的宣传画、标语牌、雕塑、配套设施。

(6)标志方面,包括企业员工的工作服的式样及颜色、旗帜、厂徽、帽徽、胸卡、纽扣、标志牌。

(7)生活用具方面,包括企业自备的水桶、热水瓶、茶具、毛巾、桌椅,甚至垃圾箱等。

(8)广告促销方面,包括企业识别音乐、歌曲和口号。

CIS 作为塑造企业形象的有效战略方式,是一个完整的、科学的、可操作的和可以控制的系统化体系。它突出整体性的表现特点,三种构成元素相互作用、相互影响,缺一不可。MIS 指导 BIS 如何展开行动,引导 VIS 向公众直接传递企业信息,共同树立企业良好的形象。

五、CIS 战略的导入

(一)CIS 导入时机

CIS 的导入对于企业来说是一项意义深远、内容丰富的宏伟工程,要求具备一整套全方位、高标准、新思维的经营管理理念和操作办法。在导入过程中,企业要全面评价企业本身的战略思想、内外关系、经营策略和视觉形象等是否符合 CIS 的整体要求。每一个企业都有自己的特点和优势,在市场的运行过程中对企业形象系统的导入要求不同,总是因企业本身和市场运行状况的变化而变化，这就要求企业导入 CIS 必须做长远的、全面的考虑，并抓住有利时机及时导入，以谋求企业形象的最佳效果，获得社会公众的认可。导入 CIS 的最佳时机如下。

1. 企业新建、扩建、改建、转型和重组合并

新公司成立、公司合并组建、公司性质发生变化(如国有企业转变为中外合资企业或股份制经营)等是推行 CIS 的最佳时机。此时可以通过顶层设计大胆消除原有的旧观念、旧体制，引入最新的企业机制、经营理念和最佳的人力资源等新元素，把企业最佳的一面迅速展现给社会公众，树立良好的企业形象，占领有利的市场份额。

2. 企业新项目和新产品推出

企业要更好地生存和发展，根据企业实力不断进行重大技术改造项目的投产、主体产品转产、重大服务项目推出等都是非常重要的。它能给企业带来新的发展动力，制造社会公众喜爱的产品，提供高质量的服务，这些都是社会公众所期待的，也是企业塑造形象的重要举措。所以，结合企业新项目和新产品推出之际导入 CIS 可以起到扩大宣传产品形象、提高企业知名度、增强职工信心和成就感的功用。

3. 企业发展格局发生重大突破

随着企业的不断发展，企业规模扩大、员工数量增加、产品销售连锁化、产品获得重大奖项、市场规模化、经营多样化和国际化等都是企业格局发生变化的重要突破口，也是企业进行形象重塑的重要时机。企业在此时将新的成果、新的发展理念等信息通过 CIS 的导入全面地传递给社会公众，创新企业形象，提高社会地位，为企业带来不可估量的社会价值。

4. 企业创业周年纪念日

企业利用创业周年纪念日抓住时机进行 CIS 导入已经成为一种常态，这既是对企业发展历史的信息推广，又是对企业产品、企业文化、企业特色与优势的一次宣传，更是对企业重大节日与社会公众共享的一个大好时机。这可以拉近企业与社会公众的情感距离，促使社会公众对企业产生良好的印象，促进企业的长足发展。比如，利用周年纪念日举行现场音乐会、向消费者赠送礼品、开展新产品促销会等。

5. 企业危机时期

任何企业都会遇到危机时期，只是出现危机的原因和程度不同而已。比如，企业经营理念传统过时、企业体制不健全、企业设备落后、企业人才青黄不接、企业资金周转告急、企业突发安全事故等都会给企业带来不同的危机感，甚至造成企业形象受损。这个时候导入 CIS 是非常关键的，它可以使企业起死回生，转危为安，重塑企业良好形象。

总之，CIS 的导入既可以塑造企业的良好形象，也可以防止企业形象受损。它在企业的发展过程中既是一种改良企业形象的有效工具，又是一种预防企业出现危机的重要手段。

(二)CIS导入方法

CIS计划拟订之后便进入实际的实施阶段,即CIS的具体推行阶段。在这个阶段,要完成有效导入CIS的任务,必须重点抓好以下几项工作。

1.设立企业CIS执行委员会

该委员会由企业领导亲自主持,企业公关部门为其办事机构。这个委员会并非临时组织,而要对企业CIS进行全面统筹、统一管理并组织CIS方案的实施和监督,负责实施过程中的关系协调及日常考核;对外搜集反馈信息,监测企业形象,评价效果,提出改进方案,完善CIS手册。

2.全面开展目标管理

企业根据CIS手册规定的内容,按部门项目分解指标,落实措施,全面实行目标管理。在实施目标管理过程中应努力控制好以下三个阶段:①目标任务确立阶段;②目标分解阶段;③目标管理阶段。

3.审核企业传播计划,制定传播战略

企业传播应分内部传播和外部传播两条路线进行。

内部传播应以全员公关形式推行,其核心是树立共同价值观念。具体方式有CIS战略教育、全员公关活动、企业内部刊物、统一服装及标识物、提示物。企业制定行为规范及规章制度,树立具有企业自身特色的企业文化,促使员工与企业共振,把塑造与传播企业良好形象、维护企业整体利益变为企业全员的自觉行动。

企业外部传播主要是传播企业形象及企业产品形象,积极开展与社会公众的双向沟通。企业通过宣传企业理念、企业政策并运用视觉标识系统,重复传播企业标志、商标、环境、产品质量、服务特色,使社会公众了解企业特性,提高对企业的信任感。

4.全面开展CIS战略教育

CIS战略教育的目的是强化企业全员的公关意识、企业整体意识及竞争意识,使全体员工人人了解CIS的内容和导入CIS的意义。把教育贯穿于CIS战略的始终是导入CIS的关键。

(三)CIS导入程序

企业要导入CIS,必须先做好充分的准备工作,规划和编制相应的导入程序,根据导入程序的要求进行策划和部署。具体导入程序如下。

1.导入准备阶段

导入准备阶段包括确立CIS的动机、组建导入的机构、确定CIS导入的日程与时间、制订导入的实施措施、确定导入的价值取向、评价企业内外经营环境、规划员工参与导入的各项活动、编制预算、进行企业内外调研和评估、制作CIS完整方案等。

2. 规划设计阶段

规划设计阶段主要包括 MI、BI 和 VI 三个部分的设计。

(1)MI 设计。MI 设计是 CIS 的核心，主要包括企业战略思想、企业目标战略、企业精神口号、企业精神标语、企业文化等方面的规划设计。

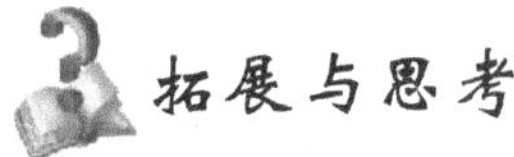
拓展与思考

品牌的文化支撑

1992 年宏碁公司总裁施振荣提出微笑曲线，用来描述计算机硬件生产过程中各个环节附加价值的特征。他认为制造产生的利润低，但是设计研发与营销服务的附加值高，因此产业未来应朝微笑曲线的两端发展。微笑曲线所揭示的产业链条不同环节附加价值的差异规律适用于大多数产业。

尽管我国目前已成为世界制造业大国，但我国制造的大多是低附加值或贴牌产品。因此，我国一方面要发奋加强自主设计研发，朝创新型国家前列迈进；另一方面要在营销服务领域大力培育民族品牌。战略资源与核心能力是企业持续竞争优势产生的内在基础，而品牌是企业战略资源的核心要素。

品牌文化赋予品牌以精神文化内涵，品牌的精神价值是消费者心理满足的重要源泉。消费者价值观念从“物品价值”向物的精神价值、文化价值的转型，引发了商品结构、消费观念、市场发展趋势等一系列大转变，而品牌大行其道，就因为它具有文化内涵和精神价值。西门子这一品牌涉及众多行业，但它始终坚持一种可靠、严谨的品牌文化，让大众认为它代表着德国一丝不苟的民族传统。“红豆”品牌凭借唐代诗人王维“此物最相思”的诗意，使名不见经传的小制衣厂获得巨大成功。可见品牌文化通过构建与消费者互相吻合的价值体系，在心理深层次符合消费者的内在需要，从而吸引和留住消费者。品牌文化是企业构建的被目标消费者认可的一系列品牌理念文化、行为文化和物质文化的总和。

思考：品牌精神价值设计如何才能体现情感价值导向？

(2)BI 设计。BI 设计主要包括服务流程设计、服务纪律明确、服务用语规范、服务作业标准化设计、顾客投诉处理方法制订、顾客满意度指标确定。

(3)VI 设计。VI 设计是在企业经营的指导下，利用平面设计等手法将企业的内在气质和市场定位视觉化、形象化的设计结果。VI 系统包括基础设计系统和应用设计系统。

①基础设计系统：以企业标志、标准字体和标准色为其核心，一般称为 VI 的三大核心。VI 设计系统必须建立在这三大核心的基础之上。基础设计系统主要包括以下方面。

a. 企业名称：突出个性、美感、容易记忆、良好的语感和美好的寓意。

例如，仁和：人为本，和为贵；修正：修元正本，造福苍生；汇仁：仁者爱人。

b. 企业标志：企业标志包括文字标志、图案标志和复合标志。企业标志以简洁明快、新颖独特、巧妙精致、优美典雅为原则。

c. 企业、品牌标准字：标准字又称组合字体，是指将企业或者品牌的名称进行整体组合所形成的字体。企业或品牌标准字的设计以强化公众视觉冲击力、展现企业文化理念为原则，并根据企业性质、产品的特性和公众心理进行。标准字要在造型美观、视觉色彩效果和组合流畅方面巧妙结合，全面展现企业整体的个性特征。

d. 企业的标准色：标准色是 VI 设计中最关键的要素，是直接给予视觉感官的部分，对于组织形象的宣传具有渲染作用。企业或者品牌的标准色是运用色彩来创造美感，引起视觉神经反应的重要手段。人们常有的第一感官意识就是色彩，其次是图形，再次是文字造型。色彩最具识别效应。如同仁堂和汇仁都以红色为标准色，康弘药业和三金药业都以绿色为标准色，这就是色彩的识别功能。

除了以上四个主要方面外，变形标志、印刷字体、辅助色彩、商标品牌、编排模式、象征纹样和吉祥物等也是基础设计系统不可缺少的组成部分。组织标准色的设计以强化审美意识，增强艺术感染力、突出组织风格，体现组织理念、展现组织个性为原则。

②应用设计系统：包括信用品形象系列、办公事务用品形象系列、商业文书表格形象系列、内外环境（如花圃）形象、员工服装形象系列、组织用车车体形象、广告宣传形象系列、公关促销用品形象系列。应用设计系统是对基础设计系统内涵的诠释，旨在创造出一个个性化、系统化的组织形象，给公众以美好、强烈的视觉体验。

3. 实施管理阶段

(1)建立相应的领导机构。CIS 设计开发阶段结束以后，原有的 CIS 委员会就应当进行改组，变成 CIS 管理委员会。

(2)CIS 的发布。企业 CIS 的导入是企业的一个重大事件，必须慎重地选择时机，举行隆重的发布仪式，以便在企业内部产生重大的震动，在社会上产生强烈的反响。因此，CIS 的发布最好是在企业的重要庆典、社会的重大节日、企业经营的转折关头等时机进行。

(3)企业理念的学习与认同。CIS 的核心是理念，一次 CIS 导入的过程也就是全体员工对企业宗旨再一次学习、理解、认识的过程。只有使企业理念真正落实到了全体员工的意识里，才能很好地发挥它的功效。

(4)行为识别的执行和拓展。组织全体员工认真学习企业的行为规范手册，是落实企业理念的具体行动。只有全体员工将企业的价值变成自己的一言一行，企业才能以一种崭新的面貌出现在社会面前。

(5)CIS 效果的评估。在企业 CIS 导入一段时间以后，应当对 CIS 的效果进行认真的评估，以便总结经验，发现问题，寻找进一步解决的方法。CIS 效果的评估可分为内部测试和外部测试，具体方法包括民意测验、当面访问、公众座谈、统计分析等。导入的效果可以通过公众对企业认知、信赖、好感及一流评价的变化表现出来。当然,CIS 的最终结果还是表现在企业经济效益的增长上。

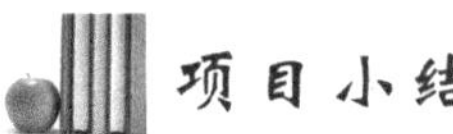

项目小结

在世界传媒高度发达的今天,组织形象的塑造越来越受到各类组织的重视,它们通过各种手段来充分展现组织的优势,抓住有利的时机不断强化和提高组织的形象地位和社会影响,创造自己的核心价值。本项目主要介绍了组织形象的内涵、组织形象的分析、组织形象的设计、组织形象的塑造,以及 CIS 战略的含义、功能、构成要素和导入等内容。

课程思政综合案例

尊崇物竞天择,共享生命价值——湖北省新华医院 CIS 策划案例

1. 案例思维引导

医院是否有竞争力,不是去看它做什么,或者渗透到什么领域,而是在这个领域里是否能够做好、做强、做大,是否有一种蓬勃向上的文化魅力。员工形象是医院形象的重要组成部分,员工是否认真地、真心实意地为患者服务也是医疗技术品质得以保障的关键。

2. 案例内容描述

湖北省新华医院 CIS 策划案例

2001 年湖北省新华医院率先从文化建设入手,以医院文化为先导着手培植医院新的核心竞争力。在经过周密的市场调研后,医院率先在国内医疗卫生行业中全案导入组织形象识别系统,将医院的经营观念与精神文化进行有效整合。在理念识别子系统中,医院提炼出了“共享生命价值”的新华理念,崇尚生命之美、生命之尊,遵循“物竞天择”的法则,积极主动参与市场竞争,以生命的互动实现价值的传递,倡导医院与患者、员工结为利益共同体,实现价值共享,共同创造美好未来,此举统一了员工的价值观。在行为识别子系统中,医院引进企业的管理文化,推行了员工通用行为规范、医护人员诊疗服务规范、后勤窗口岗位服务规范、语言行为规范、电话接听规范等,完善了配套的监管措施,使医院员工形成了统一的行为观。而在视觉识别子系统中,医院则借鉴优秀企业的经验,推出了一整套具有新华特色的视觉识别系统,从而增加了员工的集体荣誉感和向心力。通过以上三者的有机整合和推广,医院逐步建立、形成并优化了医院的综合形象,通过运用整体传达系统,将医院的理念传达给周边的群众,提升了医院内部员工的自我认识和公众对医院的外部认识,取得了意想不到的效果。

在这一范畴内,医院对外以客户为中心,实行人文关怀,营造温馨环境,获取患者的认同感;对内以员工为中心,实施人本管理,搭建宽松平台,培养员工的归属感;倡导人性化服务,推出服务之星,树立服务意识,培植先进人物的感召力。医院提出把“三个有利于”作为医院工作的出发点和落脚点。与此同时医院提出,医生围绕患者转,护士围绕医生转,后勤临床一线转,行政管理则应围绕患者全院职工转，整个过程中充分凸显人文关怀和人本管理，处处以人为中心，营造人文型的医院文化氛围。

医院提出医院使命，其目的是应对医疗市场的激烈竞争。“创造健康生活”是源于对市场的重新定位。提倡“创造”，是为了改变“坐堂行医”等患者来的被动状况，传递一种主动的工作态度；倡导“健康”，则体现医院的任务不仅仅是治疗，还包括客户患病前的预防、治愈后的康复以及对亚健康人群甚至健康人群的关注。在这一使命的指导下，全院统一了思想，职工的主人翁意识得到加强，同时也明确了市场营销的对象和方式，形成了自己独特的营销模式，拓展了医疗市场。

有了先进的管理理念就必须要有配套的管理措施。医院在2003年聘请北大纵横管理咨询公司对医院发展战略、品牌营销、组织结构、管理及业务流程、岗位说明、绩效考核体系、薪酬体系、员工职业生涯规划等模块进行设计，重新构建医院的管理体系，此举推动了管理文化向深层次发展。

“管理出品牌、管理出效益”，一个医院要想从优秀走向卓越，培植自己的核心竞争力，必须要有先进的管理理念和优秀的管理体系护航。随着医疗市场竞争的白热化，越来越多的医院已经清醒地认识到医院之间的竞争实际上就是医院文化的竞争，创新和培育独特的优秀医院文化已成为医院生存之本、兴盛之源，从新华医院的经验来看，先进的管理文化无疑是其核心所在。

3.案例德育价值

始终坚持全心全意为人民服务的根本宗旨，任何时候都必须把人民利益放在第一位，把实现好、维护好、发展好最广大人民根本利益作为一切工作的出发点和落脚点。

医院工作的出发点和落脚点要从广大患者的就医需求出发，患者是医院存在的前提，医院应全心全意为患者服务；实行人本管理，力争每个环节都让患者满意。

项目实践训练

组织形象的理解与分析

训练目的

1.理解组织形象的内涵。

2.分析组织形象的类型。

3.训练CIS战略的导入技巧。

训练内容

事件提示：视觉中国因为一张刷屏的人类首张黑洞照片的版权问题，被全网攻击。结果就是视觉中国的股价跌停，被主管部门约谈，网站关闭。从黑洞照片事件来看，视觉中国触发网民愤怒点就在于拿地球上唯一性的黑洞来激发用户好奇心，但是给照片打水印、标记作者，准备维权。网友对于视觉中国这样的“勒索”行为早就积怨已深，黑洞照片事件只是群众愤怒的一个出口。

黑洞版权事件还没结束，另一个更大的公关危机爆发了，那就是以共青团中央微博为首的党媒，开始质疑视觉中国平台上其他照片的版权问题甚至是合法性问题。官媒提问视觉中国："难道国旗也是你家的吗？"

训练项目

面对"版权风波"，视觉中国如何重新建立起正面的组织形象？

训练步骤

1. 教师安排训练任务，提出目标与要求；每个班级分成若干小组，从组织形象塑造的角度理解与分析。

2. 学生根据事件提示，收集资料与文献等进行学习。

3. 小组讨论，交流学习成果。

4. 以小组为单位，形成学习小结报告。

训练作业

1. 以小组为单位提交学习小结报告。

2. 小组以 PPT 形式汇报学习成果。

考核评价

评价标准	分数
每个小组提交的学习小结报告质量	60 分
PPT 汇报质量	40 分

项目九

公共关系危机管理

学习目标

★知识与能力

1.理解公共关系危机的概念、特征和类型。

2.分析公共关系危机产生的原因。

3.掌握公共关系危机处理的原则、程序及方法。

★情感与价值

1.树立公共关系危机预防意识。

2.妥善处理危机管理中各方利益关系。

3.学会在危机处理中提升责任感并增强使命担当的勇气。

案例导入

腾讯与老干妈的合同纠纷

2020年6月29日,中国裁判文书网披露了广东省深圳市南山区人民法院出具的民事裁定,同意原告腾讯要求查封、冻结被告老干妈公司价值人民币1624万余元的财产。6月30日晚,老干妈通过官方微信发布官方声明,称经核实,公司从未与腾讯签订联合市场推广合作协议或授权他人以老干妈的名义与腾讯进行任何商业合作。7月1日,贵阳警方通报,3人因伪造老干妈印章与腾讯签约被拘留。

腾讯上当受骗,活生生演变成一出大戏,因被骗而遭到网友群嘲"逗鹅冤"。霸气外露的小企鹅,可能也想不到有一天,会在老牌传统企业老干妈手上吃了个瘪,腾讯在当天用自嘲式公关来应对,推出了一支恶搞视频。我真是干啥啥不行,吃辣椒酱第一名,别人买一瓶假的亏8块,我亏1600万。通过恶搞某女团告别感言,腾讯成了大家心目中吃了假辣椒酱的憨憨企鹅,官方微博发布千瓶老干妈求骗子线索及傻白甜企鹅形象向公众示弱,在娱乐化的话题传播中,腾讯被骗的尬剧成了一场喜剧,以卖萌的人格化方式和用户沟通整件事情到此算是收尾,腾讯是憨憨企鹅不假,可这波反水式危机管理操作产生的价值可不止1600万吧!

任务一 认知公共关系危机

一、公共关系危机的含义

研究危机的先驱赫尔曼(Hermann)认为:危机是威胁到决策集团优先目标的一种形势。危机研究专家乌里尔·罗森塔尔(Uri Rosenthal)认为:危机就是对一个社会系统的基本价值和行为准则架构产生严重威胁,并且在时间压力和不确定性极高的情况下,必须对其做出关键决策的事件。学者巴顿(Barton)认为:危机是“一个会引起潜在负面影响的具有不确定性的大事件,这种事件及其后果可能对组织及其人员、产品、服务、资产和声誉造成巨大的损害”。本书认为,危机是一种特殊情况,也是一种突发性事件,是由不平衡和混乱状态引发的危险。

公共关系危机是指突然发生的、严重损害组织形象、给组织造成严重损失的事件,如恶性事故、顾客的投诉、员工罢工等。危机使组织面临严重的困难,面临强大的公众舆论压力和危机四伏的社会关系环境,使组织失去公众的信任,直接或间接地影响组织的生存和发展。

二、公共关系危机的特征

公共关系危机的特征主要表现在以下几个方面。

(一)突发性

公共关系危机事件是一种突发性事件,但往往是渐进式形成的。它的发生常常是在意想不到、没有准备的情况下突然爆发的,它是不可预见的或不可完全预见的。公共关系大系统是开放的,每时每刻都处在与外界的物质、能量、信息的交换和流动之中。其任何一个薄弱环节都可能因某种偶然因素而致失衡、崩溃,形成危机。从本质上讲,公共关系危机的爆发是一个从量变到质变的过程。危机事件一般在意想不到、组织毫无准备的情况下突然发生,具有突发性特征。危机事件容易给组织带来混乱和惊慌,使人措手不及,如果对事件没有任何防备就可能造成更大的损失。这一特征要求社会组织及其公关人员在工作中应当防微杜渐,并随时准备应付突如其来的危机事件。

(二)难以预测性

组织所面临的危机往往是在正常的生产经营过程中难以预料的,它在某种程度上具有不可预测性,会给组织带来各种意想不到的困难,特别是那些组织外部的原因造成的危机,往往是组织始料不及并难以抗拒的,如自然灾害、国家政策的变化、竞争对手的恶意攻击等。这一特征要求社会组织及其公关人员,时刻监测组织微观和宏观环境,并积极进行危机预防。

（三）严重的危害性

危机一旦出现，在本质上或事实上都会对组织、对社会造成相当的损害。对组织来说，它不仅会破坏目前正常的生产经营秩序，使组织陷入混乱，而且会对组织未来的发展带来深远的影响。从社会角度看，组织危机会给社会公众带来恐慌，有时还会给社会造成直接的物质损失，如产品质量不合格事故、污染环境等给人们生命健康造成的破坏等。公共关系危机爆发之后，组织的公共关系系统处在不稳定的状态中，有效的公共关系工作必定会在原本无序的公共关系状态中建构更牢固的公共关系大厦，使无序走向有序。这一特征要求社会组织及其公关人员沉着冷静，满怀信心地面对危机，采取主动心态，勇于面对，从危机中寻找和抓住任何可能的机会，树立组织的形象，解决好组织的重大问题，将危机的危害降到最低程度。

（四）舆论的聚焦性

现代社会，大众传播十分发达，加之危机事件总是在短时间内爆发，造成巨大影响，因此，它常常会成为社会和舆论关注的焦点、热点，成为竞争对手发现破绽的线索，成为媒介捕捉的最佳新闻素材和报道线索。总之，组织公共关系危机一旦出现，就会像一颗突然爆炸的炸弹，在社会中迅速扩散开来，对社会造成严重的冲击；就会像一根牵动社会的神经，迅速引起社会各界的不同反应，令社会各界密切注意。这一特征要求社会组织及其公关人员第一时间全面掌握事实真相，必须牢记“兵贵神速”，注重公共关系危机事件处理的及时性和时效性。

（五）不规则性

每次危机事件的出现原因、影响范围、对社会组织的危害和破坏程度等都不尽相同，因此，对危机事件的处理没有规律可循，这给社会组织处理危机带来了很大的难度。这一特征要求社会组织及其公关人员不能简单机械地寻找原因，而应整体分析，对症治疗。

（六）必然性

危机的必然性是指危机是不可避免的，只要有公共关系就会有公共关系危机。这是因为：首先，人们主观认识的局限性和客观规律的隐蔽性，使人们认识规律、驾驭规律的能力必然会存在偏差，所以任何的错误都可能变为现实。其次，公共关系是一个层次众多的大系统，包括了许多彼此联系的复杂的子系统，是一个多输入、多输出、多干扰的主控系统，不确定因素的复杂性增加了危机产生的必然性。再次，信息传播是公共关系不可或缺的因素，公共关系过程是一种信息传播过程，更是一种控制过程，从信息论的角度看，就是信源通过信道向信宿传递并引发反馈的过程。信息传递的过程中由于噪声的干扰势必产生失真现象，失真即有误差，误差导致错误，错误导致危机。最后，任何策划和决策都以信息为基础，而且方案的执行过程也是一个信息传播的过程，信息经过多层系、多渠道、多阶段的传输之后，其失真现象必趋严重，导致系统的稳定性减弱，一旦震荡度加大，危机便接踵而至。所以任何一个社会组织在它的发展过程中都会遇到性质不同、表现形式各异的危机。

三、公共关系危机的类型

公共关系危机按照不同的分类依据，主要分为以下类型。

（一）按照危机的严重程度划分

公共关系危机按照危机的严重程度不同可分为一般性危机和重大危机。一般性危机是指对组织及其公众产生轻微危害的危机事件，如公共关系纠纷。某种意义上说，公共关系纠纷还算不上真正的危机，它只是公共关系危机的一种信号、暗示和征兆。只要及时处理，做好工作，公共关系纠纷就不会转向公共关系危机，甚至于造成危机局面。重大危机是指对组织及其公众产生全面影响，并使组织形象和利益受到严重损害的危机事件，如产品的重大质量事故、组织的信誉危机、组织的重大工伤事故及大的劳资纠纷等。它是公共关系从业人员面临的必须及时处理的真正危机。如产品或企业的信誉危机、股票交易中的突发性大规模收购等，公关人员必须马上应付处理，最好在平时就有所准备。

（二）按照危机的涉及范围划分

公共关系危机按照危机的涉及范围不同可分为内部公关危机和外部公关危机。内部公关危机指发生在组织内部的公共关系危机。内部公关危机发生在组织之内，或者这种危机的发生主要是由该组织的成员直接造成的，如员工罢工、股东撤资等。外部公关危机是与内部公关危机相对而言的，是指发生在组织外部，影响多数公众利益的一种公关危机，本组织只是受害者之一。从这一角度具体划分公关危机的类型时，内部和外部是相对的。因为有些公关危机的发生，内部原因和外部原因都有，所承担的责任大小也相差不多，故对具体公关危机的划分与处理必须具体分析，恰当处理。如，谣言引起的危机，政府政策引起的危机，有关团体或机构公布某些信息而导致的危机，由于恐怖破坏活动引起的危机，涉及法律问题（如打官司）而引起的危机，涉及种族、宗教、文化差异、性别歧视等社会问题而引起的危机，组织的计算机网络被“黑客”袭击而导致的危机。

（三）按照危机给企业带来损失的表现形态划分

公共关系危机按照危机给企业带来损失的表现形态不同可分为有形公关危机和无形公关危机。有形公关危机是指给组织带来直接而明显的损失，凭借肉眼即可观测到组织损失的危机。例如，房屋倒塌、爆炸、商品流转中的交通事故等造成的人员伤亡或财产损失。有形危机的特点主要有：第一，危机的产生与造成的损失大多数是同步的；第二，危机造成的损失明显，易于评估；第三，危机造成的损失难以挽回，只能采用其他措施补救。无形公关危机是指危机事件的发生严重损害组织形象，如果不采取紧急有效的措施阻止，已受损害的组织形象将使组织蒙受更大的有形损失。例如，信誉危机、商誉危机等。无形公关危机具有下述特征：第一，危机始发阶段，损失不明显，很容易被忽视；第二，危机发生后，若任其发展，损失将会越来越大；第三，这种危机造成的损失是慢性的，可采取相应的措施补救。

四、公共关系危机产生的原因

在现实生活中，公共关系危机往往由多种因素共同引发，公共关系危机的特点决定了我们不能机械地、简单化地寻找原因。公共关系危机产生的原因可分为内部原因和外部原因两个方面。

（一）内部原因

1.组织自身素质欠缺

组织自身素质欠缺的核心是人员素质不高，包括领导素质和员工素质。组织自身素质低下不仅可能引发公共关系危机事件，而且在危机事件出现后也难以自觉有效地处理危机事件。如果企业领导人知识水平一般、领导能力差，那么对员工肯定缺乏威信和号召力，对外部公众则容易产生沟通协调问题，而这都会导致公共关系危机的出现。同领导人一样，员工的素质同样不可忽视。由于员工更多地与顾客直接接触，因此他们言行上的不慎可能会在顾客中造成不好的影响，从而带来企业形象危机。

2.管理缺乏规范性

管理缺乏规范性包括两方面：其一是组织基础工作差，管理的规章制度不健全，工作无定额，技术无标准，计量无规矩，操作无规程；其二是员工行为无规范，员工工作无计划，不讲质量，不讲服务礼节，不讲信誉，不讲职业道德，甚至严重损害公众的利益，伤害了公众的感情。这些都是导致公共关系危机的祸根。

3.经营决策失误

经营决策失误主要体现为方向的失误、策略的失误、时机的失误等。这些失误可能严重危及社会公众、社会环境的利益要求，也可能引发公众对组织的敌视、反感和排斥，使组织陷入危机。

4.法治观念淡薄

现代社会是法治社会，任何组织都应具有法律意识，都应知法、懂法、守法，并将组织的生产经营活动置于法律的监督和保护之下，否则，企业的生产经营行为将会损害公众的利益，违反国家的法律，最终导致公共关系危机，严重损害组织形象。

5.公关行为不当

各种公关行为是塑造组织形象、扩大组织社会影响力的必要手段，如果社会组织公关行为失误，如公关活动组织策划不当、实施公关活动准备不充分、忽视与公众的信息沟通等，不仅起不到应有的作用，还会危及企业的形象，给企业带来危机。

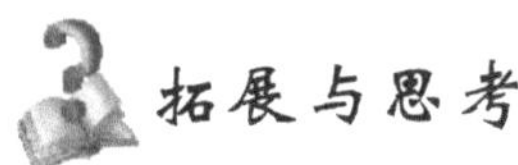

拓展与思考

特斯拉上海车展维权事件

2021 年 4 月 19 日，上海车展上一位身穿印有“刹车失灵”T 恤衫的车主站上特斯拉车顶维权。19 日下午，特斯拉中国副总裁回应车展维权事件：特斯拉没有办法妥协。20 日早间，上海市公安局青浦分局官方微博发布通报称：“特斯拉车展遭遇车主维权”事件涉事女子张某因扰乱公共秩序被处以行政拘留五日，李某因扰乱公共秩序被处以行政警告。25 日上午，张某行政拘留期满，被解除拘留。

4 月 20 日，郑州市市场监督管理局回应“车顶维权”：特斯拉拒绝提供行车数据。4 月 20 日晚，特斯拉公司在其官方微博向客户致歉，并表示已成立专门处理小组，尽全力满足车主诉求。4 月 21 日，国家市场监督管理总局责成河南省、上海市等地市场监督管理部门依法维护消费者合法权益。

4 月 22 日，特斯拉向中国市场监管报记者提供了车辆发生事故前一分钟的数据，并做出一份文字说明。4 月 26 日，特斯拉再道歉，称会全力解决好现存问题。5 月 6 日，张女士向安阳市北关区人民法院递交民事起诉状，要求依法追究相关人员的法律责任。

思考：通过此次事件，结合所学内容，分析并讨论特斯拉的危机公关是否得当。企业在危机管理中，应如何体现对顾客的尊重？

（二）外部原因

1. 自然环境突变

自然环境突变包括自然灾害和建设性灾害两个方面。自然灾害是不以人的主观意志为转移的，它往往给组织带来意想不到的打击，如台风、洪水、地震等。建设性灾害指由于人类出现短视、决策失当等原因，没有按照客观规律办事所导致的破坏机制，如人为因素造成的溃坝事件、乱砍滥伐导致的泥石流等。这些灾害具有很大的破坏性、无法回避性，常常使组织面临灭顶之灾。

2. 组织间的恶性竞争

恶性竞争即不正当竞争，指市场经济活动中，经营者违反法律规定，损害其他经营者的合法权益，扰乱社会经济秩序的行为，包括诋毁竞争对手、假冒他人的注册商标等。这些恶性竞争行为都可能导致社会组织出现公共关系危机。

3. 公众的误解

公众对社会组织的了解并不都是全面的，有的公众会因偏听偏信、小道消息等对社会组织产生误解，因而形成对组织的敌视和偏见，给组织带来负面影响。

4. 舆论的负面报道

传媒的舆论导向作用是非常显著的，在某种程度上讲，传媒宣传还起到树立某种社会评价标准的作用，往往直接影响民众对某种社会现象的评价态度与关注程度。因此，对任何一种舆

论引发的负面报道，都必须引起足够的重视。

5.政策体制不利

国家的政策和管理体制对社会组织的经营和发展有着重大的影响。国家政策对组织的发展不利，管理体制的不顺，都会给组织带来风险，使组织出现危机，陷入困境。

五、公共关系危机的预防

对公共关系部门而言，危机的预防有两个环节：一是预测危机，即及时发现产生危机的“萌芽”；二是制订处理危机的对策，即当危机一旦发生不至于手忙脚乱，而是从容不迫地采取有效措施。这就需要平时要有应付危机的准备。

（一）增强全体员工的危机管理意识

任何一个组织，无论性质、类型、规模如何，也不管其过去的历史和现在的情况怎样，都免不了出现危机。因此，组织必须经常对全体员工进行危机教育，开展有关安全、法律、质量等方面的培训，培养员工的忧患意识，使员工树立居安思危、未雨绸缪、防患于未然的思想，减少危机发生概率，防止危机到来时内部出现恐慌和混乱。

（二）建立漏洞审查制度

加强问题管理，及时解决小问题，堵住漏洞，将危机预防工作落到日常工作的实处，减少公关关系危机形成的概率，防患于未然。社会组织公共关系危机事件形成的原因主要包括社会组织内部因素、相关公众因素、传播媒介因素和社会环境因素。在以上诸因素中，存在着许多社会组织的可控因素，只要对这些可控因素加以控制，使其保持正常状态，就有可能减少危机形成的概率，进而把危机的发生率降到最低。

（三）建立公共关系危机预警系统

任何公共关系危机事件的形成都要经过潜伏期、初显期和爆发期，而任何时期都会显示出危机产生的信号。组织可采用各种监控手段进行监测，以便在危机的潜伏期和初显期及时发现危机的苗头，并采取果断措施，把危机消除在萌芽状态；组建危机管理小组，并对其进行专门培训；建立公共关系危机预警系统，制订应变计划与应变对策以应付危机事件，为危机事件的处理打下良好的基础，提高公共关系危机事件的处理水平。

（四）保持良好的媒介关系

建立与媒介长久的、融洽的、互信的关系，有利于在危机出现时传播更多有利于组织的真实信息。良好的媒体关系是靠平时积累、慢慢培养出来的，组织应积极配合媒体的工作，主动向记者和有关媒介提供最新、最具新闻价值的信息和各种新闻素材，及时通报组织内部发生的重大事件，吸引媒介的关注，争取有利于组织的新闻报道。组织平日应注意与新闻界人士保持良好的沟通与往来，对记者以礼相待、以诚相待。如果记者有需要，组织应该伸出援手，急他们之所需，主动帮助他们解决困难。

任务二　公共关系危机的处理

社会组织在处理危机事件时,决不能随心所欲,跟着感觉走,必须按照危机处理原则,遵循危机处理程序,运用危机处理的技巧和方法,妥善地加以处理,以便尽早赢得公众的谅解和信任,尽快恢复组织的信誉和形象。

一、公共关系危机处理的原则

(一)真实性原则

组织在处理危机的过程中,无论是对组织内部职工,还是对新闻记者、受害者、上级领导等,都要实事求是,不能隐瞒事实真相。

(二)及时性原则

及时性原则是指危机一旦发生能及时给予控制。危机突发时,可能会造成一定程度的混乱,并给人们心理上造成紧张、恐惧,各种谣言也最易流传。因此社会组织必须当机立断,快速反应,果决行动,与媒介和公众进行沟通,迅速控制事态,否则会扩大危机的范围。

(三)主动性原则

主动性原则即主动承担责任原则。危机发生后,公众会关心两方面的问题,一是利益问题,二是感情问题。无论谁是谁非,社会组织都应该承担责任,即使受害方在危机事件中有一定的责任,社会组织也不应先追究其责任,否则会加深矛盾,引起公众的反感。社会组织应站在受害者的立场上表示同情和慰问,并通过新闻媒介向公众致歉,赢得公众的理解和信任。

(四)灵活性原则

公共关系危机事件是形形色色的,具有不规则性的特点,因此,对危机事件的处理手段也不尽相同,公关人员应根据危机事件的具体情况,进行针对性、灵活性的处理。

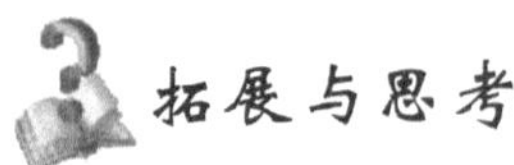

拓展与思考

湖北十堰燃气爆炸事故

2021 年 6 月 13 日 6 时 40 分许,湖北省十堰市张湾区艳湖社区集贸市场发生燃气爆炸事故,截至下午 14 时,事故共造成 12 人死亡,138 人受伤,其中重伤 37 人。据国家卫健委官网消息,卫健委已派出 6 人紧急医疗救援专家组奔赴湖北十堰,国家级医疗专家组由北京积水潭医院和北京大学第六医院的 6 名专家组成(烧伤科、重症医学科、心理科各 2 名),专家组组长由北京积水潭医院烧伤科主任沈余明担任。下一步,十堰市将全力救助伤员,尽最大努力挽救生命,减少人员伤亡损失;全力做好周边社区居民的疏散和有序安置工作;妥善处理死亡人员善后工作,全力做好伤亡人员家属安抚工作;抓紧调查事故原因和责任倒查追究;抓紧对周边房屋的安全鉴定，包括水、电、燃气等隐患排查；及时通报最新进展；举一反三，全力做好全市安全生产大排查。2021 年 6 月 14 日晚，省委书记在十堰市主持召开会议，宣布省委省政府成立十堰市艳湖社区集贸市场燃气爆炸事故调查组，研究部署事故调查工作。省委书记强调，要不折不扣贯彻落实习近平总书记重要指示要求，坚持人民至上、生命至上，进一步增强政治敏锐性，以对历史负责、对人民负责、对事实负责的态度，从严、从实、从细做好事故调查处理，尽快查明原因，严肃追责问责。

思考：这一危机事件的处理过程体现了哪几种公共关系危机处理原则？

二、公共关系危机处理的程序

一般来说，公共关系危机处理的基本程序如下。

（一）成立机构，制订方案

成立处理危机事件的专门机构是有效处理危机事件的组织保障。机构的组成人员应包括组织负责人、公共关系部门负责人和经过培训的危机处理人员。危机处理机构的成员应尽快确定应急方案，另外还要指定新闻发言人和值班人员。危机发生之后，危机处理小组应在高层领导的带领下，亲临危机事故现场，指挥抢救工作，并委派专业人员调查事故，确实弄清危机事件发生的时间、地点、原因、人员伤亡、财产损失等情况。

（二）采取措施，控制损失

危机事件发生后，各种传闻、猜测都会发生，媒介也会纷纷报道。因此，组织一定要按照拟订的应急处理方案，全力采取措施，尤其要珍视组织的声誉和形象。例如，组织可以委派“发言人”主动与媒介联络，特别是首先报道事件的记者，务必尽可能以最快的速度来召开新闻发布会或记者招待会，以“填补信息真空”，掌握舆论主导权。在新闻发布会上，一方面向新闻界介绍危机有关情况，公布组织正在采取的措施；另一方面，恳请新闻媒介密切配合，防止不利的消息和舆论。多次的新闻发布会上，新闻发言人代表组织“以我为主”公布消息，使信息传递口径统一。上述措施有利于控制事态的进一步发展，把损失控制在最低限度。

（三）深入现场，了解事实

通过观察、访谈等方式，组织要迅速弄清危机事件发生的原因、人员伤亡和财产损失等情况，掌握事态的发展及控制的情况。

（四）分析情况，确定对策

在掌握危机事件真实情况的基础上，组织要深入研究和确定应采取的对策和措施。对策和措施不仅仅要考虑危机本身的处理，还要考虑如何处理好危机涉及的各方面关系。确定的对策既要考虑如何对待投诉公众，如何对待媒介，如何联络有关公众，如何具体行动，更要考虑如何抓住蕴含的机遇，恢复声誉，重返市场针对不同的公众，采取相应的对策。

(五)总结评估,重塑形象

危机处理组织机构应对危机处理情况进行全面检查、评估,并将检查结果向领导机构、公众和媒介公布,表明社会组织敢于承担责任,从公众利益出发,认真做好善后工作,才能恢复和重新塑造组织形象。

三、公共关系危机处理的对策

公共关系危机处理的对策包括总对策和具体对策。总对策要求尊重事实,迅速调查,妥善处理,做好善后工作,重塑组织形象;具体对策要根据不同的公众对象,分别采取不同的对策。

(一)针对受害者的对策

其主要包括:①认真了解受害者情况后,诚恳地向他们及其亲属道歉,并实事求是地承担相应的责任;②应由专人负责与受害者及其亲属慎之又慎地接触,耐心而冷静地听取受害者的意见,包括他们要求赔偿损失的意见;③给受害者安慰与同情,并尽可能提供其所需的服务,尽最大努力做好善后处理工作;④避免与受害者及其家属发生争辩与纠纷,即使受害者有一定责任,也不要在现场追究;⑤应避免出现为自身辩护的言辞;⑥了解、确认有关赔偿损失的文件规定与处理原则;⑦向受害者及其家属公布补偿方法与标准,并尽快实施。

(二)针对新闻界的对策

其主要包括:①如何向新闻界公布危机事件,公布时如何措辞,采用什么形式,有关信息怎样有计划地披露等事项应事先达成共识,统一口径;②成立临时记者接待机构,由专人负责发布消息,集中处理与事件有关的新闻采访,向记者提供权威的资料;③对新闻界表示出合作、主动和自信的态度,不可采取隐瞒、搪塞、对抗的态度;④主动向新闻界提供真实、准确的消息,公开表明组织的立场和态度,注意提供公众所关心的消息,如补偿方法、善后措施等;⑤为了避免报道失实,向记者提供的资料应尽可能采用书面形式;⑥除新闻报道外,可在刊登有关事件消息的报刊上发歉意广告,向公众说明事实真相,并向公众表示道歉及承担责任;⑦当记者发表了不符合事实真相的报道时,应尽快向该报刊提出更正要求,指明失实的地方,并向该报刊提供全部与事实有关的资料,派重要发言人接受采访,表明立场,要求公平处理,但应尽力避免相互产生敌意。

(三)针对消费者的对策

其主要包括:①所有的危机处理对策、措施,都应以尊重消费者权益为前提;②热情接待消费者团体的代表,回答他们的询问、质询,听取受到不同程度影响的消费者对事件处理的意见和愿望;③通过不同的传播渠道向消费者传递说明事件梗概的书面材料;④及时与消费者团体中的领导以及意见领袖进行沟通、磋商;⑤通过不同的渠道公布事件的经过、处理方法和今后的预防措施,公布与消费者团体达成的一致意见或处理办法。

（四）针对上级领导部门的对策

其主要包括：①危机事件发生后，要以最快的速度向组织的直属上级部门实事求是地报告，争取他们的援助与支持；②在危机事件的处理过程中，应定期汇报事态发展的状况，求得上级领导部门的指导；③危机事件处理完毕后，应向上级领导部门详细地报告处理的经过、解决方法、事件发生的原因等情况，并提出今后的预防计划和措施。

四、常见公共关系危机事件处理要点

（一）内部纠纷事件处理要点

组织的内部纠纷事件通常是由于员工的后顾之忧无法得到解决、物质利益被忽视、工资奖金分配不合理、福利待遇偏低、工作环境差、对待员工不能一视同仁、处理问题不公平等引起的。处理要点为：①认真倾听并吸取员工的意见和建议；②尽量化解矛盾，协调关系，给员工在物质和精神方面给予一定的补偿；③增强组织的透明度，加强沟通，让员工了解组织的难处，求得员工的理解；④对领导者的不合理行为做出严肃处理，以平息员工的不满情绪；⑤事件平息后将事件处理结果向员工公布，争取员工的谅解。

（二）顾客投诉事件处理要点

顾客就某个问题对组织进行投诉，是顾客的正当权益。虽然投诉对组织的形象不利，但组织应正确、理性地对待，并做出妥善处理。处理要点为：①诚恳倾听投诉意见，对投诉者表示同情和感谢；②听完投诉后应立即表态，对投诉对象做出妥善处理；③对不合理投诉要耐心地解释，并给投诉者适当安抚；④如发现投诉具有普遍意义，可视情况采取相应对策，如登发广告启示、组织退货等，以挽回不良影响；⑤对合理投诉者进行适当奖励，以求广大顾客的关心和理解。

（三）火灾事件处理要点

火灾是一种严重的安全事故，对组织的形象损害极大，必须及时妥善处理。处理要点为：①发现火警后，立即通知消防部门，并根据情况迅速做出安排，组织灭火；②迅速进入现场，奋力抢救各类人员及财产；③及时做好对伤亡人员的抢救和处理工作，并对其家属做好安抚工作；④深入调查火灾事件的原因，并做好记录，写出报告；⑤根据情况对火灾事故责任人做出严肃处理；⑥将调查结果、事故原因、损失情况、处理情况等，实事求是地提供给政府部门及新闻单位，以控制舆论走向；⑦组织员工总结经验教训，制订防火措施，争取各方理解，恢复和重建组织形象。

（四）报道失实事件处理要点

报道失实事件是指新闻媒介报道的情况与事实本身不符时而导致组织的形象受损，甚至出现严重的后果。处理要点为：①迅速搜集新闻媒介失实报道的信息内容，并核准其失实程度；②立即根据事实向发表失实报道的新闻单位提出更正要求；③尽力找到失实报道的记者、编辑及制作者，诚恳地提出更正要求和理由，必要时要督促其发表更正或道歉；④如失实报道的新闻单位和个人拒不“认账”，可通过上级主管部门出面处理，借其他新闻单位发表文章或广告，把真实情况公之于众；⑤如失实报道情节特别严重，给组织带来不良后果和严重损失，可诉诸法律，依法维护组织声誉。

（五）谣言传播事件处理要点

谣言传播一般指不正确事实的非正式渠道传播，它是对事实的蓄意渲染、夸大、歪曲，或根本是无中生有。谣言具有一种暗示力量，流传广泛，易造成组织形象和信誉的损害。其处理要点有：①做好深入细致的调查研究工作，对谣言进行追根溯源，揪出谣言制造者，并给予适当处理。②邀请本领域、本行业的权威人士、有关领导、新闻记者及其他有关公众到本组织参观考察，并请有关人士发表讲话，做出表态，以澄清事实，妥善辟谣。③如有必要，可组织新闻发布会，就有关问题向新闻界做出说明，公开事实真相；若能请有关公众现身说法，驳回谣言，效果更佳。④认真检查组织自身存在的问题，找出原因，勇于改过。⑤倘若属于不正当竞争而发生的恶性中伤事件，则应针锋相对，据理力争，甚至通过法律途径解决。

任务三　网络公共关系危机的应对

网络危机公关是组织借助互联网维护形象的公关活动，尽量避免让公众在搜索组织的相关人物与产品服务中出现负面信息。网络的普及加快了组织危机传播的速度，组织要想增强自身的网络危机公关能力，必须掌握网络公共关系危机处理方针与方法。

一、网络公共关系危机处理方针

网络是把双刃剑，既给组织带来广阔市场，也让组织危机四伏。如何防范与化解网络危机是组织必须重视的新课题。组织在处理网络危机过程中可以坚持以下方针。

（一）建立和完善网络危机预防机制

在极速发展的大数据时代下，组织传统的公共关系策略已经无法全面应对网络危机，如何有效地应对网络危机已成为组织公共关系关注的重要部分。在组织的日常公共关系工作中，应建立和完善防范网络危机的机制，使得防范网络危机的工作制度化和常态化，提高组织的公信力；可以设立网络安全专员，建立网络预警机制与监测体系；加强全员的网络安全培训，在危机没有爆发之前，全面监测社会舆论导向，防止负面信息在网络上的扩大传播，减少危机造成的损害，做到未雨绸缪。

（二）勇于承担责任，公正还原事件真相

敢于承担责任是组织面对网络危机的首要原则。网络时代下的危机事件传播不同于传统的传播方式，网络中片面失实的语言会诱发广大网民的一种负面情绪，然后再经过推测加工放大后传播，这一切的驱动力都是情绪的传染。在这个传播过程中，绝大部分人不会在意真相，只是喜欢相信想象。面对负面情绪，应对的态度要比事实重要，组织要以承担责任的心态去对

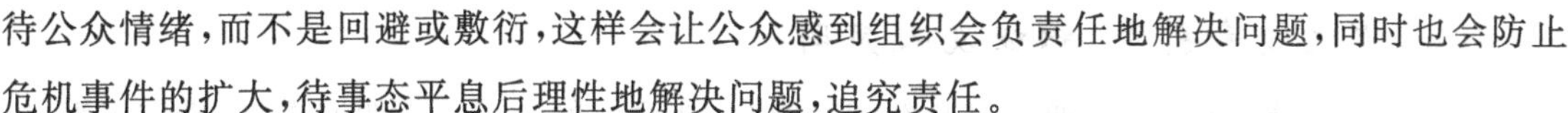

待公众情绪，而不是回避或敷衍，这样会让公众感到组织会负责任地解决问题，同时也会防止危机事件的扩大，待事态平息后理性地解决问题，追究责任。

（三）迅速反应，掌握舆论话语权

网络传播的广泛性决定了一条信息可以在很短时间内迅速被全球多个不同网络传播平台予以发布，使得信息短时间内在网上被传得铺天盖地，信息传播后出现的后果也是无法控制和预料的。当出现网络危机时，组织需要反应迅速，及时做出回应，积极争夺网络话语权，重新设置舆论议题，化被动为主动，使舆论方向朝积极的方面发展，重新建构组织与公众的关系，重塑组织良好形象。

（四）加大信息公开度，消除公众疑虑

网络社会像一个信息超市，公众不是被动的信息受众，而具有很大的自由性与选择性。在网络中，人们只会选择跟自己观点相近或相似的信息，而缺少不同经验的分享，所以，有关事件不同版本的解说在经过一段时间传播后，会朝着极端方向发展。负面舆论出现之时，组织唯一的选择是开诚布公地向公众传播真实信息，满足公众的愿望。为了防止网络以讹传讹的扩大，及早化解公众不满情绪，要将事件的真相、处理方法公之于众，缓解舆论压力。

总之，危机发生后，公众会关心两方面的问题：一方面是利益的问题。利益是公众关注的焦点，因此无论谁是谁非，企业应该承担责任。即使受害者在事件发生中有一定责任，企业也不应首先追究其责任，否则会各执己见，加深矛盾，引起公众的反感，不利于问题的解决。另一方面是感情问题。企业应该站在受害者的立场上表示同情和安慰，并通过新闻媒介向公众致歉，解决深层次的心理、情感关系问题，从而赢得公众的理解和信任。

二、网络公共关系危机处理方法

网络危机的传播速度与影响力超出了组织的想象，当网络危机到来时，组织务必做出迅速反应，以积极务实的态度面对问题，抢占舆论先机。组织可以采取以下方法。

（一）建立危机预警与评估体系，加强信息监测

组织应根据自身特点与实际情况建立危机预警与评估体系，及时了解危机动态。预警与评估体系内容包括分析危机发生的频率、危机发生的影响力、危机管理的难度及危机引起的公众关注度，形成完整的危机分析表。组织如果在第一时间及时发现危机信息，并加以有效预警、处置和引导，避免其进一步传播和发酵，既有利于解决涉及的相关问题，也有利于维护组织形象。

（二）成立网络危机处理机构

网络危机处理过程是一个系统性过程，危机的复杂性与多变性需要组织成立网络危机处理机构，成立以组织高层领导为组长，网络安全专员牵头技术部门、生产部门、公关部门、客服部门和法律部门等各方面组成的网络危机处理小组，这样可以确保高效率地处理危机工作。

(三)优化搜索引擎,积极发表声明

网络危机到来之时,组织通过召开新闻发布会、在官方网站发表声明网页,或借助报纸、电视台、杂志等主流媒体发表新闻稿等途径发表官方声明,以此来平复公众情绪。如果产品或服务出现缺陷时,应公开道歉。官方声明必须有足够的诚意和耐心,否则会适得其反。优化搜索引擎,是解决公共关系危机的一个重点技术应用区域,搜索引擎使网络行为模式变得更加捉摸不定,当危机出现时,人们希望看到企业的说法,希望解决问题,消除顾虑。其实,危机出现时,可以优化搜索引擎,在技术层面上使得公司的声明、新闻、相关链接排在关键词搜索的前列,来化解互联网的"声誉"危机。

(四)采取实际行动解决问题

只有采取实际行动才能化解危机,对于网络病毒以及黑客攻击可以迅速组织技术人员进行维修,尽快恢复网站和服务,加强网络维护与管理,增强公众信心,配合公安机关追查攻击来源,必要时运用法律武器保护自身合法权益。

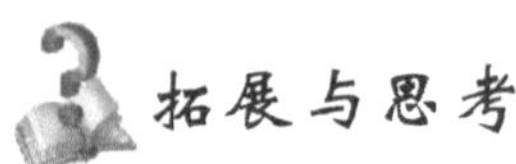
拓展与思考

宜家顾客挤占公共空间现象

2019年8月,有网友爆料,夏天很多人去宜家蹭空调,躺在宜家的家具上睡觉,认为此举是在挤占其他顾客的公共空间,抹黑了店面形象。不仅如此,据媒体报道,有的顾客在宜家不仅坐上沙发,还脱了鞋、盘上腿,仿佛在自家客厅般怡然自得。

8月22日宜家中国区总裁表示,宜家很高兴看到人们来宜家休息,宜家希望打造一个人们和朋友聚会的地方,给消费者非常愉悦的体验。

网友称赞宜家这次公关是顺势而为、包容开放的大气之举。网友认为这种顾客挤占公共空间现象既然已经发生,宜家已经无法阻止,那么干脆就顺势而为,欢迎与支持用户来体验,体现宜家的包容大气之举。在新闻事件上热搜之后,宜家为下一步企业战略线上、线下购物平台的贯通免费打了一波广告。而经过这次事件后,宜家在网友心中好感度不断上升,网友在购物时倾向性更强,线上平台的搭建也更轻松与容易。

思考:宜家"顺势而为"体现了怎样的公关思维?你是如何理解案例中顾客的行为的?

三、网络危机公关的对策

网络时代,面对随时可能出现的网络公共关系危机,有最基本的三项工作是任何一家企业都应该做到的。

(一)实施网络信息检测

为了避免网络公共关系危机的出现,企业首先应该随时了解自己在网络上的信息动态、受关注程度以及口碑状况。

企业应当进行网络新闻监测。企业随时了解自己在网上出现的最新新闻信息，才能最快速地处理负面信息，有效避免一些负面信息最终发展成为一场大的网络公共关系危机。众多公关公司会为其客户提供这样的新闻监测服务，一旦出现相关负面信息，就可以及时通知企业并采取相应行动。

另外，重视网络口碑的企业还应当进行网络舆情的监测。企业可以通过监测自己和竞争对手在网络上被搜索的次数/关键词、被提及和评论的频率以及口碑状况，了解自己和竞争对手网络舆论的数量和质量，在必要时可以更及时地启动网络危机公关。

（二）持续优化网络档案

既然在网络时代舆情具有十分重要的意义，那么企业就应该像过去记录“人事档案”一样，建立企业的“网络档案”，为控制舆情建立基础。

一方面，企业应当进行必要的网络媒体新闻发布。针对企业的相关事件，在行业、财经等网络媒体上发布相关新闻，丰富网络信息内容。而加上媒体的权威性，给相关事件又进一步增加了可信度，从而提升了公司的整体形象，强化了生意伙伴的信心。

另一方面，企业应当谨慎应对负面口碑。针对网上出现的一些负面口碑，企业尽量避免“网络舌战”，同时必须谨慎使用“删帖公司”，警惕网络“左右互搏”。“网络舌战”可能反而使负面信息在网络上获得更高的关注度，被搜索引擎排到“网络档案”的更高位置。而许多打着“网络公关公司”旗号的删帖公司不仅不会考虑企业整体的公关策略与效果，甚至有可能采取“右手删帖、左手发帖”的伎俩，使企业的网络负面口碑陷入恶性循环，使危机不断加重。

（三）实事求是，勇于面对公众质疑

一方面，当企业危机出现后，应该勇于承担，危机公关中“态度决定结果”。公关传播考虑的是如何影响人的心理，现代人都有很强的自我意识和消费者至上理念，如果危机公关采用一种强势的宣传姿态去表达，会很容易激发人们的反感；反而放下架子，真诚沟通，会使人们产生对企业或品牌的好感。要知道，网络不像传统媒体，网络中个体也有信息传播权和舆论批评权，网络的长尾效应使个体左右舆论的能力可以与传统媒体匹敌。

另一方面，当危机出现时，人们希望看到企业的说法，希望解决问题，消除顾虑。但通常情况下搜索引擎看不到来自企业自身任何正式的回应或者说明，这在现实中增强了大众对“危机”的认同。主要原因是企业危机公关对搜索引擎的认识不够。网站公关作用巨大，它是以优化搜索引擎为核心的，当然这不是一蹴而就的，需要一个完整的技术和服务体系。

在网络环境中，危机的传播工具、途径、速度、范围等因素都发生了一定的变化。企业应建立完善的应对网络环境下的危机管理系统，及时地调整应对危机变化的方式方法，关注网络、手机等新媒体的发展。因此，当企业出现网络公共关系危机时，最好还是找一家专业的公关公司进行全面的策划和操作，这样才能真正达成网络危机公关的既定效果。

项目小结

本项目的主要目的是引导学生正确认识公共关系危机管理。在纷繁复杂的网络时代背景下，组织与其社会公众之间的矛盾和冲突借助网络不断升级，进而演变为公共关系危机。组织的公共关系危机可能在短时间内迅速扩散和蔓延。面对公共关系危机，社会组织应采取恰当的对策和措施加以处理，否则，会影响组织的生存和发展。本项目主要介绍了公共关系危机的含义、特征和类型以及处理的原则、程序及方法，分析了处理网络公共关系危机的方针与方法。同学们在学习过程中，应自觉形成良好的危机管理意识，在个人管理与组织管理中践行社会主义核心价值观，树立正确的责任观，正确处理公共关系的各类危机。

课程思政综合案例

甘肃山地马拉松事故造成21人遇难——危机管理刻不容缓

1.案例思维引导

21条生命的消逝，是多么惨痛的代价！对于个体而言，再多的遗憾与追悔，也无法让他们复生。因此为了今后更多人的安全，避免这样的悲剧再发生，反思和追问是绝对必要的。此案例可以从以下三个角度进行分析：其一，目前，我国正处在公共危机事件的多发时期，国家是否具备现代意义上的危机管理能力，能否正确应对危机，不仅关系到国家安全和社会稳定，更关系到人民的生命财产安全，还将对整个经济社会发展产生广泛而持续的影响。从政府来讲，需要加强政府与社会的联系机制、协调机制，防止因为各自为政、信息不通、效率低下而影响救援的有效进行；需要加强和完善危机处理中法律法规机制建设以及监管体系的建立。其二，近年来，或是从提升城市的知名度、推动经济发展的角度考虑，全国各地的马拉松赛事越来越多。因此，我国马拉松也面临着赛事质量良莠不齐、赛事管理人才缺乏、社会资源相对有限的问题，而且此类高风险运动在公共危机管理方面缺乏完善的监管体系。马拉松是极限运动，越野跑额外增加了挑战难度，对参赛者和赛事方都有很高的专业要求。挑战极限的越野赛事，安全管理是头等大事，理应严之又严，细之又细。据有山地越野运动经验的网友说，在山地马拉松赛事中，冲锋衣等保暖装备一般都是“强制装备”，必须经过严格检查，保证运动员随身携带后才能允许其参赛。然而在这场西北高海拔山区赛事中，冲锋衣仅仅是“建议装备”，赛前对保温毯等强制装备的检查也并不充分。其三，合理安排、设计、协调赛事各个环节，对赛事举办中易发生危及公共安全和参赛者人身安全的各类风险和突发事件制订预案，是国家体育总局对马拉松赛事的基本要求。可是有的承办企业根本不具备组织高风险体育赛事的资格和能力，只重视设置高额奖金等奖项吸引选手参赛，急功近利。一些地方政府相关部门在指导与监督上不想管或不会管，有的甚至存在严重的安全隐患，极易导致发生安全事故。希望借由此次马拉松安全事故，能够为各地赛事组织者带来警醒，保证参赛者的人身安全应是赛事举办的最基本要求。

2. 案例内容描述

2021年5月22日上午10时，第四届黄河石林山地马拉松百公里越野赛暨乡村振兴健康跑在黄河石林南山广场鸣枪开跑。该赛事由白银市委、市政府主办，景泰县承办，具体赛事运营由甘肃晟景体育文化发展有限公司负责，共计172人参与百公里越野赛。下午1时左右，黄河石林景区通过其官方微博发布，该活动已产生名次。但就在中午，陆续有参与者开始通过社交平台开始呼救，称有参赛者在高海拔地区遭遇极端天气，气温骤降，很多参赛人员失联。据新华社从黄河石林山地马拉松百公里越野赛失联救援指挥部介绍，当天中午1点左右，百公里越野赛高海拔赛段20公里至31公里处，受突变极端天气影响，局地出现冰雹、冻雨、大风等灾害性天气，气温骤降，参赛人员出现身体不适、失温等情况，部分参赛人员失联，比赛停止。当地马上组织多方力量搜救失联人员。接到当地报告后，甘肃省委、省政府第一时间召开专题会议，立即启动应急预案，成立失联救援指挥部并组织救援力量700余人投入搜救。截至23日8时，共搜救接回参赛人员151人，其中8人轻伤在医院接受治疗，21名参赛人员找到时已失去生命体征。172人参赛，21人遇难，一场比赛的死亡率竟高达12.2%，其中包括多位国内马拉松赛事的顶尖选手。这项造成巨大悲剧的山地马拉松，是甘肃省白银市景泰县连续举办的第四届赛事。2018首届黄河石林马拉松赛事，曾被中国田径协会授予“自然生态特色赛事”“中国马拉松铜牌赛事”两个奖项。5月23日上午，甘肃省白银市就第四届黄河石林山地马拉松百公里越野赛事故举行新闻发布会，会上，白银市市长鞠躬道歉并说：“在此，作为赛事主办方，我们深感内疚和自责，并对遇难人员表示沉痛哀悼，对遇难者家属和受伤人员表示深切慰问。”他表示，该事件是一起因局部天气突变发生的公共安全事件。比赛过程中，受突变极端天气影响，局地出现冰雹、冻雨等灾害性天气，气温骤降，导致参赛人员出现身体不适的情况。

即便如此，对于如此惨重的事故，人们不能接受只将其原因简单归结于天灾。此次事故发生后，澎湃新闻报道称，有生还者表示，比赛组织方未将冲锋衣列入强制装备，很多人未穿冲锋衣等防寒衣物。还有参赛成员称，因地貌等原因，在山顶处没有补给点。暴露的山体更无处可休息，且无法在此处退赛。这让公众质疑，组织方是否考虑了当地可能发生的极端天气，有没有应急预案，应急预案是否完善，设置补给是否充足，据参赛者“流落南方”回忆，参赛者们的冲锋衣被组委会收集并存放到赛道62公里处的CP6换装点，而事发路段主要在CP2到CP3之间。也就是说，在极端天气出现时大部分选手并未随身携带冲锋衣，“组委会收集转运包的时间是在赛前一晚，如果是比赛当天早上，可能很多人就会把冲锋衣穿在身上了”。此外，赛事的补给点设置、路线规划、安全保障、医疗准备等是否满足安全保障要求，同样值得关注。

常见的平地马拉松赛道通常设置在闹市区，赛道路边有急救人员和观众，再加之参赛人数庞大，因此一旦有参赛者出现状况能及时发现。然而在此次事故的事发赛段，有的区域是“无人区”，车辆无法通行，救援力量也难以快速抵达。据现场画面显示，白银越野赛的补给点和避难点的设置和数量都远远不足，数十人挤在一个简易的小棚子内，物资供应和安全保障都存在不足。有媒体报道，本次赛前就有选手曾质疑组委会没有完整应急预案，“所有选手佩戴鲜艳的标志（比如红领巾一类的）能发光最好，方便选手白天和夜晚结伴，一旦有问题也利于救援，还要有补给点，要有盐”，但最终没有得到反馈。然而，组委会防范风险预案明显准备不足，当比赛开始后出现大量人员求救时，才临时调动人马，耽误了救助黄金期。

据中国应急管理学会体育赛事活动与安全工作委员会副主任委员兼秘书长李圣鑫介绍，对于这类具有极限运动特点的比赛而言，遭遇特殊天气情况时组委会应该有暂停或中止比赛的预案。5月22日12时已有参赛人员在微信群里发布求救信息，直到14时举办方才叫停比赛。事实上，包括马拉松在内的极限运动赛事本就是一项极为科学专业的工作，应急预案更是必不可少。早在2005年，国家体育总局就曾发文指出应急预案应成为大型体育赛事的“标配”。

考虑到举办赛事的宣传效应、拉动区域消费、收取企业赞助费广告费等因素，近几年越来越多的城市开始热衷举办马拉松赛事，但是却忽视了相配套的赛事服务和安全保障。2018年，国家体育总局印发了《关于进一步加强体育赛事活动监督管理的意见》，要求各级体育管理机构，包括各级体育主管部门、各级体育项目管理中心和协会，加强对其主办、承办或者授权其他单位举办的体育赛事活动的日常监管，并为合法组织体育赛事活动的社会各类组织提供必要的指导和服务。以上文提及的冲锋衣等运动装备为例，中国田径协会曾于2021年4月8日发布《中国马拉松管理文件汇编(2021)》，其中“中国越野跑运动赛事组织标准”明确对选手提出强制装备要求，“高海拔赛事，须要求选手携带具有防风及保暖作用的外套”被列入其中。然而，此次山地马拉松越野赛在未履行此要求的情况下依然正常开赛。据《关于进一步加强马拉松赛事监督管理的意见》规定，在赛事举办过程中发生危害公共安全事故，要依法追究相关责任单位和责任人的法律责任。此外，中国田径协会可以按照相关法律法规，追究赛事组织机构的相关责任，可处以禁止或限制举办马拉松赛事、取消其参与赛事组织水平评定资格等处罚。

挑战极限，超越自我，是很多体育爱好者的追求，但不能让极限运动成为盲目的生命冒险。崇尚体育精神，首先是要对体育、自然和生命有敬畏之心，科学办赛，科学参赛。生命如此宝贵，来不得半点侥幸心理，来不得对安全的轻慢与疏忽。这一遇难事件的发生，无论是对热衷举办赛事的地方，还是相关运动管理机构、运动员都敲响了警钟，过于注重经济效益而忽视安全管理的做法不可取，极限运动赛事不能再野蛮生长，只有让每个人安全到家，才算是真正抵达终点。

3.案例德育价值

公共危机管理是社会治理的一项重要任务，从现代社会公共危机发生的突发性、不确定性、快速性、复杂性来看，危机的应对和治理需要我们运用系统思维。在我国社会治理主体中，就是要坚持系统治理，即加强党委领导，发挥政府主导作用，鼓励和支持社会各方面参与，从而实现政府治理和社会自我调节、居民自治良性互动。

进一步强化风险意识和底线思维，靠实地方属地责任、部门监管责任、企业主体责任，突出重大活动、体育赛事以及交通、防汛、矿山、公共安全、建筑施工、疫情防控、危险化学品等重点领域，全面排查化解各类风险隐患，对关键环节、重点部位逐一落实安全防范措施，坚决补齐安全短板、堵住安全漏洞。要严格落实安全生产"党政同责、一岗双责、失职追责"要求，从严从实加强对各类生产活动的监督管控，严防发生公共安全事件和安全生产事故，努力营造安全稳定的发展环境，安全问题容不得一丝马虎。

我们需要不断总结经验，吸取教训，即"固根基、扬优势、补短板、强弱项"，转"危"为"机"。针对这次马拉松运动中暴露出的明显短板和问题，需要我们进一步深化社会治理体制和应急管理体制改革，完善国家治理和社会治理体系，加强应对公共危机的演练和专业能力的培训并提高应对公共危机的能力。

项目实践训练

如何做好医院的公共危机管理

训练目的

1. 了解公共关系危机管理的重要意义。

2. 理解公共关系危机管理要遵循的基本原则。

3. 掌握医院公共关系工作中的危机管理方法。

训练内容

随着社会的发展，公众对医疗机构的需求大大增加，对于医院服务质量和水平要求也越来越严格。与此同时，关于医院的一些负面报道逐渐浮出水面，"天价账单""医闹"事件导致民众对医院产生信任危机。除此之外，还有媒体与医院之间的关系应该如何去维护，这也是当下医院危机管理中一个必修的课程。医疗行业是高风险行业，一场突如其来的经营风险，轻者可能使医院遭受重创，重者可能导致医院倒闭。危机一旦爆发，医院便应在最短的时间内针对事件的起因、可能趋向及影响(显性和隐性)做出评估，并参照医院一贯秉承的价值观，明确自己的"核心立场"。而在危机事件管理的过程中，各发展阶段、各工作部门均不可偏离初期确定的这一立场。根据可能发生的危机，模拟可能出现的情况，进行针对性训练，是实施危机管理必不可少的重要环节。模拟训练可强化全院人的危机管理意识，提高员工应对危机的能力。训练时，应充分考虑到危机产生的各方面情况，即从可能出现的最坏、最糟的状况出发，以研究出一整套最佳的解决方案，此外，还应该注意收集国内外医院处理危机成功或失败的案例，吸取他人的经验，检查和发掘自身潜在的因素。因此，有效地规避风险，妥善地化解危机，以减少负面影响、降低损失，甚至变害为利，是现代医院管理者必备的重要素质。

训练项目

如何运用公共关系做好医院的危机管理？

训练步骤

1. 教师安排训练任务，提出目标与要求；每个班级分成若干小组，从公共关系危机应对的原则与方法的角度理解与分析。

2. 学生根据案例材料，收集资料与文献等进行学习。

3. 小组讨论，交流学习成果。

4. 以小组为单位，形成学习小结报告。

训练作业

1. 以小组为单位提交学习小结报告。

2. 小组以 PPT 形式汇报学习成果。

考核评价

评价标准	分数
每个小组提交的学习小结报告质量	60 分
PPT 汇报质量	40 分

项目十

公共关系礼仪

学习目标

★知识与能力

1. 掌握公共关系礼仪的概念、作用和原则。

2. 理解公共关系个人礼仪和工作礼仪的要求。

3. 分析社交场合应遵循的标准行为规范。

★情感与价值

1. 培养学生人际交往活动中的礼仪意识和沟通合作能力。

2. 培养学生谦逊、诚恳的待人态度，具备集体主义荣辱观，将个人形象与集体形象的塑造紧密结合起来。

案例导入

美丽为何得不到升职

美丽是某贸易公司的业务员，她外形靓丽，青春时尚，工作主动性非常强，工作业绩也不错，但到公司三年了，却一直没有得到升迁，她不明白是什么原因。美丽对于流行因素非常敏感，装扮时尚性感，发型每隔一段时间就会有新变化，颜色也在不断调整，金黄色、酒红色总是让同事眼前一亮，脸上的妆面就如同经常翻新的服装一样，变化多端。有着一副好身材的她，紧身衣、透视装、露脐装、低腰裤轮流着穿，各种小配饰不断更新。办公室的一些男士都觉得美丽很养眼，经常跟她开玩笑，美丽从不恼怒。注重个人形象的她，喜欢照镜子，常在办公室补妆，若是看到哪位女同事的口红、眼影是自己没有的，她一定缠着别人借来试用一下，看看效果如何。热情开朗的她，与同事也好，与客户也好，交谈时喜欢靠得很近，眼睛一直关注着对方，手势语非常丰富。美丽近年来发展了不少客户，与之同时进入公司的陈娟，虽然业绩不如美丽，却已经升为主管了，美丽只是增加了薪酬。对于很希望在事业上有所发展的美丽而言，她感到很困惑，难道自己的工作能力不如陈娟，领导为什么不提拔自己呢？

任务一　认知公共关系礼仪

一、公共关系礼仪的概念

“礼”在我国泛指社会道德或行为准则，也是表示敬意的通称。“仪”一般指仪式、仪典。“礼仪”，泛指人际交往中惯用的行为规范和方式。礼仪是礼节和仪式的总称。礼节是人们在日常交往和交际场合中，相互表示尊重、祝颂、问候、致意、致谢、哀悼、慰问以及给予必要协助与照料的惯用形式。这是礼貌在语言、行为、仪态等方面的规则化，是待人处事的规矩。礼仪是在较大或较隆重的社交场合，为表示礼貌而举行的礼宾仪式。它起源于原始的宗教祭祀活动，最初是对人们祭拜神鬼、祖先时行为的一种规定，随着社会交往活动的繁荣而日趋完善，成为一种体系性、审美性很强的社交规范。

在日常生活和工作中，礼仪能够调节人际关系。从一定意义上说，礼仪是人际关系和谐发展的调节器，人们在交往时按礼仪规范去做，有助于人们之间互相尊重，建立友好合作的关系，缓和或避免不必要的矛盾和冲突。

公共关系礼仪是社会组织的公关人员或其他人员在公共关系活动中，为了塑造个人和组织的良好形象而应当遵循的尊重他人、讲究礼节和注重仪表、仪态、仪容、仪式等的规范或程序。公共关系礼仪对于当今的公关人员来说，无疑是一种“通行证”。公共关系礼仪是组织风貌、员工精神状态、公关人员工作水平和专业技能的最集中体现，也是公关沟通和社会交往的方法，处理公关事务所必须遵从的行为准则。在现代社会中，任何一个社会组织都要处理好与自身发展密切相关的内外公众关系，树立良好的组织形象。社会组织良好形象塑造的一个非常重要的方面就是要充分发挥公共关系礼仪的功能和作用。

二、公共关系礼仪的作用

（一）有利于提高个人素质

公关人员的素质就是公关人员个人的修养和表现。教养体现细节，细节展示素质。作为从事公共关系活动的人员，应该从自己做起，在每一件小事上都注重礼仪修养，做到“内慧外秀”，才能树立起良好的个人形象。而公共关系礼仪就将组织形象和个人形象有机地结合起来，个人形象是组织形象的基础，通过塑造完美的个人形象来塑造组织形象。谦恭的态度、文明礼貌的语言、优雅得体的举止等方面表现出来的，是人的内在文化修养、道德品质、精神气质和思想境界等。没有内在的修养，外在的形式就失去了根基。

（二）有利于建立良好的人际沟通

公共关系礼仪是现代社交礼仪的第四职能，在恰当的场合使用适当的公共关系礼仪将有助于合作的进行。一般来说，人们受到尊重、礼遇、赞同和帮助就会产生吸引心理，形成友谊关系。如果公共关系活动中的每一个参与者都能自觉遵守相关礼仪规范，严格按照礼仪规范约束自己，就能够让人际的感情得到有效沟通，相互尊重、信任，更好地推动事业良性发展。公共关系礼仪能调解冲突、化解矛盾、消除分歧、增进理解、达成谅解、调适人际关系，使之趋于和谐。

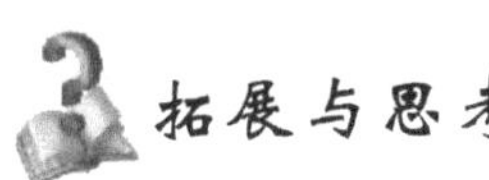

拓展与思考

最萌鞠躬礼

在浙江绍兴市中心医院，两岁的“小病号”小嘟嘟得到了医院的精心治疗和护士的细心呵护，住院 4 天后便顺利出院。病愈出院时，曹护士按惯例送患者出门，刚打算挥手告别，小嘟嘟突然向她鞠了一躬，曹护士立马还礼。这一幕亲切温暖。在一个盛行符号互动的时代里，举手投足可以彰显一个人的精神世界。只有两岁的“小嘟嘟”用“最萌鞠躬礼”的礼数，来传递自己对医护人员最真诚、最真实的情感。“最萌鞠躬礼”所体现的教养与文化格调，折射出家庭教育的品质。患者和医护人员的互相鞠躬，不仅是一种礼仪上的互动，也传递出医患是休戚与共的共同体的符号信息。

思考：从“最萌鞠躬礼”体现了礼仪的什么功能？你对建立和谐的医患关系有何见解？

（三）有利于提升组织的形象

在竞争日益激烈的社会中，社会形象已成为一个组织立足社会的必备条件。组织形象是一个组织向社会介绍自己的最好名片。良好的社会形象是组织最重要的无形资产，树立良好的组织形象对组织的生存和发展至关重要。企业竞争是员工素质的竞争，进一步讲就是企业形象的竞争。因此，开展公关礼仪培训工作，培养和训练员工掌握公共关系礼仪技巧将有利于公司形象的树立、日常工作的顺利开展与公司的发展。

三、公共关系礼仪的基本原则

（一）尊重公众

公共关系礼仪最根本的原则就是对公众的尊敬。现代公共关系礼仪必须遵循尊重公众、尊重组织和尊重自己三位一体的原则，因为尊重是礼仪的基础，只有尊重公众，才能更好地与公众沟通，赢得公众的理解、信任和支持，达到组织的公共关系目标。

（二）公平对等

公共关系礼仪是建立在平等的基础之上并以平等作为自己的基本原则的。公平平等是现代公共关系礼仪的首要原则。平等地对待一切公众，是搞好公共关系工作的前提。当然，在实际公共关系工作中公平对等原则是相对的，还要考虑一些差异性，例如外事礼宾差异、地位的差异、性别的差异、女士优先等。

（三）从简实效

在实际的公共关系活动中，要本着古为今用、洋为中用的原则，去除繁文缛节、礼宾教条，使公共关系礼仪更好地为个人和组织服务。

（四）自然适度

自然适度是指公关人员在公共关系交往中恰当地运用公共关系礼仪，注意时间、地点和对象，遵循一定的规范或约定俗成的惯例，自然得体，恰到好处。

（五）诚信自律

公关人员要自觉掌握礼仪规范，在心目中自觉树立起诚信自律的道德信念和行为准则，并以此来约束自己，在交往中自觉执行礼仪规范。

任务二　公共关系个人礼仪

个体是构成组织的基本单元，个人形象通过自己的音容笑貌、言行举止展现出来，并且对组织形象产生直接的影响。

一、仪容修饰

仪容，通常是指人的外观、外貌，其中的重点则是指人的容貌。在人际交往中，每个人的仪容都会引起交往对象的特别关注，并将影响到对方对自己的整体评价。在个人的仪表问题之中，仪容是重点之中的重点。

（一）发型

发型应得体，保持适当长度，整洁、干净，不宜涂抹过多的头油、发胶，不应有头皮屑等。男性头发前不盖眉，侧不掩耳，后不及领。女性根据年龄、职业、场合的不同，梳理得当。披肩发要整齐，不要看上去没有经过梳理。不要留怪异的发型，头发帘不要长过眉头，挡住眼睛。

（二）面部

面部应保持清爽。男性宜每日剃须修面，注意鼻毛不要露在外面。女性宜淡妆修饰。注意保持口腔清洁。口味应保持清新，牙缝不要有食物残渣。口中无异味，嘴角无泡沫，会客时不嚼口香糖等食物。

（三）表情

健康的表情留给人们的印象是深刻的，它是优雅风度的重要组成部分。在与人交往过程中，表情应自然，做到目光温顺平和，嘴角略显笑意。与人交谈要时刻表示关注，始终保持微笑，肯定处微微点头；说话、交谈与对方视线应经常交流，每次 3～5 秒，其他时候应将视线保持在对方眼下方到嘴上方之间的任一位置。重要时刻，眼神尤其要与对方有交流。目光运用过程中，要做到“散点柔视”，即应将目光柔和地照在别人的整个脸上，而不是聚焦于对方的眼睛。

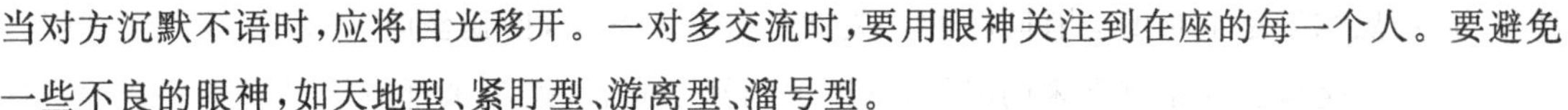

当对方沉默不语时，应将目光移开。一对多交流时，要用眼神关注到在座的每一个人。要避免一些不良的眼神，如天地型、紧盯型、游离型、溜号型。

（四）手部

在交际活动中，手占有重要的位置。接待客人时，我们通常以握手的礼节来表示对客人的欢迎，然后再伸出手递送名片等，客人总是先接触到我们的手，形成第一印象。通过观察手，可以判断出一个人的修养与卫生习惯，甚至对生活的态度。因此，应定期修剪指甲并保持手部洁净。女性在正式场合不宜涂抹浓艳的指甲油。

二、服饰礼仪

意大利影星索菲亚·罗兰说："你的衣服往往表明你是哪一类人，它代表你的个性。"美国一位专家做过一次试验：他本人以不同的打扮出现在同一地点，当他身穿西服，以绅士模样出现时，无论是向他问路还是问时间的人，大多彬彬有礼，而且对方看上去都是绅士阶层的人。当他打扮成无业游民时，接近他的多半是流浪汉，或来找火借烟的。衣着服饰往往代表一个人的修养身份。一般来说，自信、珍惜生活的人，衣着经常是美观整齐的；文化素养高的人，衣着经常是文雅端庄的。公关人员不管身着什么服装，都应符合稳重大方、整齐清爽、干净利落的原则。

服装最好能配套，显得内行、有身份、档次高；服装颜色不要太鲜艳，太鲜艳的色彩会使人紧张，冬季颜色要深些，夏季浅些；服装大小要合体；不可穿轻佻或过分暴露的服装。

（一）男士着装

男士主要的商务正装是西装。

1. 穿西装的基本原则

（1）三色原则。全身颜色不宜多于三种，力求太多反而难以达到协调统一的效果。最好是深色西装、白色衬衫、黑色袜子，领带的颜色最好与西装保持一致。

（2）三一定律。鞋、包和腰带三个部位颜色保持一致，形成一个主色调，体现正规性，首选黑色。

（3）三大禁忌。一是穿新西装未拆除袖口上的商标；二是穿休闲服搭配领带（穿夹克/短袖衬衫配领带）；三是穿深色皮鞋配浅色袜子（特别是白色袜子）。

2. 男士着装应注意的细节

除了上述原则，男士着装还应注意一些具体细节：①西装的衣袋、裤袋不要装东西。永远不要把手插在西服上衣的两侧口袋，这被认为没有教养。②衬衫特别要注意清洁，领子、袖子要干净。③根据衬衫来挑选领带的颜色，注意色彩的搭配。打好的领带长度到腰带上面就可以了，不能长于腰带。④领带夹的位置放在衬衫从上往下数的第四粒纽扣处或领结下 3/5 处为宜，西装上衣系上扣子后，领带夹应当看不见。⑤袜子的颜色应比西裤的颜色深。最简单的规则:选用黑袜子是绝对不会有问题的。关键要买长的袜子,抬腿坐时,不应该让人看到腿上的皮肤,无论是坐着或腿放下来的时候,从裤子到袜子到鞋,连起来都应该是看不到腿的。这个穿法在冬天和夏天是一样的。只有在休闲的场合才穿白色的袜子。白色的运动短袜适合于休闲鞋、运动鞋或慢跑鞋,一般不与黑色或棕色的皮鞋搭配。⑥最容易与腰带、衣服搭配的鞋子是黑颜色的。要注意鞋子的清洁,闪亮的皮鞋给人以专业、整齐的感觉。⑦腰间忌挂东西。一个有品位的人,在大庭广众之前,腰上是不挂任何东西的。

(二)女士着装

对女士来讲,套装和连衣裙是比较正式的礼服,可以选择深颜色的套装,给人稳重大方之感。不要穿过短的裙子、暴露的上衣。

1.套裙的穿着

女士穿的套裙是西装套裙的简称。上身为一件女士西装,下身是半截式的裙子。女士一旦穿上套裙就会显得与众不同,展示女性的精明、干练和成熟。女士套裙的颜色可以丰富一些,而且上下衣的颜色可以不一样。但是,套裙的全部颜色至多不超过两种。

套裙穿着时的三大禁忌:①不穿黑色皮裙。因为在国外,只有街头女郎才如此装扮,与欧美国家的人打交道时,是绝对不可以这样穿的。②裙、鞋、袜不搭配。鞋与袜子的颜色应该是相配的,一般同属于一个色系,或者是黑色皮鞋与肉色袜子。③袜子不应该与裙子之间有太多的“空间”,即不要出现“三截腿”。

此外,袜子应该没有跳丝或漏洞,否则还不如不穿袜子。高统袜和连裤袜为套裙的标准搭配。

2.化妆和佩戴首饰

在工作场合,既不可以不化妆,也不可以化比较浓的妆。化妆的最后效果应该是给人“妆成有却无”的感觉。唇彩的颜色与服装的颜色要搭配。不要当众化妆、补妆,不借用别人的化妆品。

就佩饰而言以少为佳、符合身份。商务人员一般不戴或少戴一点首饰。一般情况下,佩戴的首饰不应超过三种,每种不宜多于两件。不可佩戴太多饰品或配件,大戒指、手镯绝对禁止;可佩戴某种能代表公司的标记或穿与公司印象相符的衣服,以加深客户对公司印象的联想。

三、仪态礼仪

仪态,也叫仪姿、姿态,泛指人们身体所呈现出的各种姿态,包括举止动作、神态表情和相对静止的体态。日常生活中的站、坐、走的姿态,举手投足,一颦一笑都可以称为举止。“站如松,坐如钟,行如风,卧如弓”,也就是说坐立行,应当坐有坐相,站有站态,走有走姿。仪态与人的风度密切相关,是构成人们特有风度的主要方面。举止的高雅得体与否,直接反映出人的内在素养高低;举止的规范到位与否,直接影响他人对自己的印象和评价。“行为举止是心灵的外衣”,它不仅反映一个人的外表,也可以反映一个人的品格和精神气质。有些人尽管相貌一般，甚至有生理缺陷，但举止端庄文雅、落落大方，也能给人深刻良好的印象，获得他人的好感。

（一）站姿

站立是人们生活交往中的一种最基本的举止。优美而典雅的造型，是优雅举止的基础。男士要求“站如松”，刚毅洒脱；女士则应秀雅优美，亭亭玉立。标准的站姿，从正面观看，全身笔直，精神饱满，两眼正视，两肩平齐，两臂自然下垂，两脚跟并拢，两脚尖张开60°，身体重心落于两腿正中；从侧面看，两眼平视，下颌微收，挺胸收腹，腰背挺直，手中指贴裤缝，整个身体庄重挺拔。好的站姿，不是只为了美观而已，对于健康也非常重要。站姿是一个人站立的姿势，它是人们平时所采用的一种静态的身体造型，同时又是其他动态的身体造型的基础和起点，最易表现人的姿势特征。在交际中，站立姿势是每个人全部仪态的核心。

（二）坐姿

坐是举止的主要内容之一，无论是伏案学习、参加会议，还是会客交谈、娱乐休息都离不开坐。坐，作为一种举止，有着美与丑、优雅与粗俗之分。坐姿要求“坐如钟”，指人的坐姿像座钟般端直，当然这里的端直指上体的端直。优美的坐姿让人觉得安详、舒适、端正、舒展大方。坐姿的基本要求如下。

(1)入座时要轻、稳、缓。走到座位前，转身后轻稳地坐下。女士入座时，若是裙装，应用手将裙子稍拢一下，不要坐下后再拉拽衣裙。正式场合一般从椅子的左边入座，离座时也要从椅子左边离开，这是一种礼貌。女士入座尤要娴雅、文静、柔美。如果椅子位置不合适，需要挪动椅子的位置，应当先把椅子移至欲就座处，然后入座。坐在椅子上移动位置，是有违社交礼仪的。

(2)神态从容自如(嘴唇微闭，下颌微收，面容平和自然)。

(3)双肩平正放松，两臂自然弯曲放在腿上，亦可放在椅子或沙发扶手上，以自然得体为宜，掌心向下。

(4)坐在椅子上，要立腰、挺胸，上体自然挺直。

(5)双膝自然并拢，双腿正放或侧放，双脚并拢或交叠或成小“V”字形。男士两膝间可分开一拳左右的距离，脚态可取小八字步或稍分开，以显自然洒脱之美，但不可尽情打开腿脚，那样会显得粗俗和傲慢。

(6)坐在椅子上，应至少坐满椅子的2/3，宽座沙发则至少坐1/2。落座后至少10分钟左右时间不要靠椅背；时间久了，可轻靠椅背。

(7)谈话时应根据交谈者方位，将上体双膝侧转向交谈者，上身仍保持挺直，不要出现自卑、恭维、讨好的姿态。讲究礼仪要尊重别人但不能失去自尊。

(8)离座时，要自然稳当，右脚向后收半步，而后站起。

(三)走姿

走姿是站姿的延续。良好的走姿应轻盈、敏捷。步履轻盈给人以斯文、优美和庄重的感觉,而步履敏捷给人以健壮、活泼、精神抖擞之感。具体要求应该是:起步时身体稍稍前倾,身体重心落于前脚掌;行走时昂首、挺胸、收腹,两眼平视前方,两臂放松,自然摆动,前摆稍向里折;两腿要直,两膝间不应有空隙,要保证膝关节和脚尖正对前进方向;跨步均匀,步伐稳健。

任务三　公共关系工作礼仪

在公共关系中,往往会涉及迎来送往、接待拜访、交流介绍等相关工作,公共关系工作礼仪相对于个人礼仪而言,更多地运用于工作中,是公关人员做好公共关系工作的重要素质构成。

一、称呼礼仪

称呼礼仪,也叫称谓礼仪,是在对亲属、朋友、同志或其他有关人员称呼时所使用的一种规范性礼貌语。准确的称谓能恰当地体现出当事人之间的隶属关系。礼仪中的称呼是至关重要的,它是进一步交往的敲门砖。称呼的基本规范是要表现尊敬、亲切和文雅,使双方心灵沟通,感情融洽,缩短彼此之间的距离。称呼礼仪在我们的日常生活中和公关活动中都非常重要。

(一)称谓的种类和用法

1.全姓名称谓

全姓名称谓有一种庄严感、严肃感。一般地说,在年纪、职务相差不大的情况下,可以直呼其名,但是如果对方比你年长许多或职务相差较大,指名道姓地称呼对方是不礼貌的,甚至是粗鲁的。

2.名称称谓

名称称谓即省去姓氏,只呼其名字,如“大杨”“小帆”等,这样称呼显得既礼貌又亲切,运用场合比较广泛。

3.姓名加修饰称谓

姓名加修饰称谓即在姓之前加一修饰字,如“老李”“小刘”“大张伟”“小张伟”等,这种称呼亲切、真挚,一般用于在工作和生活中相互比较熟悉的同事之间。

4.职务称谓

职务称谓就是用所担任的职务作称呼。这种称谓方式,古已有之,目的是不称呼其姓名、字号,以表尊敬、爱戴,如诸葛亮因是蜀国丞相而被称“诸葛丞相”。现在人们用职务称谓的现象已相当普遍,目的也是表示对对方的尊敬和礼貌。职务称谓主要有两种形式:第一,用职务称呼,如“李局长”“陈科长”“张院长”等。第二,用专业技术职务称呼,如“方教授”“韩工程师”“杨医师”等。

5. 政府机关称呼

目前国家部委机关领导一般分为部、司、处三级，省厅机关领导分为厅、处两级。为表示尊敬一般称呼为姓加职务，比如“李部长”“张司长”“赵处长”“刘厅长”“吴处长”等。在机关职务称呼中，对姓“付”的正职领导一般只称呼职务而不加姓，如姓“付”的正厅长可称呼厅长而不称呼“付厅长”或“付正厅长”，但是对姓“郑”的副职往往不加“副”，如姓“郑”的副处长一般称呼“郑处长”，而不称呼“郑副处长”。

6. 职业尊称

职业尊称即用其从事的职业工作当作称谓，如“李律师”“刘会计”等。

除了姓名称呼还有用“您”和“你”。“您”和“你”有不同的界限，“您”用来称呼长辈、上级和熟识的人，以示尊重；而“你”用来称呼家人、熟人、朋友、平辈、晚辈和儿童，表示亲切、友好和随便。

（二）称呼的禁忌

1. 错误的称呼

常见的错误称呼无非就是误读或误会。误读也就是念错姓名。为了避免这种情况的发生，对于不认识的字，事先要有所准备；如果是临时遇到，就要谦虚请教。误会，主要是对被称呼的年纪、辈分、婚否以及与其他人的关系做出了错误判断。

2. 用不通行的称呼

有些称呼，具有一定的地域性，比如山东人喜欢称呼“伙计”，但南方人听来“伙计”肯定是“打工仔”。中国人把配偶经常称为“爱人”，而外国人认为“爱人”是“第三者”的意思。

3. 使用庸俗的称呼

有些称呼在正式场合不适合使用。例如，“兄弟”“哥们儿”等一类的称呼，虽然听起来亲切，但显得档次不高。

4. 呼外号

对于关系一般的，不要自作主张给对方起外号，更不能用道听途说来的外号称呼对方，也不能随便拿别人的姓名乱开玩笑。

二、介绍礼仪

他人介绍，又称第三者介绍，是为彼此不相识的双方引见、介绍的一种交际方式。他人介绍，通常是双向的，即对被介绍的双方各自做一番介绍。有时，也会进行单向的他人介绍。为他人做介绍，需要把握下列要点。

（一）介绍的顺序

为他人做介绍时谁先谁后是一个比较敏感的礼仪头号问题。根据商务礼仪规范，在处理为他人做介绍的问题上，必须遵守“尊者优先了解情况”规则。先要确定双方地位的尊卑，然后先介绍位卑者，后介绍位尊者。根据规则，为他人做介绍时的礼仪顺序大致有以下几种：

(1)介绍上级与下级认识时，应先介绍下级，后介绍上级。

(2)介绍长辈与晚辈认识时，应先介绍晚辈，后介绍长辈。

(3)介绍年长者与年幼者认识时，应先介绍年幼者，后介绍年长者。

(4)介绍女士与男士认识时，应先介绍男士，后介绍女士。

(5)介绍已婚者与未婚者认识时，应先介绍未婚者，后介绍已婚者。

(6)介绍同事、朋友与家人认识时，应先介绍家人，后介绍同事、朋友。

(7)介绍客人和主人认识时，应先介绍客人，后介绍主人。

(8)介绍与会先到者与后来者认识时，应先介绍后来者，后介绍先到者。

(二)介绍的方式

由于实际需用的不同，为他人做介绍时的方式也不尽相同。

1. 一般式

一般式也称标准式，以介绍双方的姓名、单位、职务等为主，适用于正式场合。如：“请允许我来为两位引见一下。这位是雅秀公司营销部主任李小姐，这位是新河集团副总江小姐。”

2. 简单式

简单式只介绍双方姓名一项，甚至只提到双方姓氏而已，适用一般的社交场合。如：“我来为大家介绍一下：这位是谢总，这位是徐董。希望大家合作愉快。”

3. 附加式

附加式也可以叫强调式，用于强调其中一位被介绍者与介绍者之间的关系，以期引起另一位被介绍者的重视。如：“大家好！这位是新月公司的业务主管张先生，这是小儿刘放，请各位多多关照。”

4. 引见式

引见式适用于普通场合，介绍者所要做的是将被介绍的双方引到一起即可。如：“OK，两位认识一下吧。大家其实都曾经在一个公司共事，只是不在一个部门。接下来的，请自己说吧。”

5. 推荐式

推荐式即介绍者经过精心准备再将某人举荐给某人，介绍时通常会对前者的优点加以重点介绍。通常，推荐式适用于比较正规的场合。如：“这位是张峰先生，这位是海天公司的赵海天董事长。张先生是经济学博士，管理学专家。赵总，我想您一定有兴趣和他聊聊吧。”

6.礼仪式

礼仪式是一种最为正规的他人介绍，适用于正式场合。其语气、表达、称呼上都更为规范和谦恭。如："孙小姐，您好！请允许我把北京远方公司的执行总裁李放先生介绍给您。李先生，这位就是广东润发集团的人力资源经理孙晓小姐。"

（三）注意介绍时的细节

在介绍他人时，介绍者与被介绍者都要注意一些细节。

（1）介绍者要注意自己的姿态：作为介绍者，无论介绍哪一方，都应手势动作文雅，手心向上，四指并拢，拇指微张，胳膊略向外伸，指向被介绍的一方，并向另一方点头微笑，上体略前倾，手臂与身体保持约50～60度。在介绍一方时，应微笑着用自己的视线把另一方的注意力引导过来，态度热情友好，语言清晰明快。

（2）介绍应当语言明快，脉络清楚，忌啰唆。介绍他人时最好加上尊称或者职务，如先生、夫人、博士、经理、律师等。

（3）介绍者为被介绍者做介绍之前，要先征求双方被介绍者的意见。被介绍者在介绍者询问自己是否有意认识某人时，一般应欣然表示接受。如果实在不愿意，应向介绍者说明缘由，取得谅解。

（4）当介绍者走上前来为被介绍者进行介绍时，被介绍者双方均应起身站立，面带微笑，大大方方地目视介绍者或者对方。女士、长者有时可不用站起。宴会、谈判会，略略欠身致意即可。

（5）介绍者介绍完毕，被介绍者双方应依照合乎礼仪的顺序进行握手，并且彼此使用"您好""很高兴认识您""久仰大名""幸会"等语句问候对方。不要心不在焉，要用心记住对方名字，以免造成尴尬。

（6）如果其中有媒体人士，要清楚地告知对方。这一点在比较敏感的人群中要格外注意。

（7）介绍过程中如果有个别的失误，不要回避，自然、幽默地及时更正是明智、从容的表现。

三、握手礼仪

在日常生活中，握手是一种常用的礼节方式，不仅常用在人们见面和告辞时，更可作为一种祝贺、感谢或相互鼓励的表示。握手看似简单，却是沟通、交流、增进人际交往的重要手段。握手礼含义很多，视情而定，分别表示相识、相见、告别、友好、祝贺、感谢、鼓励、支持、慰问等不同意义。

（一）握手的正确姿态

握手的正确姿态为：距离对方约一步左右，两足立正，上身微微前倾，面带微笑，伸出右手握住对方的右手。伸出的右手应四指并拢，拇指自然向上张开，紧握住对方的手，伸出手时稍带角度，双方虎口应互相接触。握手要坚定有力，上下摇晃两至三下即可。握手时间应以3～5秒为宜，如果要表示自己的真诚，也可较长时间握手。最好边握手边问候致意："你好！""欢迎您！""见到你很高兴！"通常，与女士握手时间不宜过长，握住女士的手不放是很不礼貌的。

（二）握手的顺序

在社交场合，握手时伸手的先后顺序讲究颇多，一般握手的顺序是等女士、长辈、已婚者、职位高者伸出手之后，男士、晚辈、未婚者、职位低者方可伸出手去呼应。而朋友和平辈之间则不用计较谁先伸手，一般谁伸手快，谁就更为有礼。另外，在祝贺对方、宽慰对方或表示谅解对方的场合下，应主动向对方伸手。

在公共场合，如果需要与之握手的人士较多，应注意握手的顺序，先同性后异性，先长辈后晚辈，先已婚者后未婚者，先职位高者后职位低者；也可以由近及远地依次与之握手。

（三）握手力度和时间

握手时双目要注视对方的眼睛，微笑致意，切忌漫不经心、东张西望，边握手边看其他人和物。握手时，既不能有气无力，也不能握得太紧，甚至握痛对方的手。握得太轻，或只触到对方的手指尖，不握住整只手，对方会觉得你傲慢或缺乏诚意；握得太紧，对方则会感到你热情过火，或觉得你粗鲁、轻佻而不庄重。这一切都是失礼的。握手时，既不宜轻轻一碰就放下，也不要久久握住不放，要适度，一般来说，表示完欢迎或告辞致意以后，即应放下。

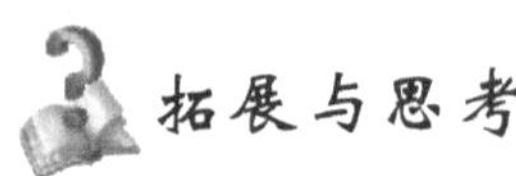

拓展与思考

握手礼仪的起源

握手是我们现代生活中司空见惯的一种礼仪，一个简单的社交礼仪，有时候会拉近彼此之间的情感。那么握手这种礼仪是怎么来的呢？它是如何起源的呢？对于握手这种礼仪的起源，主要有三个比较主流的说法。

第一个说法是，起源于西方盛行骑士的侠客时期。当时的骑士，头戴钢盔，身披铠甲，腰间佩戴锋利的宝剑，手上也戴着金属护具，仿佛时刻都要上战场冲杀一番。有时候，这些骑士碰到老朋友，或者说要和对方冰释前嫌，就会脱下钢盔，取下手上的金属护具，伸出自己的右手，表示自己手上没有武器，然后和对方握手以表示友好。后来这种行为慢慢地演化为民间的一种礼仪了。

第二个说法是，在远古时代，人们以狩猎为生，当在外面碰到素不相识的人的时候，他们就会丢掉手中的打猎工具，摊开双手，向对方表示手中没有武器，不会伤害对方。后来这种行为被武士们接纳，他们在与对方冰释前嫌的时候，就会摸摸彼此的手掌，表示手中没有武器。这种行为就慢慢演变成了现代的社交礼仪了。

第三种说法是，起源于原始社会。原始人居住在山洞，经常还会打仗，使用的是棍棒。后来他们发现当在和对方发生冲突的时候，如果主动丢掉武器，挥挥手，很容易化敌为友。于是这种方式就被沿用下来，慢慢流传演化成了现在的握手礼仪了。

思考：运用公共关系礼仪的相关知识，分析握手礼仪在人际交往中发挥的重要作用。

四、名片礼仪

名片是现代社会一个人身份的象征，是人们社交活动的重要工具。名片是新朋友互相认识、自我介绍的最快、最有效的方法。交换名片是商业交往的第一个标准动作。因此，个人名片的设计以及名片的递送、接受、存放也要讲究社交礼仪。

（一）名片的内容和分类

名片是推销必备的工具之一，一张形象效果俱佳的名片应包括以下几项内容：①组织标志，商标或组织的徽记；②姓名、职务、公司名称；③组织地址、电话号码、传真号码；④若有必要，可印上其他办事处的地址；⑤在涉外交往中一定要用两种语言印制名片，一面用中文，另一面用当地语言。

（二）名片的递送和接受

1. 名片的递送

交换名片的顺序一般是：客先主后；身份低者先，身份高者后。当与多人交换名片时，应依照职位高低的顺序，或是由近及远，依次进行，切勿跳跃式地进行，以免对方误认为有厚此薄彼之感。递送时应将名片正面面向对方，双手奉上。眼睛应注视对方，面带微笑，并大方地说："这是我的名片，请多多关照。"

2. 名片的接受

接受名片时应起身，面带微笑注视对方。接过名片时应说"谢谢"，随后有一个微笑阅读名片的过程，阅读时可将对方的姓名职衔念出来，并抬头看看对方的脸，使对方产生一种受重视的满足感。然后，回敬一张本人的名片，如身上未带名片，应向对方表示歉意。

3. 名片的存放

不论是自己的名片还是他人的名片，都不要随便地塞在口袋里或丢在包里，尤其不可放在裤子后边的口袋里。名片最好装入名片夹放在西装上方左边贴胸的口袋或公事包里，以示尊重。

五、电话礼仪

电话被现代人公认为便利的通信工具，在日常工作中，使用电话的语言很关键，直接影响着一个公司的声誉；在日常生活中，人们通过电话也能粗略判断对方的人品、性格。因而，掌握正确的、礼貌待人的打电话方法是非常必要的。看起来打电话很容易，其实不然，打电话大有讲究，可以说是一门学问、一门艺术。

（一）打电话的礼仪

1. 准备充分

拿起话筒前，应先做好准备工作：本、笔、对方号码、谈话主要内容。电话的开头语会直接影响顾客对你的态度、看法。通电话时要注意尽量使用礼貌用词，如"您好""请""谢谢""麻烦您"等。打电话时，姿势要端正，说话态度要和蔼，语言要清晰，既不装腔作势，也不娇声娇气。打电话时所使用的语言，应当礼貌而谦恭，力求简短准确，关键部分要重复一遍。一般来讲时间一长，对方会不耐烦，效果不一定就好。

2. 尊重对方

打电话时，应礼貌地询问："现在说话方便吗？"要考虑对方的时间，一般往家中打电话，以晚餐以后或休息日下午为好；往办公室打电话，以上午十点左右或下午上班以后为好。也就是打电话应选在对方方便的时间，吃饭时间、早7点以前、午休时间、晚10点以后，一般不宜打电话。如果对方没有离开，不要和他人谈笑，也不要用手捂住听筒与他人谈话，如果不得已，要向对方道歉，请其稍候，或者过一会儿再与对方通电话。

3. 礼貌结束

挂电话前的礼貌也不应忽视。挂电话前，向对方说："请您多多指教""抱歉，在百忙中打扰您"等，会给对方留下好印象。

4. 注意细节

办公场合尽量不要打私人电话，若在办公室里接到私人电话时，尽量缩短通话时间，以免影响其他人工作和损害自身的职业形象。打电话时最好双手持握话筒。讲话时，嘴部与话筒之间应保持3厘米左右的距离。无论什么原因，电话中断，首先打电话的人应该再拨。

(二)接电话的礼仪

1. 及时接听

电话铃响两遍就接，不要拖时间。拿起听筒记得第一句话先说"您好"。如果电话铃响过四遍后，拿起听筒应向对方说："对不起，让您久等了"，这是礼貌的表示，可消除久等心情的不快。如果电话内容比较重要，应做好电话记录。

2. 精神饱满

接电话时，要注意自己的语言和语气。在通话途中，不要对着话筒打哈欠，或是吃东西；也不要同时与其他人闲聊，通话时注意背景不要太吵。结束通话时，应认真地道别。在接待外来的电话时，理当一律给予同等的待遇，不卑不亢，无论对方是生人还是熟人，均应热情相待，让对方在电话里感到一张微笑的脸；绝不可冷言冷语，或简单地说"不在""不知道"，甚至表现出极不耐烦的样子，气急败坏地扔下话筒。

3. 热情负责

如对方找人，说"请稍等""您等一下"；如对方找的人不在，应告诉去了什么地方，何时回来，不要随便传话以免不必要的麻烦，如必要，可记下其电话、姓名，以便回电话。

要学会配合别人谈话。接电话时为了表示认真听对方说话，应不断地说"是，是""好，好吧"等，一定要用得恰到好处，否则会适得其反。要根据对方的身份、年龄、场合等具体情况，采用不同的应付方式。

(三)挂电话的顺序

通话完毕,挂电话声音不要太响,以免让人产生粗鲁无礼之感。不要对方话音未落,就挂断电话。一般挂电话的顺序遵循以下原则:①地位高者先挂(上级先挂);②客户先挂;③上级机关人员先挂;④平等主体之间,主叫先挂,被叫后挂。

六、接待礼仪

接待是一门技巧,更是一门艺术。接待或拜访是很多公关人员负责的一项经常性的工作。在接待和拜访中的礼仪表现,不仅关系到自己的形象,还关系到企业形象。

(一)引导访客

1.迎接客户的三阶段行礼

我国通行的三阶段行礼包括 15 度、30 度和 45 度的鞠躬行礼。15 度的鞠躬行礼是指打招呼,表示轻微寒暄;30 度的鞠躬行礼是敬礼,表示一般寒暄;45 度的鞠躬行礼是最高规格的敬礼,表达深切的敬意。

在行礼过程中,不要低头,要弯下腰,但绝不能看到自己的脚尖;要尽量举动自然,令人舒适;切忌用下巴跟人问好。

2.引导手势要优雅

接待人员在引导访客的时候要注意引导的手势。

男性引导人员的正确手势应该是:当访客进来的时候需要行个礼,鞠躬,当伸出手的时候,眼睛要随着手动,手的位置在哪里眼睛就跟着去哪里。千万不要口中说着“那里走”,手却指着不同的方向。

女性接待人员在做指引时,手要从腰边顺上来,视线随之过去,很明确地告诉访客正确的方位;当开始走动时,手就要放下来,否则会碰到其他过路的人,等到必须转弯的时候,需要再次打个手势告诉访客“对不起,我们这边要右转”。打手势时切忌五指张开或表现出软绵绵的无力感。

3.注意危机提醒

在引导过程中要注意对访客进行危机提醒。比如,在引导访客转弯的时候,如果转弯处有一根柱子,这时就要提前对访客进行危机提醒;如果转弯处有斜坡,就要提前对访客说“请您注意,转弯处有个斜坡”。对访客进行危机提醒,让其高高兴兴地进来、平平安安地离开,是每一位接待人员的职责。

4.行进中与客户擦身而过应打招呼

在行进中,如果跟客户即将擦身而过的时候,你应该往旁边靠一下,并轻松有礼地向他鞠躬,同时说声“您好”。千万不要无视客户的存在,装作没看到客户。如果你能够在行进中向与你擦身而过的客户打个亲切招呼，客户会带着良好的心情去与你所在的公司进行交易，那么你就给公司间接地带来了利益。

5.上下楼梯的引导方式

爬楼梯引导客户时，假设你是女性，穿的是短裙，那么你千万不要在引导客人上楼时自告奋勇“请跟我来”，因为差两个阶梯客户视线就会投射在你的臀部跟大腿之间，此时，你要尽量真心诚意跟对方讲“对不起，我今天服装比较不方便，麻烦您先上楼，上了楼右转”，很明确地将正确方位告诉客户就可以了。

6.开启会客室大门

会客室的门分为内开和外开的，在打开内开的门时不要急着把手放开，这样会令后面的客户受伤；如果要开外开的门，就更要注意安全，一旦没有控制好门，很容易伤及客户的后脑勺。所以，开外开门时，你千万要用身体扣住门板，并做一个请的动作，当客户进去之后再随后将门轻轻地扣住。

（二）会客室安排

一般会客室离门口最远的地方是主宾的位子。假设某会议室对着门口有一个一字形的座位席，这些位子就是主方的位子，而与门口成斜角线的位子就是主宾的位子，旁边是主宾的随从或者直属人员的位子，离门口最近的位子安排给年龄辈分比较低的员工。会客室座位的安排除了遵照一般的情况，也要兼顾特殊。有些人位居高职，却不喜欢坐在主位，如果他坚持一定要坐在靠近门口的位子时，那就顺着他的意思，让客户自己去挑选他喜欢的位置。

（三）奉茶礼仪

接待客人时应依季节选择适合的茶饮。端茶时，在杯子下半段二分之一处，右手在上，左手在下托着茶杯，勿以手指拿捏杯缘。两杯以上要使用托盘端茶，在托盘内准备一张湿纸巾或干净的小毛巾，托盘不要置于前胸。搁茶杯时先将小拇指压在杯底再放杯，将茶杯搁置在客人方便拿取之处；若为咖啡杯时，应先将汤匙、糖包、奶油球放置在杯碟上再端给客人。要先给主宾和他的同事奉茶，最后给本公司的人员奉茶。空间不便时的奉茶法即依照顺时针的方向把茶水端给客人，最后是自己单位的人员。

（四）送客礼仪

不同的客户应享受不同的送客礼。每个公司要根据实际情况的不同将客户送至不同的地点，从而也就需要不同的送客礼。

1.全员送客礼

全员送客礼一般发生在客户离开公司，经过一些办公室的时候。客户结束会谈将要走出公司时，必然要经过许多办公室。如果访客恰好经过你与其他员工办公的地方，你们只要看见访客就应该马上站起，将椅子推入桌下，每人都抬头看一下客户说一声“谢谢！再见！”，一定要力求做到“人人迎宾，人人送客”。这样的举动会带给客户宾至如归的感觉。

2. 电梯送客礼

若是将客户送到电梯口时，接待人员在电梯门关上之前，都要对客户注目相送，等电梯即将关上的一刹那挥手示意或做最后一次的鞠躬礼，并说："谢谢，欢迎再次光临！再见！"

3. 门外送客礼

接待人员如果要将客人送到门口，就要等到客人即将离开时做最后一次鞠躬，同时说"谢谢，欢迎再次光临"，并目送客人的身影，直至消失不见才可返回自己的工作岗位。

4. 车旁送客礼

如果将客户一直送到他的车旁，一定不要忘了在将关车门的一刹那做最后一次鞠躬并说"谢谢，请注意行车安全"，然后目送车子离开，直至看不见车影才可离开。

七、宴请礼仪

宴请礼仪是指宴请主体为达到某种商务交往的目的，通过特定场合宴请形式，借以宣传和树立自己良好形象的一种商务活动方式。宴请在社交活动中，尤其是在商务场合中表示欢迎、庆贺、饯行、答谢，是增进友谊和融洽气氛的重要手段。招待宴请活动的形式多样，礼仪繁杂，掌握其礼仪规范是十分重要的。

（一）宴请的准备

1. 确定宴会的目的与形式

根据宴请目的确定宴请的对象、宴请的人数等，并通过征求主宾的意见，确定宴请的时间。

2. 确定宴会规格

宴会规格对礼仪效果的影响是十分明显的。宴会规格一般应考虑宴会出席者的最高身份、人数、目的、主人情况等因素。

3. 确定宴请时间和地点

一般来说，宴会时间不应与宾客工作、生活安排发生冲突，通常安排在晚上6～8时。同时还应注意宴请时间上要尽量避开对方的禁忌日。

4. 邀请

宴请对象、时间和地点确定后，应提前1～2周制作、分发请柬，以便被邀请的宾客有充分的时间对自己的行程进行安排。宴请的地点可依据宴请的目的、客人的身份和重要程度确定，通常应选择环境幽雅、卫生方便、服务优良的饭店或宾馆。

（二）用餐方式

此处主要讨论中餐的用餐方式。

依据不同的划分标准，中餐的用餐方式可以有多种多样的划分。按规模划分，主要可以分为宴会、家宴和便餐三种常见方式；若按所用餐具划分，则有分餐式、公筷式、自助式、混餐式四种常见用餐方式。一般在正式宴会上，多采用分餐式用餐形式。即一人一份，讲究用餐公平，体现用餐卫生。其他方式，大多不太苛求用餐礼仪，讲究较少，主要注意用餐时讲究基本社会公德，注意维护卫生、环境和秩序即可。切忌请西方人共同用餐时，采用“混餐式”用餐方式，即多人一道用餐时，主食和菜肴被置于公用的碗、盘之内，用餐者根据自己的口味嗜好，使用自己的餐具，直接从前者之中取用。

(三)时空选择

正式宴会，必须兼顾举办的具体时间和地点。

1. 时间的选择

在时间上，要考虑民俗习惯、主随客便、控制用餐时间三方面。一般人们习惯在晚上邀请客人一同进餐；但也有特例，例如，在广东、海南、港澳等地，亲朋好友聚会，多爱“饮早茶”。为了显示诚意，主人应尽可能给客人多几个就餐时间的选择，体现“主随客便”。共同进餐时，时间长度的把握也要科学，一般为1～2小时。

2. 空间的选择

在空间上，要考虑优雅的环境、良好的卫生、完备的设施、方便的交通四个方面。环境应尽量清静、优雅，保证卫生。就餐地点的设施要完备，保证人身安全；就餐地点，要选在交通发达、畅通之处。

(四)菜单安排

1. 点菜的礼节

点菜时，钱与食量都要量入为出，要吃饱、吃好，不要图虚荣、讲排场，让人讥笑。不要对别人所点的菜挑三拣四，相互体谅是社交聚餐的首要原则。同时，要遵守法律和组织接待规定，例如，严禁吃野生动物，杜绝超标准接待。

2. 菜单的准备

准备菜单时，要注意可选菜肴和忌选菜肴两个问题。诸如特色菜、地方菜、看家菜都是首选的可选菜肴。选菜时，一定要回避进餐人的宗教禁忌、地方禁忌、职业禁忌和个人禁忌。

(五)席位安排

举办正式宴会，应当提前排定桌次和席次，或者只排定主桌席位，其他只排桌次。

1. 桌次的安排

中式宴会通常8～12人一桌，人数较多时也可以平均分成几桌。在宴会不止一桌时，要安排桌次。其具体原则是居中为上、以右为上。按习惯，桌次的高低以离主桌位置远近而定。以主人的桌为基准，右高左低，近高远低；桌子之间的距离要适中，各个座位之间的距离要相等。

中式宴会多使用圆桌，如果是多桌中餐，则每桌都有一位主人或招待人负责照应，其两侧的座位是留给本桌上宾的。除非受到邀请，其余赴宴者也不宜去坐。

如果桌数较多时，则将排列序号放在餐桌上。隆重的中餐还应为每位客人准备一份菜单。

2.位次的安排

在国际交往场合和商务交际场合，中餐习惯于按职务和身份高低排列席位。具体原则是右高左低，面门为上。

两人一同并排就座，通常以右为上座，以左为下座。这是因为中餐上菜时多以顺时针方向为上菜方向，居右坐的人因此要比居左坐的人优先受到照顾。三人一同就座用餐，坐在中间的人在位次上高于两侧的人。用餐的时候，按照礼仪惯例，面对正门者是上座，背对正门者是下座。

八、拜访礼仪

拜访礼仪是指拜访应遵循的礼仪规范。拜访是指亲自到潜在客户的单位或相应场所去拜见、访问某人或某单位的活动。

（一）拜访的基本礼节

拜访客户时，一定要遵守礼节、尊重客户，不能在客户面前表现得随随便便，一定要按照以下基本礼节去拜访客户。

1.事先约定拜访时间

约定拜访时间是拜访的第一步，约定强调的是不能贸然拜访，而是要依约前往。在与客户约定时间时，要以客户的时间为准，要在客户方便的时候进行拜访，这样可以充分体现出对客户的尊重之情，会在未见面时就先给客户留下较好的印象。

2.备妥资料及名片

在进入访客所定地点之前，要做好以下自我检查工作：首先，重新确认是否遗漏了任何在谈话中可能涉及的资料；其次，确认资料摆放的顺序在出示时是否方便；最后，确认名片是否准备妥当。

3.注意仪容形象的修饰

拜访客户还要注意仪容的修饰，衣着要大方得体，要表现出良好的精神风貌。特别需要强调的是对头发的修饰，不要让刘海遮住眼睛，最好用发胶稍微把它固定一下；切忌用手玩弄发丝，否则会给客户留下不稳重的印象。

4.遵守时间观念

与客户见面最忌讳的事情之一就是迟到。一定要遵守约定的时间，千万不要迟到，一定要准时到达所定地点。

5. 谦恭有礼的谈话技巧

与客户交谈要在谦恭有礼的前提下注意谈话技巧。若你的讲话让客户听得很舒服，那么他与你谈话的欲望就会比较高；如果你对客户言谈无礼或是说话空洞无味，对方就会对你产生厌烦心理，就会提早结束与你的谈话。所以，平时要多多练习说话的技巧，在不违反原则的情况下，尽量做到随时说好话，会说话。

（二）拜访的合宜时间

拜访客户需要选择以下的合宜时间：首先，要选择客户心情很好的时候；其次，要选择客户不太忙碌的时间。要避免在刚上班的时间、午休或下班前去拜访客户，尤其不要在下班前去拜访客户，因为你的这种莽撞行为可能会耽误客户需要办理的私事。客户工作告一段落的时间是你前去拜访的一个最佳时段，因为在这个时段客户比较放松，往往能够和你坐下来好好交谈。

（三）拜访注意事项

1. 拜访客户要非礼勿听、勿视、勿动

千万不要一看到客户与其他人交谈，耳朵就竖起来；未经客户允许，不能私自翻阅客户资料；不要触动客户的任何东西，包括电子用品，尤其是电脑，因为电脑中可能会存有机密性的资料，而且你的触动很可能会将其中的档案和程序弄乱。

2. 保持正确坐姿

与客户交谈时，一定要保持正确的坐姿，要坐有坐相。男性和女性有不同的坐姿要求。男性在与客户谈话时，应使两膝平整；膝顶部分开 1～2 个拳头的距离；两脚垂直向下；两手轻轻放在膝上，使脚尖与脚跟齐平一致。

女性在与客户谈话时，背不要靠紧座背，要保持一个拳头的距离，挺起脊背，两手在膝上轻轻地重叠，脚要朝着同一方向，靠内侧的腿稍微向后略偏。

3. 拜访时间勿太长

拜访客户还要注意控制拜访时间，不要在客户那里逗留太久，一般性的拜访最好控制在 15 分钟左右。如果拜访时间过长，很可能会耽误对方的其他事情，所以要适可而止。

4. 感谢接待的人员

拜访结束，当你要离开时，千万别忘了真心诚意地跟客户说："感谢你们！感谢你们今天的招待！耽误你们的时间了！"感谢客户时，切忌使用过于夸张的语言动作，否则就会适得其反。

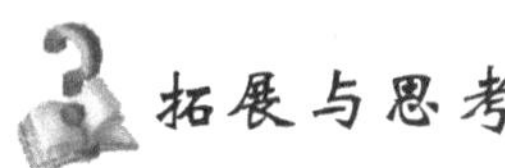

拓展与思考

有效沟通，击败世界五百强竞争对手

小王在韩国晓星公司北京办事处工作，主要工作是销售韩国的钢材到中国。在开发广东 M 公司这个客户的时候，他碰到了强大的竞争对手——一家世界五百强企业。这两家韩国公

司代理销售的都是韩国浦项钢铁公司(当时是世界第二大钢铁公司)的产品,这家世界五百强企业香港分公司距离M公司只是半个小时的乘船时间,而小王所在北京办事处,乘飞机加短途汽车,至少需要大半天,更糟糕的是小王对粤语不太懂,所以跟客户的电话沟通比较难,起初晓星公司明显处于劣势。面对这么多困难,小王并不气馁,经过多次的电话沟通,小王发现客户还是不能充分相信晓星公司的能力和服务。当时,该客户急需一批韩国钢材(客户需要1000吨),小王所在公司希望通过供给这批钢材来建立彼此的合作关系,但是小王所在公司当时能够提供的数量(300吨冷轧优质钢材)并不能满足客户的需求,况且客户认为单独进口300吨需要办理额外的进口手续,很麻烦,不如从当地购买。在这种情况下,小王说服经理亲自去拜访未曾谋面的客户。当经理和小王到达客户所在地广东时,已经晚上8点了,在与客户沟通过程中,小王明显感觉到客户这次不打算从晓星公司进口了,因为300吨钢材进口实在太麻烦。但小王觉得客户是因为不了解晓星公司,才没有信心采购。于是小王建议在宾馆坐一坐,尽量地向客户介绍晓星公司的背景和提供钢材的能力,同时也注意倾听客户的意见。通过两个小时的谈话沟通,客户最终被小王的诚意打动了,最后说:"明天订合同吧。"那一晚,客户全面了解了晓星公司与M公司合作的能力和诚意,并彻底打消了对晓星公司的疑虑。最终小王的真诚和专业彻底打动了该客户,并赢得了订单。

思考:在上述案例中,小王用真诚打动了顾客的心。假设在今后的工作中遇到不好说话的顾客,你会采用怎样的措施和礼仪来打动顾客的心呢?

项目小结

本项目介绍了公共关系礼仪相关知识,引导学生掌握公共关系礼仪的概念、作用和原则,让学生明确公共关系礼仪在社交中的重要性,帮助学生掌握公共关系个人礼仪和工作礼仪的要求,分析社交场合应遵循的标准行为规范,从而培养学生的公共关系意识,让学生具备良好的社交礼仪风范,提高学生的交际能力,以便今后在职业生涯中更好展现自我,实现自我价值。

课程思政综合案例

"微笑门"事件

1. 案例思维引导

微笑是人际交往中最基本、最常用的礼仪,在日常交往和工作中具有重要的实践性价值。公共关系礼仪最根本的原则就是尊重原则。只有尊重公众,尊重他人,才能很好地与公众沟通,赢得公众的理解、信任和支持,达到组织的公关目标。本案例告诉我们微笑这一表情语在被称为"通行于世界的交际语"的同时,一定要注意使用的情境及场合条件,尤其是要注意庄重场合的礼仪要求,要从内心尊重他人,提升自我的精神素养。

2.**案例内容描述**

“微笑门”事件

2012年8月26日，有36人遇难的延安特大交通事故现场，陕西一官员面带微笑的照片成为舆论关注焦点。有网友称，该官员为陕西省安监局局长杨达才。陕西省安监局工作人员曾证实，事故发生后，杨达才确曾连夜赶往现场。对此，杨达才表示到2012年自己50多岁，身体也不是太好，驱车4个多小时赶到现场的时候其实也很疲惫，但他是带队领导得打起精神，和基层同志谈话的时候只想让他们不要太紧张；不过站在网友角度想其实也合理，大家不在现场对现场的情况不了解，有自己的看法也很正常，他也能理解。

网友发现，这位“微笑局长”也是一个名表的爱好者，手上频繁出现各类名表，至少有五块之多，消息一经披露，引发了网友强烈的质疑。后网友又发现杨局长的名表并不只5块。关于对名表的质疑问题，杨达才回应称，这十多年来确实买过5块手表，不过都是用自己的合法收入购买的。他称这几块表里面，最贵的一块是2012年买的万宝龙106500型号，价格是3.5万元，不是江诗丹顿牌；其他几块表的牌子跟网友所说的差不多，每块价格大致为1万元～2万元。他已就此问题向纪检监察部门做了汇报。2012年9月5日，网友“晨曦微播”在微博上贴出照片，称杨达才的眼镜超10万元。同时在该微博后面还配上了杨达才戴4副不同眼镜的图。不仅如此，其系的皮带又被网友扒了出来。

陕西省纪委2012年9月21日宣布，鉴于陕西省安监局党组书记、局长杨达才在“8·26”特别重大道路交通事故现场“笑脸”的不当行为和佩戴多块名表等问题，陕西省纪委高度关注，及时进行了认真调查。调查表明，杨达才存在严重违纪问题，依据有关纪律规定，经省纪委常委会研究并报经省委研究决定：撤销杨达才陕西省第十二届纪委委员、省安监局党组书记、局长职务。

3.**案例德育价值**

养成良好的礼仪习惯，坚持日常行为礼仪规范，注意在公共场合的行为举止。

掌握提升个人形象的方法，树立正确价值观，学会明辨是非，守好自身道德底线。

项目实践训练

礼仪综合情景模拟

训练目的

1.掌握礼仪的概述情况、个人形象礼仪、日常交往礼仪、公务礼仪等相关内容和技巧。

2.体会礼仪中塑造形象、沟通信息的重要性。

3.使学生树立良好的礼仪意识，掌握塑造个人形象的方法，提高个人的礼仪素养，掌握礼仪规范，具有良好的交际能力，为今后从事工作奠定实践基础。

训练内容

1. 仪态礼仪：站姿、坐姿、走姿、蹲姿、手势等。

2. 仪容仪表：女生掌握职业妆的化妆方法，男生掌握打领带的方法。

3. 运用所学知识，分小组自编、自导、自演礼仪知识情景剧。

训练要求

1. 实训课程分组进行，以组为单位共同完成模拟情景礼仪训练内容，每位学生轮流扮演一定的角色，准备演练背景和内容，进行实际演练，通过角色参与规范礼仪操作。

2. 上课时严格要求自己，从个人仪容仪表仪态等入手，切实感受个人形象礼仪的重要性。通过回答问题及礼仪训练，掌握商务礼仪等内容的规范操作，从而达到此次实训的目的。

考核评价

评价标准	分数
每个小组完成的模拟场景内容质量	50 分
规范礼仪训练完成质量	50 分

参考文献

[1]刘春斌.公共关系实务与礼仪[M].3版.大连:大连理工大学出版社,2018.

[2]关晓光.公共关系学[M].北京:中国中医药出版社,2016.

[3]李朝霞,李占文.公共关系实务[M].北京:中国医药科技出版社,2017.

[4]管玉梅.公共关系学[M].2版.北京:机械工业出版社,2018.

[5]陶应虎.公共关系原理与实务[M].3版.北京:清华大学出版社,2015.

[6]任正臣.公共关系学[M].2版.北京:北京大学出版社,2016.

[7]罗立升.公共关系理论与实务[M].北京:中国铁道出版社,2019.

[8]胡学亮.公关传播案例评析[M].北京:中国传媒大学出版社,2008.

[9]威尔科克斯,卡梅伦,雷伯,等.公关:公共传播的革命[M].尚京华,张毓强,郭娟,译.北京:中国人民大学出版社,2019.

[10]居延安.公共关系学[M].5版.上海:复旦大学出版社,2013.

[11]张萍.公共关系实务[M].2版.重庆:重庆大学出版社,2011.

[12]胡百精.公共关系学[M].北京:中国人民大学出版社,2018.